2025年全国税务师职业资格考试经典题云库

税法（二）

百题讲坛

战大萍 ◎ 主编

经济日报出版社
·北京·

图书在版编目（CIP）数据

税法（二）百题讲坛／战大萍主编. -- 北京：经济日报出版社，2025.5. -- (2025年全国税务师职业资格考试经典题荟萃). -- ISBN 978-7-5196-1558-1

Ⅰ. D922.220.4

中国国家版本馆 CIP 数据核字第 20247D87J6 号

税法（二）百题讲坛
SHUIFA（ER）BAITI JIANGTAN
战大萍　主编

出版发行：经济日报出版社
地　　址：北京市西城区白纸坊东街2号院6号楼
邮　　编：100054
经　　销：全国各地新华书店
印　　刷：天津裕同印刷有限公司
开　　本：787mm×1092mm　1/16
印　　张：16
字　　数：410千字
版　　次：2025年5月第1版
印　　次：2025年5月第1次
定　　价：**78.00元**

本社网址：**www.edpbook.com.cn**，微信公众号：经济日报出版社
请选用正版图书，采购、销售盗版图书属违法行为
版权专有，盗版必究。本社法律顾问：北京天驰君泰律师事务所，张杰律师
举报信箱：**zhangjie@tiantailaw.com**　举报电话：(010)63567684
本书如有印装质量问题，由我社事业发展中心负责调换，联系电话：(010)63538621

序 言

在财税领域，税务师职业资格考试是衡量专业能力的重要标尺，也是从业者迈向职业高峰的关键阶梯。它不仅考验考生对财税知识的系统掌握，更注重其在实际业务中精准分析、高效解决问题的能力。基于此，"全国税务师职业资格考试经典题荟萃"丛书应运而生，丛书以精准剖析经典题为核心，助力考生高效备考，顺利跨越职业成长的重要关卡。

本系列丛书共5个分册，编写团队均为在教学一线工作多年的权威、资深教师，教学经验丰富，对考试命题趋势和考生学习情况都十分了解。丛书的每一册都经过编者精心策划与打磨，以期帮助考生了解考试趋势、全面掌握考点及应试技巧，从而提高学习效率。"2025年全国税务师职业资格考试经典题荟萃"丛书分册如下：

1. 《税法（一）百题讲坛》　　　　　　　　　肖晴初　主编
2. 《税法（二）百题讲坛》　　　　　　　　　战大萍　主编
3. 《涉税服务相关法律百题讲坛》　　　　　　杨茂群　主编
4. 《财务与会计百题讲坛》　　　　　　　　　夏洪智　主编
5. 《涉税服务实务百题讲坛》　　　　　　　　肖晴初　主编

本系列丛书以"百题讲坛"的形式，精选了具有代表性、综合性的题目，这些题目并非简单地堆砌，而是依据最新考试大纲和命题规律精心筛选。每一道题目都像是一把钥匙，开启一个或多个重要知识点的大门。通过对这些题目的详尽剖析，考生不仅能够掌握解题思路和方法，更能举一反三、触类旁通，实现从"知其然"到"知其所以然"的飞跃。

本系列丛书紧密跟踪财税政策最新动态，确保内容与时俱进。针对财税领域政策法规更新频繁的特点，丛书编写团队实时收录了最新政策等相关内容，使考生所学与实际业务、考试要求保持高度一致，有效规避因政策掌握滞后带来的学习偏差和考试风险。

本系列丛书是税务师考生的通关利器，希望既能帮助考生系统夯实专业基础，又能快速提升应试能力，同时也为应对日常工作中的复杂问题提供权威解析和案例参考，以便精准决策。

愿"百题讲坛"助力各位考生高效备考，顺利通关！

编委会
2025年3月

目 录

第一章 企业所得税

纳税义务人、征税对象和税率 ··· 1
收入总额 ·· 5
不征税收入和免税收入 ··· 13
其他收入情形的企业所得税处理 ·· 16
扣除项目及其标准 ··· 17
资产的所得税处理 ··· 25
资产损失税前扣除的所得税处理 ·· 30
企业重组的所得税处理 ··· 32
房地产开发经营业务的所得税处理 ····································· 38
税收优惠 ·· 41
应纳税额的计算 ·· 52
特别纳税调整 ··· 55
征收管理 ·· 62

第二章 个人所得税

征税对象 ·· 92
纳税人 ··· 98
减免税优惠 ·· 100
应纳税额的计算 ·· 104
征收管理 ·· 129

第三章 国际税收

国际税收的概念、原则和税收管辖权 ·································· 150
国际税收协定 ··· 152

非居民企业税收管理 …… 158
国际税收抵免制度 …… 161
国际税收合作 …… 163

第四章　印花税

征税范围和纳税人 …… 177
减免税优惠 …… 180
计税依据和应纳税额的计算 …… 184
征收管理 …… 187

第五章　房产税

征税范围、纳税人和税率 …… 189
减免税优惠 …… 189
计税依据和应纳税额的计算 …… 192
征收管理 …… 197

第六章　车船税

征税范围和税目 …… 203
减免税优惠 …… 204
应纳税额的计算 …… 207
征收管理 …… 209

第七章　契　税

征税范围、纳税人和税率 …… 212
减免税优惠 …… 213
计税依据和应纳税额的计算 …… 216
征收管理 …… 218

第八章　城镇土地使用税

纳税人和适用税额 …… 219
减免税优惠 …… 220
应纳税额的计算 …… 225
征收管理 …… 226

第九章　耕地占用税

征税对象和减免税优惠 ·· 234
应纳税额的计算 ·· 237
征收管理 ··· 238

第十章　船舶吨税

船舶吨税 ··· 244

第一章 企业所得税

知识点 · 纳税义务人、征税对象和税率

【单选题】我国企业所得税选择税收管辖权的标准是（　　）。
A. 居民管辖权单一标准
B. 地域管辖权单一标准
C. 地域管辖权和居民管辖权双重标准
D. 地域管辖权、居民管辖权和公民管辖权三重标准

解析 税收管辖权是一国政府在征税方面的主权，是国家主权的重要组成部分。根据国际上的通行做法，我国选择了地域管辖权和居民管辖权的双重管辖权标准，最大限度地维护了我国的税收利益。

【答案】C

【单选题】依据企业所得税相关规定，下列企业属于非居民企业的是（　　）。
A. 依法在中国境内成立的外商投资企业
B. 依法在境外成立但实际管理机构在中国境内的外国企业
C. 在中国境内未设立机构、场所，但有来源于中国境内所得的外国企业
D. 在中国境内未设立机构、场所，且没有来源于中国境内所得的外国企业

解析 居民企业是指依法在中国境内成立（选项A），或者依照外国（地区）法律成立但实际管理机构在中国境内的企业（选项B）。非居民企业是指依照外国（地区）法律成立且实际管理机构不在中国境内，但在中国境内设立机构、场所，或者在中国境内未设立机构、场所，但有来源于中国境内所得的企业（选项C）。选项D，非我国企业所得税纳税义务人。

【答案】C

【多选题】依据企业所得税相关规定，下列企业属于非居民企业的有（　　）。
A. 实际管理机构在美国，在中国境内取得利息的美国企业
B. 实际管理机构在韩国，在中国境内提供建筑劳务的韩国企业
C. 实际管理机构在中国内地，在中国香港从事食品加工的中国香港企业
D. 实际管理机构在英国，向中国境内提供专利使用权的英国企业
E. 实际管理机构在法国，由法国向中国境内企业销售机械的法国企业

解析 利息所得、租金所得、特许权使用费所得，按照负担、支付所得的企业或者机构、场所所在地确定，或者按照负担、支付所得的个人的住所地确定所得来源地，所以选项

A 和选项 D 属于来源于境内的所得，而登记注册地和实际管理机构所在地均不在境内，属于非居民企业。选项 B，提供劳务所得，按照劳务发生地确定所得来源地，劳务发生地位于中国境内，属于来源于境内的所得，而登记注册地和实际管理机构所在地均不在境内，属于非居民企业。选项 C，实际管理机构在境内，属于居民企业。选项 E，销售货物所得按照交易活动发生地确定所得来源地，向中国境内企业销售机械，交易活动发生地在法国，不属于来源于境内的所得，且登记注册地和实际管理机构所在地均不在境内，所以不属于我国企业所得税的纳税人。

【答案】ABD

【多选题】依据企业所得税相关规定，下列境内单位和个人中，可视为非居民企业在中国境内设立的机构、场所的有（　　）。
  A. 受托为非居民企业在境内提供场地的个人
  B. 受托为非居民企业在境内提供资金的单位
  C. 受托代非居民企业在境内储存货物的个人
  D. 受托代非居民企业在境内交付货物的个人
  E. 受托代非居民企业在境内签订合同的单位

解析　非居民企业委托营业代理人在中国境内从事生产经营活动的，包括委托单位或者个人经常代其签订合同，或者储存、交付货物等，该营业代理人被视为非居民企业在中国境内设立的机构、场所。选项 AB，不视为非居民企业在中国境内设立机构、场所。

【答案】CDE

【单选题】实际管理机构不在中国境内的某日本企业在中国境内设立分支机构，2024 年该分支机构在中国境内取得咨询收入 500 万元，在中国境内培训技术人员，取得日方支付的培训收入 200 万元，在中国香港取得与该分支机构无实际联系的所得 80 万元，2024 年度该境内分支机构企业所得税的应纳税收入总额为（　　）万元。
  A. 500　　　　　B. 580　　　　　C. 700　　　　　D. 780

解析　在中国境内设立的机构、场所来源于境内的咨询收入 500 万元，劳务发生地位于境内，属于来源于中国境内的所得，需要缴纳我国的企业所得税；在中国境内培训技术人员取得的培训收入 200 万元，劳务发生地位于境内，属于来源于中国境内的所得，需要缴纳我国的企业所得税。在我国香港取得的与分支机构无实际联系的所得 80 万元，不属于来源于我国内地的所得，不需要缴纳我国内地的企业所得税。所以 2024 年度该境内分支机构企业所得税的应纳税收入总额 = 500 + 200 = 700 万元。

【答案】C

【单选题】下列关于所得来源地的表述中，符合企业所得税相关规定的是（　　）。
  A. 股息所得按照分配所得的企业所在地确定
  B. 租金所得按照收取租金的企业所在地确定
  C. 权益性投资资产转让所得按照投资企业所在地确定

D. 特许权使用费所得按照收取特许权使用费的企业所在地确定

解析 利息所得、租金所得、特许权使用费所得，按照负担、支付所得的企业或者机构、场所所在地确定，或者按照负担、支付所得的个人的住所地确定所得来源地，所以选项B和选项D均不正确。权益性投资资产转让所得，按照被投资企业所在地确定所得来源地，所以选项C不正确。

【答案】 A

【单选题】 依据企业所得税相关规定，销售货物所得来源地的判定标准是（　　）。
A. 交易活动的发生地　　　　　　　　　B. 销售货物的目的地
C. 销售货物的起运地　　　　　　　　　D. 销售货物的企业所在地

解析 销售货物所得，按照交易活动发生地确定所得来源地。

【答案】 A

【单选题】 依据企业所得税相关规定，企业转让动产的所得来源地是（　　）。
A. 交易活动发生地　　　　　　　　　　B. 转让动产的企业所在地
C. 受让动产的企业所在地　　　　　　　D. 负担支付所得的企业所在地

解析 转让财产所得：(1) 不动产转让所得按照不动产所在地确定；(2) 动产转让所得按照转让动产的企业或者机构、场所所在地确定；(3) 权益性投资资产转让所得按照被投资企业所在地确定。

【答案】 B

【单选题】 依据企业所得税相关规定，下列所得按分配所得的企业所在地确定所得来源的是（　　）。
A. 销售货物所得　　　　　　　　　　　B. 转让不动产所得
C. 转让权益性投资资产所得　　　　　　D. 股息、红利等权益性投资所得

解析 选项A，销售货物所得，按照交易活动发生地确定。选项B，不动产转让所得，按照不动产所在地确定。选项C，权益性投资资产转让所得，按照被投资企业所在地确定。

【答案】 D

【多选题】 依据企业所得税相关规定，下列所得按照负担、支付所得的企业或机构、场所所在地确定所得来源地的有（　　）。
A. 利息所得　　　　　　　　　　　　　B. 租金所得
C. 销售货物所得　　　　　　　　　　　D. 动产转让所得
E. 特许权使用费所得

解析 企业所得税所得来源地的确定：
(1) 销售货物所得，按照交易活动发生地确定。
(2) 提供劳务所得，按照劳务发生地确定。
(3) 转让财产所得：①不动产转让所得按照不动产所在地确定；②动产转让所得按照

转让动产的企业或者机构、场所所在地确定；③权益性投资资产转让所得按照被投资企业所在地确定。

（4）股息、红利等权益性投资所得，按照分配所得的企业所在地确定。

（5）利息所得、租金所得、特许权使用费所得，按照负担、支付所得的企业或者机构、场所所在地确定，或者按照负担、支付所得的个人的住所地确定。

（6）其他所得，由国务院财政、税务主管部门确定。

【答案】ABE

【单选题】下列所得来源地的说法，符合企业所得税相关规定的是（　　）。
A. 销售货物所得，按货物生产地确定所得来源地
B. 租金所得，按取得租金的企业所在地确定所得来源地
C. 动产转让所得，按转让动产的企业所在地确定所得来源地
D. 权益性投资所得，按取得所得的企业所在地确定所得来源地

【解析】选项A，销售货物所得，按照交易活动发生地确定。选项B，租金所得，按照负担、支付所得的企业或者机构、场所所在地确定，或者按照负担、支付所得的个人的住所地确定。选项D，股息、红利等权益性投资所得，按照分配所得的企业所在地确定。

【答案】C

【多选题】注册地与实际管理机构均在新加坡的某银行，取得的下列各项所得中，适用25%的企业所得税税率的有（　　）。
A. 在我国境内设立的分行，取得来自日本的贷款利息所得
B. 转让分行位于我国境内的不动产，取得的财产转让所得
C. 在我国境内设立的分行，来自于境内的理财咨询服务所得
D. 来自于境内但与境内分行没有直接联系的特许权使用费所得
E. 总行持有在中国香港证券交易所上市的香港公司股票，取得的分红所得

【解析】选项ABC，在中国境内设有机构、场所且所得与机构、场所有实际联系的非居民企业，适用25%的税率。选项D，对在中国境内未设立机构、场所，或者虽设立机构、场所但取得的所得与其所设机构、场所没有实际联系的非居民企业实际适用10%的税率。选项E，不需要缴纳我国企业所得税。

【答案】ABC

【单选题】下列所得，实际适用10%的企业所得税税率的是（　　）。
A. 居民企业来自境外的所得
B. 小型微利企业来自境内的所得
C. 高新技术企业来自境内的所得
D. 在中国境内未设立经营机构的非居民企业来自于境内的所得

【解析】对在中国境内未设立机构、场所，或者虽设立机构、场所但取得的所得与其所设机构、场所没有实际联系的非居民企业实际适用10%的税率。选项A，绝大多数（不是所

有）居民企业适用25%的企业所得税税率。选项B，适用20%的优惠税率。选项C，适用15%的优惠税率。

【答案】D

【单选题】在中国境内设立机构场所的非居民企业取得的下列所得，实际适用10%的企业所得税税率的是（　　）。

A. 与境内机构场所有实际联系的境内所得
B. 与境内机构场所有实际联系的境外所得
C. 与境内机构场所没有实际联系的境内所得
D. 与境内机构场所没有实际联系的境外所得

解析　选项A和选项B，在中国境内设有机构、场所且所得与机构、场所有实际联系的非居民企业，适用25%的税率。选项C，在中国境内未设立机构、场所，或者虽设立机构、场所但取得的所得与其所设机构、场所没有实际联系的非居民企业适用税率20%，但对这类企业实际征税时适用10%的税率。选项D，不缴纳我国的企业所得税。

【答案】C

知识点 · 收入总额

【单选题】依据企业所得税相关规定，下列关于销售货物收入确认时间的说法，错误的是（　　）。

A. 销售商品采取托收承付方式的，在办妥托收手续时确认收入
B. 销售商品采取预收货款方式的，在收到预收货款时确认收入
C. 销售商品需要简单安装和检验的，可在发出商品时确认收入
D. 销售商品采取支付手续费方式委托代销的，在收到代销清单时确认收入

解析　选项B，销售商品采取预收款方式的，在发出商品时确认收入。

【答案】B

【单选题】企业以分期收款方式销售货物的，确认企业所得税收入的时间是（　　）。

A. 销售合同签订日　　　　　　　　B. 销售货物移送日
C. 销售货款实际收取日　　　　　　D. 销售合同约定的收款日

解析　企业以分期收款方式销售货物的，按照合同约定的收款日期确认企业所得税收入的实现。

【答案】D

【多选题】依据企业所得税相关规定，企业提供的下列劳务中，按照完工进度确认企业所得税应税收入的有（　　）。

A. 广告的制作　　　　　　　　　　B. 提供宴会招待

C. 提供艺术表演
D. 为特定客户开发软件
E. 作为商品销售附带条件的安装

解析 选项BC，艺术表演、招待宴会和其他特殊活动的收费，在相关活动发生时确认收入。选项E，安装工作是商品销售附带条件的，安装费在确认商品销售实现时确认收入。

【答案】 AD

【多选题】 依据企业所得税相关规定，下列各项应按完工进度确认劳务收入的有（   ）。
A. 单独的安装费
B. 广告的制作费
C. 宣传媒介的收费
D. 提供设备的特许权费
E. 为特定客户开发软件的收费

解析 安装费，应根据安装完工进度确认收入，安装工作是商品销售附带条件的，安装费在确认商品销售实现时确认收入，所以选项A要选。宣传媒介的收费，在相关的广告或商业行为出现于公众面前时确认收入，广告的制作费，应根据制作广告的完工进度确认收入，所以选项B要选，而选项C不选。特许权费，属于提供设备和其他有形资产的特许权费，在交付资产或转移资产所有权时确认收入，属于提供初始及后续服务的特许权费，在提供服务时确认收入，所以选项D不选。为特定客户开发软件的收费，应根据开发的完工进度确认收入，所以选项E要选。

【答案】 ABE

【单选题】 依据企业所得税的相关规定，下列劳务收入应在提供服务的期间分期确认收入的是（   ）。
A. 提供后续服务的特许权费收入
B. 商品销售附带条件的安装费收入
C. 商品售价内可区分的服务费收入
D. 艺术表演和招待宴会的收费收入

解析 选项A，属于提供初始及后续服务的特许权费，在提供服务时确认收入。选项B，安装工作是商品销售附带条件的，安装费在确认商品销售实现时确认收入。选项D，艺术表演、招待宴会和其他特殊活动的收费，在相关活动发生时确认收入，收费涉及几项活动的，预收的款项应合理分配给每项活动，分别确认收入。

【答案】 C

【单选题】 下列关于收入确认时间的说法，符合企业所得税相关规定的是（   ）。
A. 从事权益性投资的，为实际收到股息日期
B. 接受捐赠资产的，为签订捐赠协议的日期
C. 采用预收款方式销售商品的，为收到预收款的日期
D. 让渡资金使用权的，为合同约定的债务人应付利息的日期

解析 选项A，股息、红利等权益性投资收益，除国务院财政、税务主管部门另有规定外，应以被投资企业股东会或股东大会做出利润分配或转股决定的日期，确认收入的实现。

选项B，接受捐赠收入，按照实际收到捐赠资产的日期确认收入的实现。选项C，销售商品采取预收款方式的，在发出商品时确认收入。选项D，让渡资金使用权，即利息收入，按照合同约定的债务人应付利息的日期确认收入的实现。

【答案】 D

【单选题】 下列有关收入实现确认时间的说法，符合企业所得税相关规定的是（　　）。
A. 利息收入按债权人实际收到利息的日期确认收入的实现
B. 租金收入按承租人实际支付租金的日期确认收入的实现
C. 权益性投资按被投资方支付股息的日期确认收入的实现
D. 接受捐赠收入按实际收到捐赠资产的日期确认收入的实现

解析 选项A，利息收入按照合同约定的债务人应付利息的日期确认收入的实现。选项B，租金收入，按照合同约定的承租人应付租金的日期确认收入的实现。选项C，股息、红利等权益性投资收益，除国务院财政、税务主管部门另有规定外，应以被投资企业股东会或股东大会做出利润分配或转股决定的日期，确认收入的实现。

【答案】 D

【单选题】 下列关于企业所得税收入确认时间的说法，正确的是（　　）。
A. 广告制作在广告出现于公众面前时确认收入
B. 采取预收款方式销售商品在收到预收款时确认收入
C. 采用支付手续费方式代销商品，在发出商品时确认收入
D. 为特定客户开发软件，根据开发软件的完工进度确认收入

解析 选项A，宣传媒介的收费，应在相关的广告或商业行为出现于公众面前时确认收入，而广告的制作费，应根据制作广告的完工进度确认收入。选项B，销售商品采取预收款方式的，在发出商品时确认收入。选项C，销售商品采用支付手续费方式委托代销的，在收到代销清单时确认收入。

【答案】 D

【单选题】 依据企业所得税的相关规定，下列关于收入确认时间的说法，正确的是（　　）。
A. 接受捐赠收入，按照合同约定的捐赠日期确认收入的实现
B. 特许权使用费收入，以实际取得收入的日期确认收入的实现
C. 采取产品分成方式取得收入的，按照企业分得产品的日期确认收入的实现
D. 股息、红利等权益性投资收益，以被投资方实际分红的日期确认收入的实现

解析 选项A，接受捐赠收入，按照实际收到捐赠资产的日期确认收入的实现。选项B，特许权使用费收入，按照合同约定的特许权使用人应付特许权使用费的日期确认收入的实现。选项D，股息、红利等权益性投资收益，除另有规定外，按照被投资企业股东会或股东大会做出利润分配或转股决定的日期，确认收入的实现。

【答案】 C

【单选题】2023年1月甲企业以1000万元直接投资乙企业,取得其40%的股权。2024年12月甲企业将该股权全部转让,取得收入1200万元。股权转让时,乙企业累计未分配利润为200万元。下列关于甲企业该项投资业务的税务处理,说法正确的是(　　)。

A. 甲企业该项投资资产的转让所得120万元
B. 甲企业该项投资业务的股息所得80万元
C. 甲企业转让该项股权应缴纳企业所得税50万元
D. 甲企业投资成本1000万元在持股期间均摊扣除

解析 选项A,企业转让股权收入,应于转让协议生效且完成股权变更手续时,确认收入的实现,转让股权收入扣除取得该股权所发生的成本后,为股权转让所得,企业在计算股权转让所得时,不得扣除被投资企业未分配利润等股东留存收益中按该项股权所可能分配的金额,股权转让所得=1200-1000=200万元。选项B,不确认股息所得。选项C,甲企业该项投资业务应缴纳企业所得税=200×25%=50万元。选项D,投资成本在投资转让时可以进行扣除。

【答案】 C

【单选题】甲企业在2023年8月以300万元现金直接投资于乙企业,取得乙企业30%的股权,2023年乙企业的税后利润100万元。2024年8月甲企业转让乙企业的股权,取得股权转让收入650万元,此时乙企业账面累计未分配利润和累计盈余公积共计200万元。甲企业应确认的股权转让所得应纳税所得额是(　　)万元。

A. 260　　　　　　B. 290　　　　　　C. 320　　　　　　D. 350

解析 企业转让股权收入,应于转让协议生效且完成股权变更手续时,确认收入的实现。转让股权收入扣除为取得该股权所发生的成本后,为股权转让所得。企业在计算股权转让所得时,不得扣除被投资企业未分配利润等股东留存收益中按该项股权所可能分配的金额。

甲企业应确认的股权转让所得应纳税所得额=650-300=350万元

【答案】 D

【单选题】2019年居民企业甲公司出资4000万元投资于居民企业M公司,取得其40%的股权,2024年甲公司从M公司撤资,取得收入9000万元,撤资时M公司累计未分配利润和累计盈余公积为3000万元,甲公司撤资应确定的应纳税所得额是(　　)万元。

A. 3000　　　　　B. 3800　　　　　C. 5000　　　　　D. 6000

解析 企业撤回或减少投资,其取得的资产中,相当于初始出资的部分,应确认为投资收回;相当于被投资企业累计未分配利润和累计盈余公积按减少实收资本比例计算的部分,应确认为股息所得;其余部分确认为投资资产转让所得。

甲公司撤资应确定的应纳税所得额=9000-4000-3000×40%=3800万元

【答案】 B

【单选题】被清算公司的法人股东甲，其原始投资成本为20万元，股权占比20%；被清算公司累计未分配利润和累计盈余公积为80万元。甲从被清算公司分得19万元的剩余资产，应确认的投资转让所得是（　　）万元。

A. 3　　　　　　B. 19　　　　　　C. -1　　　　　　D. -17

解析　被清算企业的股东分得的剩余资产的金额（19万元），其中相当于被清算企业累计未分配利润和累计盈余公积中按该股东所占股份比例计算的部分，应确认为股息所得（80×20%=16万元）；剩余资产减除股息所得后的余额，超过或低于股东投资成本的部分（19-16-20=-17万元），应确认为股东的投资转让所得或损失。所以，应确认的投资转让所得=19-80×20%-20=-17万元。

【答案】D

【单选题】甲公司5年前以货币资金200万元投资乙公司，获得乙公司10%的股份。2024年乙公司因故被清算，甲公司分得剩余资产金额260万元，已知乙公司清算净资产总额中未分配利润占10%，盈余公积占5%。甲公司分得剩余资产应确认应纳税所得额是（　　）万元。

A. 21　　　　　　B. 34　　　　　　C. 47　　　　　　D. 60

解析　被清算企业的股东分得的剩余资产的金额，相当于被清算企业累计未分配利润和累计盈余公积中按该股东所占股份比例计算的部分，应当确认为股息所得；剩余资产减除上述股息所得后的余额，超过或者低于投资成本的部分，应当确认为投资资产转让所得或者损失。

甲公司分得剩余资产应确认应纳税所得额=260-260×（10%+5%）-200=21万元

【答案】A

【单选题】下列关于企业从被投资单位撤回投资时取得资产的企业所得税税务处理的说法，正确的是（　　）。

A. 取得的全部资产应确认为股息所得
B. 相当于初始投资的部分应确认为股息所得
C. 超过初始投资的部分应确认为投资资产转让所得
D. 相当于被投资企业累计未分配利润和累计盈余公积按减少实收资本比例计算的部分应确认为股息所得

解析　企业撤回或减少投资，其取得的资产中，相当于初始出资的部分，应确认为投资收回（选项B错误）。相当于被投资企业累计未分配利润和累计盈余公积按减少实收资本比例计算的部分，应确认为股息所得（选项A错误，选项D正确）。其余部分确认为投资资产转让所得（选项C错误）。

【答案】D

【单选题】某公司将设备租赁给他人使用，合同约定租期从2024年9月1日到2027年8月31日，每年不含税租金为480万元，2024年8月15日一次性收取3年租金1440万元。下列关于该租赁业务收入确认的说法，正确的是（　　）。

A. 2024年增值税应确认的计税销售额为160万元

B. 2024年增值税应确认的计税销售额为480万元

C. 2024年可确认企业所得税收入160万元

D. 2024年应确认企业所得税收入1440万元

解析 依据增值税的相关规定，纳税人提供租赁服务采取预收款方式的，其纳税义务发生时间为收到预收款的当天，所以2024年增值税应确认的计税销售额为1440万元，所以选项AB均不正确。依据企业所得税的相关规定：租金收入，按照合同约定的承租人应付租金的日期确认收入的实现。如果交易合同或协议中规定租赁期限跨年度且租金提前一次性支付的，根据规定的收入与费用配比原则，出租人可对上述已确认的收入，在租赁期内，分期均匀计入相关年度收入，所以2024年可确认收入160万元（9~12月共计4个月租金，即 $1440 \div 3 \times 4/12 = 160$ 万元），也可一次性确认收入1440万元，所以选项C正确。选项D错误（是"可"而不是"应"）。

【答案】 C

【多选题】 依据企业所得税相关规定，企业取得的下列收入，应一次性计入所属纳税年度的有（　　）。

A. 接受捐赠收入

B. 财产转让收入

C. 无法偿付的应付款收入

D. 项目周期为两年的软件开发收入

E. 工期为两年的船舶受托加工制造收入

解析 企业取得财产转让收入（选项B）、债务重组收入、接受捐赠收入（选项A）、无法偿付的应付款收入（选项C）等，无论是以货币形式还是非货币形式体现，除另有规定外，均应一次性计入确认收入的年度计算缴纳企业所得税。企业受托加工制造大型机械设备、船舶（选项E）、飞机，以及从事建筑、安装、装配工程业务或者提供其他劳务（选项D）等，持续时间超过12个月的，按照纳税年度内完工进度或者完成的工作量确认收入的实现。

【答案】 ABC

【单选题】 2024年12月甲饮料厂给职工发放自产果汁和当月外购的取暖器作为职工福利，其中果汁的成本为20万元，公允价值为25万元；取暖器的公允价值为10万元。根据企业所得税相关规定，该厂发放上述福利应确认的收入为（　　）万元。

A. 10　　　　　　B. 20　　　　　　C. 30　　　　　　D. 35

解析 企业发生视同销售情形时，除另有规定外，应按照被移送资产的公允价值确定销售收入。所以该厂发放上述福利应确认的收入 = 25 + 10 = 35万元

【答案】 D

【单选题】 企业的下列资产处置行为中，不确认企业所得税收入的是（　　）。

A. 将资产用于职工福利　　　　　　B. 将资产用于股息分配

C. 将资产用于交际应酬　　　　　　D. 将资产用于经营使用

解析 企业发生下列情形的处置资产，除将资产转移至境外以外，由于资产所有权属在

形式和实质上均不发生改变，可作为内部处置资产，不视同销售确认收入，相关资产的计税基础延续计算：

（1）将资产用于生产、制造、加工另一产品；
（2）改变资产形状、结构或性能；
（3）改变资产用途（如自建商品房转为自用或经营）（选项D）；
（4）将资产在总机构及其分支机构之间转移；
（5）上述两种或两种以上情形的混合；
（6）其他不改变资产所有权属的用途。

企业将资产移送他人的下列情形，因资产所有权属已发生改变而不属于内部处置资产，应按规定视同销售确定收入：

（1）用于市场推广或销售；
（2）用于交际应酬（选项C）；
（3）用于职工奖励或福利（选项A）；
（4）用于股息分配（选项B）；
（5）用于对外捐赠；
（6）其他改变资产所有权属的用途。

【答案】D

【多选题】依据企业所得税相关规定，企业发生的下列情形应视同销售的有（　　）。
A. 将自产食品用于股息分配　　　　B. 将自产电脑用于职工奖励
C. 将自产卷烟用于市场推广　　　　D. 将自建商品房用于对外出租
E. 将自产设备用于境内分支机构的转移

解析　企业发生下列情形的处置资产，除将资产转移至境外以外，由于资产所有权属在形式和实质上均不发生改变，可作为内部处置资产，不视同销售确认收入，相关资产的计税基础延续计算：

（1）将资产用于生产、制造、加工另一产品；
（2）改变资产形状、结构或性能；
（3）改变资产用途（如自建商品房转为自用或经营）（选项D）；
（4）将资产在总机构及其分支机构之间转移（选项E）；
（5）上述两种或两种以上情形的混合；
（6）其他不改变资产所有权属的用途。

企业将资产移送他人的下列情形，因资产所有权属已发生改变而不属于内部处置资产，应按规定视同销售确定收入：

（1）用于市场推广或销售（选项C）；
（2）用于交际应酬；
（3）用于职工奖励或福利（选项B）；
（4）用于股息分配（选项A）；
（5）用于对外捐赠；

（6）其他改变资产所有权属的用途。

【答案】ABC

【多选题】依据企业所得相关规定，企业发生的下列情形应视同销售的有（　　）。
A. 自产电视机用于职工福利
B. 自产电视机用于市场推广
C. 自产电暖器用于对外捐赠
D. 自建商品房用于自用办公
E. 自产小麦粉用于加工面条

解析　选项ABC，资产所有权发生改变，应视同销售。选项DE，资产所有权未发生改变，无需视同销售，详细解析可参考前面题目解析。

【答案】ABC

【多选题】依据企业所得税相关规定，下列行为应视同销售确认收入的有（　　）。
A. 将资产用于职工奖励
B. 将资产用于市场推广
C. 将资产用于交际应酬
D. 将资产用于股息分配
E. 将资产用于生产另一产品

解析　选项E，由于资产所有权属在形式和实质上均不发生改变，可作为内部处置资产，不视同销售确认收入，相关资产的计税基础延续计算。

【答案】ABCD

【多选题】依据企业所得税的相关规定，下列行为应视同销售确认收入的有（　　）。
A. 将自产货物用于职工奖励
B. 将外购货物用于交际应酬
C. 将自建商品房转为固定资产
D. 将自产货物用于职工宿舍建设
E. 将自产货物移送到境外分支机构

解析　企业发生下列情形的处置资产，除将资产转移至境外以外（选项E转移至境外，不属于内部处置，应当视同销售确认收入），由于资产所有权属在形式和实质上均不发生改变，可作为内部处置资产，不视同销售确认收入，相关资产的计税基础延续计算：
（1）将资产用于生产、制造、加工另一产品；
（2）改变资产形状、结构或性能；
（3）改变资产用途（如自建商品房转为自用或经营）（选项C）；
（4）将资产在总机构及其分支机构之间转移；
（5）上述两种或两种以上情形的混合[选项D属于（1）和（2）的混合]；
（6）其他不改变资产所有权属的用途。

企业将资产移送他人的下列情形，因资产所有权属已发生改变而不属于内部处置资产，应按规定视同销售确定收入：
（1）用于市场推广或销售；
（2）用于交际应酬（选项B）；
（3）用于职工奖励或福利（选项A）；
（4）用于股息分配；

(5) 用于对外捐赠；
(6) 其他改变资产所有权属的用途。

【答案】 ABE

知识点· 不征税收入和免税收入

【多选题】 下列收入中，属于企业所得税不征税收入的有（　　）。
A. 财政拨款
B. 地方政府债券利息收入
C. 纳入财政管理的行政事业性收费
D. 社保基金取得的直接股权投资收益
E. 社保基金取得的股权投资基金收益

解析 下列收入为不征税收入：

(1) 财政拨款，是指各级人民政府对纳入预算管理的事业单位、社会团体等组织拨付的财政资金，但国务院和国务院财政、税务主管部门另有规定的除外（选项A）。

(2) 依法收取并纳入财政管理的行政事业性收费、政府性基金（选项C）。

(3) 国务院规定的其他不征税收入，是指企业取得的，由国务院财政、税务主管部门规定专项用途并经国务院批准的财政性资金。

财政性资金是指企业取得的来源于政府及其有关部门的财政补助、补贴、贷款贴息，以及其他各类财政专项资金，包括直接减免的增值税和即征即退、先征后退、先征后返的各种税收，但不包括企业按规定取得的出口退税款。

企业从县级以上各级人民政府财政部门及其他部门取得的应计入收入总额的财政性资金，凡同时符合以下条件的，可以作为不征税收入，在计算应纳税所得额时从收入总额中减除：
① 企业能够提供规定资金专项用途的资金拨付文件；
② 财政部门或其他拨付资金的政府部门对该资金有专门的资金管理办法或具体管理要求；
③ 企业对该资金及以该资金发生的支出单独进行核算。

(4) 对社保基金取得的直接股权投资收益、股权投资基金收益，作为企业所得税不征税收入（选项DE）。

(5) 自2018年3月13日起，对在中国境内未设立机构、场所的，或者虽设立机构、场所但取得的所得与其所设机构、场所没有实际联系的境外机构投资者（包括境外经纪机构），从事中国境内原油期货交易取得的所得（不含实物交割所得），暂不征收企业所得税。对境外经纪机构在境外为境外投资者提供中国境内原油期货经纪业务取得的佣金所得，不属于来源于中国境内的劳务所得，不征收企业所得税。

选项B，属于免税收入。

【答案】 ACDE

【单选题】 下列收入中，属于企业所得税不征税收入的是（　　）。
A. 社保基金取得的股权投资基金收益
B. 非营利组织为政府提供服务取得的收入

C. 投资者从证券投资基金分配中取得的收入
D. 境外机构投资境内债券市场取得的企业债券利息收入

解析 选项B，属于企业所得税应税收入。选项C，暂不征收企业所得税。选项D，暂免征收企业所得税。

【答案】A

【单选题】下列收入中，属于企业所得税不征税收入的是（ ）。
A. 企业取得的国债利息收入
B. 事业单位收到的财政拨款收入
C. 外贸企业收到的出口退税款收入
D. 企业收到地方政府未规定专项用途的税收返还款收入

解析 选项A，国债利息收入免税。选项C，不属于财政性资金，不计入收入总额。选项D，属于财政性资金，但不符合不征税收入的3个条件，应当计入收入总额征税。

【答案】B

【单选题】根据企业所得税相关规定，下列收入属于居民企业不征税收入的是（ ）。
A. 债务的豁免
B. 接受企业的捐赠收入
C. 取得的权益性投资收益
D. 依法收取并纳入财政管理的行政事业性收费

解析 选项ABC均应计入收入总额计算纳税。选项C如为符合条件的居民企业之间的股息、红利等权益性投资收益，则免征企业所得税。

【答案】D

【单选题】符合条件的非营利组织取得下列收入，应缴纳企业所得税的是（ ）。
A. 接受个人的捐赠收入
B. 因政府购买服务而取得的收入
C. 免税收入孳生的银行利息收入
D. 按照省级以上财政部门规定收取的会费收入

解析 非营利组织的下列收入为免税收入：
（1）接受其他单位或者个人捐赠的收入（选项A）。
（2）除《企业所得税法》第七条规定的财政拨款以外的其他政府补助收入，但不包括因政府购买服务而取得的收入（选项B）。
（3）按照省级以上民政、财政部门规定收取的会费（选项D）。
（4）不征税收入和免税收入孳生的银行存款利息收入（选项C）。
（5）财政部、国家税务总局规定的其他收入。

【答案】B

【多选题】非营利组织取得的下列收入，为企业所得税免税收入的有（　　）。
A. 接受个人捐赠的收入
B. 接受其他单位捐赠的收入
C. 免税收入孳生的利息收入
D. 因政府购买服务取得的收入
E. 不征税收入孳生的利息收入

解析 选项D，因政府购买服务而取得的收入属于开展营利活动取得的收入，属于应税收入，应照章纳税。

【答案】 ABCE

【单选题】下列各项应缴纳企业所得税的是（　　）。
A. 公募证券投资基金持有创新企业CDR取得的股息红利
B. 企业接受县级人民政府以股权投资方式投入的国有资产
C. 纳入预算管理的事业单位取得省级人民政府的财政拨款
D. 在境内设立机构的外国企业取得与境内机构有实际联系的企业债券利息

解析 选项A，对公募证券投资基金（封闭式证券投资基金、开放式证券投资基金）转让创新企业CDR取得的差价所得和持有创新企业CDR取得的股息红利所得，按公募证券投资基金税收政策规定暂不征收企业所得税。选项B，应作为国家资本金（包括资本公积）处理，不缴纳企业所得税。选项C，作为不征税收入，不缴纳企业所得税。选项D，自2021年11月7日起至2025年12月31日止，对境外机构投资境内债券市场取得的债券利息收入，暂免征收企业所得税。但免税范围不包括境外机构在境内设立的机构场所取得的与该机构、场所有实际联系的债券利息。选项D应按照25%的税率缴纳企业所得税。

【答案】 D

【多选题】依据企业所得税的相关规定，企业取得的下列资金中，不计入企业收入总额的有（　　）。
A. 企业资产的溢余收入
B. 无法偿付的应付款项
C. 增加企业实收资本的国家投资
D. 企业使用后需归还财政的资金
E. 按规定取得的增值税出口退税款

解析 企业以货币形式和非货币形式从各种来源取得的收入，为收入总额。包括：
（1）销售货物收入；
（2）提供劳务收入；
（3）转让财产收入；
（4）股息、红利等权益性投资收益；
（5）利息收入；
（6）租金收入；
（7）特许权使用费收入；
（8）接受捐赠收入；
（9）其他收入，如企业资产溢余收入（选项A）、逾期未退包装物押金收入、确实无法偿付的应付款项（选项B）、已作坏账损失处理后又收回的应收款项、债务重组收入、补贴收入、违约金收入、汇兑收益等。

【提示】财政性资金，是指企业取得的来源于政府及其有关部门的财政补助、补贴、贷款贴息，以及其他各类财政专项资金，包括直接减免的增值税和即征即退、先征后退、先征后返的各种税收，但不包括企业按规定取得的出口退税款（选项E）和增值税留抵退税款。企业取得的各类财政性资金，除属于国家投资（选项C）和资金使用后要求归还本金（选项D）的以外均应计入企业当年收入总额。

【答案】CDE

【单选题】企业取得的下列款项中，应计算缴纳企业所得税的是（　　）。
A. 国家投资款
B. 增值税出口退税款
C. 增值税留抵退税款
D. 未指定用途的账户奖励

解析　财政性资金，是指企业取得的来源于政府及其有关部门的财政补助、补贴、贷款贴息，以及其他各类财政专项资金，包括直接减免的增值税和即征即退、先征后退、先征后返的各种税收，但不包括企业按规定取得的出口退税款（选项B）和增值税留抵退税款（选项C）。企业取得的各类财政性资金，除属于国家投资（选项A）和资金使用后要求归还本金的以外均应计入企业当年收入总额。对企业取得的由国务院财政、税务主管部门规定专项用途并经国务院批准的财政性资金，准予作为不征税收入，在计算应纳税所得额时从收入总额中减除。

【答案】D

知识点 · 其他收入情形的企业所得税处理

【单选题】企业接收县级人民政府无偿划入的非货币性资产，该资产企业所得税的计税基础是（　　）。
A. 接收价值
B. 账面原价
C. 评估价值
D. 账面净值

解析　（1）县级以上人民政府（包括政府有关部门，下同）将国有资产明确以股权投资方式投入企业，企业应作为国家资本金（包括资本公积）处理。该项资产如为非货币性资产，应按政府确定的接收价值确定计税基础。

（2）县级以上人民政府将国有资产无偿划入企业，凡指定专门用途并按相关规定进行管理的，企业可作为不征税收入进行企业所得税处理。其中，该项资产属于非货币性资产的，应按政府确定的接收价值计算不征税收入。

（3）县级以上人民政府将国有资产无偿划入企业，属于上述第（1）项、第（2）项以外情形的，应按政府确定的接收价值计入当期收入总额计算缴纳企业所得税。政府没有确定接收价值的，按资产的公允价值计算确定应税收入。

【答案】A

【单选题】依据企业所得税的相关规定，企业接收县政府以股权投资方式投入的国有非货币性资产，应确定的计税基础是（ ）。

A. 该资产的账面原值   B. 该资产的公允价值
C. 该资产的账面净值   D. 政府确定的接收价值

解析 县级以上人民政府（包括政府有关部门）将国有资产明确以股权投资方式投入企业，企业应作为国家资本金（包括资本公积）处理。该项资产如为非货币性资产，应按政府确定的接收价值确定计税基础。

【答案】D

【单选题】省级人民政府将国有资产明确以股权投资方式投入企业，企业接收国有资产正确的企业所得税处理方式是（ ）。

A. 作为递延收益   B. 作为国家资本金
C. 作为接受捐赠收入   D. 作为非货币性资产收入

解析 县级以上人民政府（包括政府有关部门）将国有资产明确以股权投资方式投入企业，企业应作为国家资本金（包括资本公积）处理。

【答案】B

【单选题】2024年11月甲公司向乙公司投资300万元，期限5年，每年年末收取固定利息，已知该投资属于符合条件的混合性投资，下列关于该投资业务税务处理的说法中，正确的是（ ）。

A. 甲公司收到的固定利息为免税收入
B. 乙公司应于应付固定利息的日期确认支出
C. 乙公司支付的固定利息可以据实在税前扣除
D. 甲公司应于实际收到固定利息的日期确认收入的实现

解析 符合条件的混合性投资业务，对于被投资企业支付的利息，投资企业应于被投资企业应付利息的日期，确认收入的实现并计入当期应纳税所得额。被投资企业应于应付利息的日期，确认利息支出，并按税法规定，进行税前扣除（企业向非金融企业借款的利息支出，不超过按照金融企业同期同类贷款利率计算的数额的部分可据实扣除，超过部分不允许扣除），注意"按税法规定扣除"，不是"据实扣除"。

【答案】B

知识点 · 扣除项目及其标准

【单选题】2024年某公司给自有员工实际发放合理工资总额为1000万元；公司生产部门接受外部劳务派遣员工6人，劳务派遣员工每人每月支付劳务费3000元。公司当年发生的职工福利费为200万元，职工福利费应调增应纳税所得额（ ）万元。

A. 54.96   B. 55.97   C. 56.98   D. 60.00

解析 企业接受外部劳务派遣用工所实际发生的费用，应分两种情况按规定在税前扣除：按照协议（合同）约定直接支付给劳务派遣公司的费用，应作为劳务费支出；直接支付给员工个人的费用，应作为工资、薪金支出和职工福利费支出。其中属于工资、薪金支出的费用，准予计入企业工资、薪金总额的基数，作为计算其他各项相关费用扣除的依据。

合理的工资、薪金支出 = 1000 + 6×3000×12÷10000 = 1021.6 万元

职工福利费扣除限额 = 1021.6×14% = 143.02 万元

职工福利费应调增应纳税所得额 = 200 − 143.02 = 56.98 万元

【答案】C

【单选题】某企业 2024 年支付如下费用：合同工工资 105 万元，实习生工资 20 万元，返聘离休人员工资 30 万元，劳务派遣公司用工费 40 万元。2024 年该企业计算企业所得税时允许扣除的职工工会经费限额是（　　）万元。

A. 2.1　　　　B. 2.5　　　　C. 3.1　　　　D. 3.9

解析 企业发生的合理的工资、薪金支出 = 105 + 20 + 30 = 155 万元

允许扣除的职工工会经费限额 = 155×2% = 3.1 万元

【答案】C

【单选题】2021 年 11 月，某上市公司对本公司 20 名管理人员实施股票期权激励政策，约定如在公司连续服务 3 年，即可以 4 元/股的价格购买本公司股票 1000 股。2024 年 11 月，20 名管理人员全部行权，行权日股票收盘价为 20 元/股。根据企业所得税相关规定，行权时该公司可以在企业所得税税前扣除的费用是（　　）万元。

A. 30　　　　B. 32　　　　C. 38　　　　D. 40

解析 对股权激励计划实行后，需待一定服务年限或者达到规定业绩条件（等待期）后方可行权的，上市公司在等待期内会计上计算确认的相关成本费用，不得在对应年度计算缴纳企业所得税时扣除。在股权激励计划可行权后，上市公司方可根据该股票实际行权时的公允价格与当年激励对象实际行权支付价格的差额及数量，计算确定作为当年上市公司工资薪金支出，依照税法规定进行税前扣除。

行权时该公司可以在企业所得税税前扣除的费用 = (20−4)×1000×20÷10000 = 32 万元

【答案】B

【单选题】某企业 2024 年支付正式职工的合理工资总额为 1000 万元，临时工工资为 30 万元，企业当年拨缴的工会经费为 28 万元，取得工会组织开具的《工会经费收入专用收据》。在计算企业所得税时，工会经费应调增的应纳税所得额为（　　）万元。

A. 7.40　　　　B. 8.00　　　　C. 9.76　　　　D. 28.00

解析 工会经费税前扣除限额 = (1000 + 30)×2% = 20.60 万元

拨缴的工会经费为 28 万元，应调增应纳税所得额 = 28 − 20.60 = 7.40 万元

【答案】A

【多选题】依据企业所得税相关规定，下列各项可全额在企业所得税税前扣除的有（   ）。
A. 航空企业空中保卫员训练费用
B. 核力发电企业的操纵员培训费用
C. 高新技术企业研发人员的培训费用
D. 技术先进型服务企业的职工教育培训费用
E. 符合条件的软件生产企业的职工培训费用

解析　选项A，航空企业实际发生的飞行员养成费、飞行训练费、乘务训练费、空中保卫员训练费等空勤训练费用，可以作为航空企业运输成本在税前扣除。选项B，核力发电企业为培养核电厂操纵员发生的培养费用，可作为企业的发电成本在税前扣除。选项E，符合条件的软件生产企业发生的职工教育经费中的职工培训费用，可以全额在企业所得税前扣除。选项CD，高新技术企业和技术先进型服务企业，发生的培训费用，属于职工教育经费，不超过工资、薪金总额8%的部分，准予在计算企业所得税应纳税所得额时扣除。

【答案】ABE

【单选题】企业发生的下列保险费，不允许在企业所得税税前扣除的是（   ）。
A. 雇主责任险　　　　　　　　　B. 公众责任险
C. 为员工家属支付的商业保险　　D. 为因公出差员工购买的人身意外保险

解析　各种保险费扣除为考生总结如下：

项目	保险类型	具体规定
企业为自己购买	企业参加财产保险，按照规定缴纳的保险费	准予扣除
	企业参加雇主责任险、公众责任险等责任保险，按规定缴纳的保险费	准予扣除
企业为个人购买	企业按照规定的范围和标准为职工缴纳的"五险一金"	准予扣除
	企业为全体员工支付的补充养老保险费、补充医疗保险费，分别在不超过职工工资总额5%标准内的部分	准予扣除
	依照国家有关规定为特殊工种职工支付的人身安全保险费和符合国务院财政、税务主管部门规定可以扣除的商业保险费	准予扣除
	企业职工因公出差乘坐交通工具发生的人身意外保险费支出	准予扣除
	其他情形，如企业为投资者或者职工支付的商业保险费	不得扣除

【答案】C

【单选题】企业发生的下列保险支出，不得在企业所得税税前扣除的是（   ）。
A. 公众责任险　　　　　　　　　B. 雇主责任险
C. 特定员工支付的家庭财产保险　D. 按政府规定标准缴纳的失业保险

解析　选项ABD，均可在企业所得税税前扣除。

【答案】C

【单选题】企业支付的下列保险费，不得在企业所得税税前扣除的是（　　）。

A. 企业为投资者购买的商业保险
B. 企业按规定为职工购买的工伤保险
C. 企业为特殊工种职工购买的法定人身安全保险
D. 企业为本单位车辆购买的交通事故责任强制保险

解析　除企业依照国家有关规定为特殊工种职工支付的人身安全保险费和国务院财政、税务主管部门规定可以扣除的其他商业保险费外，企业为投资者或者职工支付的商业保险费，不得扣除。

【答案】 A

【多选题】符合条件的软件生产企业的下列支出，在计算应纳税所得额时可在发生当期据实扣除的有（　　）。

A. 诉讼费
B. 职工培训费
C. 劳动保护费
D. 工资、薪金支出
E. 非广告性赞助支出

解析　选项B，符合条件的软件生产企业发生的职工教育经费中的职工培训费用，可以全额在企业所得税前扣除。选项E，非广告性赞助支出，不得扣除。

【答案】 ABCD

【单选题】某电子公司企业所得税税率为15%，2024年1月1日向母公司（企业所得税税率为25%）借入2年期贷款5000万元用于购置原材料，约定年利率为10%，银行同期同类贷款利率为7%。已知该电子公司及其母公司2024年均为盈利状态，且没有以前年度可弥补的亏损，该电子公司和母公司也均不存在其他企业所得税优惠。2024年该电子公司企业所得税税前可扣除的该笔借款的利息费用为（　　）万元。

A. 0　　　　　B. 350　　　　　C. 500　　　　　D. 1000

解析　根据题干已知条件，电子公司的实际税负不高于境内关联方，不需要考虑债资比的限制，该笔借款税前可以扣除的利息金额为不超过金融机构同期同类贷款利率计算的数额。
2024年该电子公司企业所得税税前可扣除的该笔借款的利息费用=5000×7%=350万元。

【答案】 B

【单选题】依据企业所得税的相关规定，企业在纳税年度终了时按规定汇率将外币折算为人民币产生的汇兑损失，除另有规定外，可以在税前扣除。该汇率是（　　）。

A. 期末即期人民币汇率中间价
B. 期中即期人民币汇率中间价
C. 期初即期人民币汇率买入价
D. 期初即期人民币汇率中间价

解析　企业在货币交易中，以及纳税年度终了时将人民币以外的货币性资产、负债按照期末即期人民币汇率中间价折算为人民币时产生的汇兑损失，除已经计入有关资产成本，以及与向所有者进行利润分配相关的部分外，准予扣除。

【答案】 A

【多选题】依据企业所得税相关规定，关于业务招待费计算扣除的说法，正确的有（　　）。
A. 企业视同销售的收入，不得作为业务招待费的计算基数
B. 企业税前可扣除的业务招待费，最高不得超过当年销售或营业收入的5‰
C. 创投企业从其被投资企业所分配的股息、红利，可作为业务招待费的计算基数
D. 从事股权投资业务的企业取得的股权转让收入，可作为业务招待费的计算基数
E. 企业筹建期间发生的业务招待费，可按实际发生额的60%计入筹办费按规定在税前扣除

解析　选项A，计算业务招待费的"销售（营业）收入"包括属于纳税人根据国家统一会计制度确认的主营业务收入、其他业务收入，以及根据税收规定确认的视同销售收入，但不包括营业外收入、资产处置损益和投资收益，广告费和业务宣传费计算税前扣除限额的"基数"与此相同。

【答案】 BCDE

【单选题】甲企业为增值税一般纳税人，2024年会计利润总额为600万元，通过民政部门向贫困地区捐赠自产食品一批，该批食品成本为50万元，同类产品不含税售价为80万元。甲企业当年应确认应纳税所得额（　　）万元。
A. 618.4　　　　B. 600　　　　C. 630　　　　D. 672

解析　捐赠食品企业所得税应视同销售，确认视同销售收入80万元，确认视同销售成本50万元，应纳税调增 = 80 - 50 = 30万元。

税法认可的公益性捐赠的金额 = 80 + 80 × 13% = 90.4万元，会计上计入营业外支出的金额 = 50 + 80 × 13% = 60.4万元，所以应纳税调减 = 90.4 - 60.4 = 30万元。

公益性捐赠扣除限额 = 600 × 12% = 72万元，公益性捐赠支出为90.4万元（税法认可的捐赠金额），所以应纳税调增 = 90.4 - 72 = 18.4万元。甲企业当年应确认应纳税所得额 = 600 + 30 - 30 + 18.4 = 618.4万元。

会计分录如下：
借：营业外支出　　　　　　　　　　　60.4
　　贷：库存商品　　　　　　　　　　　50
　　　　应交税费——应交增值税（销项税额）　10.4（80 × 13%）

【答案】 A

【多选题】下列关于手续费及佣金支出的企业所得税税务处理的表述中，正确的有（　　）。
A. 以现金方式支付给具有合法经营资格机构的佣金可以扣除
B. 保险代理企业按照当年收入总额的5%计算可扣除佣金限额
C. 保险企业按照当年全部保费收入的18%计算可扣除佣金限额
D. 企业计入固定资产的手续费及佣金支出应通过折旧方式分期扣除
E. 电信企业在拓展业务时支付的手续费按照企业当年收入总额的5%计算可扣除限额

解析　选项A，除委托个人代理外，企业以现金等非转账方式支付的手续费及佣金不得在税前扣除。选项B，从事代理服务、主营业务收入为手续费、佣金的企业（如证券、期

货、保险代理等企业），其为取得该类收入而实际发生的营业成本（包括手续费及佣金支出），准予在税前据实扣除。选项 C，保险企业发生与其经营活动有关的手续费及佣金支出，不超过当年全部保费收入扣除退保金等后余额的 18%（含本数）的部分，在计算应纳税所得额时准予扣除，超过部分，允许结转以后年度扣除。

【答案】DE

【多选题】依据企业所得税的相关规定，下列企业发生的手续费，应按规定计算限额税前扣除的有（　　）。

A. 保险企业发生的与其经营活动有关的手续费
B. 证券企业为扩展经纪业务而实际发生的手续费
C. 上市公司向证券承销机构支付的股票发行手续费
D. 电信企业在拓展业务时财务向经纪人支付的手续费
E. 制造企业向符合资格的个人支付的产品推销手续费

解析　选项 A，自 2019 年 1 月 1 日起，保险企业发生与其经营活动有关的手续费及佣金支出，不超过当年全部保费收入扣除退保金等后余额的 18%（含本数）的部分，在计算应纳税所得额时准予扣除，超过部分，允许结转以后年度扣除。选项 B，从事代理服务、主营业务收入为手续费、佣金的企业（如证券、期货、保险代理等企业），其为取得该类收入而实际发生的营业成本（包括手续费及佣金支出），准予在企业所得税前据实扣除。选项 C，不得在税前扣除。选项 D，电信企业在发展客户、拓展业务等过程中，需向经纪人、代办商支付手续费及佣金的，其实际发生的相关手续费及佣金支出，不超过企业当年收入总额 5% 的部分，准予在企业所得税税前据实扣除。选项 E，其他企业按与具有合法经营资格中介服务机构或个人（不含交易双方及其雇员、代理人和代表人等）所签订服务协议或合同确认的收入金额的 5% 计算限额。

【答案】ADE

【单选题】下列企业中发生符合条件的广告费应按当年销售收入的 15% 在企业所得税税前限额扣除的是（　　）。

A. 医药销售企业　　　　　　　B. 医药制造企业
C. 化妆品制造企业　　　　　　D. 化妆品销售企业

解析　对化妆品制造与销售（选项 CD）、医药制造（选项 B）和饮料制造（不含酒类制造）企业发生的广告费和业务宣传费支出，不超过当年销售（营业）收入 30% 的部分，准予扣除；超过部分，准予在以后纳税年度结转扣除。

【答案】A

【多选题】依据企业所得税的相关规定，企业发生的广告费和业务宣传费可按当年销售（营业）收入的 30% 的比例扣除的有（　　）。

A. 白酒制造企业　　　　　　　B. 饮料销售企业
C. 医药制造企业　　　　　　　D. 化妆品制造企业
E. 化妆品销售企业

解析　对化妆品制造或销售（选项 DE）、医药制造和饮料制造（不含酒类制造）（包括选项 C，不包括选项 AB）企业发生的广告费和业务宣传费支出，不超过当年销售（营业）收入 30% 的部分，准予扣除；超过部分，准予在以后纳税年度结转扣除。

【答案】 CDE

【单选题】 依据企业所得税相关规定，下列关于企业发生的广告费表述正确的是（　　）。
A. 酒类制造企业的广告费，不得在税前扣除
B. 医药销售企业的广告费，不超过当年销售收入 30% 的部分准予税前扣除
C. 企业筹建期间发生的广告费，可按实际发生额计入筹办费，按有关规定在税前扣除
D. 签订广告分摊协议的关联企业计算税前可扣除的广告费时，只能分摊至其关联企业扣除

解析　选项 A，酒类制造企业发生的广告费和业务宣传费支出，不超过当年销售（营业）收入 15% 的部分，准予扣除。选项 B，自 2011 年 1 月 1 日起至 2025 年 12 月 31 日止，对化妆品制造或销售、医药制造和饮料制造（不含酒类制造）企业发生的广告费和业务宣传费支出，不超过当年销售（营业）收入 30% 的部分，准予扣除；超过部分，准予在以后纳税年度结转扣除。选项 D，对签订广告费和业务宣传费分摊协议（简称分摊协议）的关联企业，其中一方发生的不超过当年销售（营业）收入税前扣除限额比例内的广告费和业务宣传费支出可以在本企业扣除，也可以将其中的部分或全部按照分摊协议归集至另一方扣除，另一方在计算本企业广告费和业务宣传费支出企业所得税税前扣除限额时，可将按照上述办法归集至本企业的广告费和业务宣传费不计算在内。

【答案】 C

【单选题】 2024 年度某公司利润总额 1000 万元。当年发生公益性捐赠支出 200 万元，2023 年结转到 2024 年未抵扣完的公益性捐赠支出 30 万元，该公司 2024 年计算应纳税所得额时可以扣除本年发生的公益性捐赠金额（　　）万元。
A. 11　　　　B. 80　　　　C. 90　　　　D. 120

解析　企业通过公益性社会组织、县级以上人民政府及其部门等国家机关，用于符合法律规定的公益慈善事业的捐赠支出，在年度利润总额 12% 以内的部分，准予在计算应纳税所得额时扣除；超过年度利润总额 12% 的部分，准予结转以后 3 年内在计算应纳税所得额时扣除。企业在对公益性捐赠支出计算扣除时，应先扣除以前年度结转的捐赠支出，再扣除当年发生的捐赠支出。公益性捐赠扣除限额 = 1000×12% = 120 万元，2023 年结转的公益性捐赠 30 万元准予扣除，可扣除本年发生的公益性捐赠金额为 120 - 30 = 90 万元。

【答案】 C

【多选题】 根据企业所得税相关规定，企业下列支出超过税法规定扣除限额标准，准予向以后年度结转扣除的有（　　）。
A. 广告费支出　　　　　　　　　　　　B. 业务宣传费支出

C. 职工福利费支出
D. 公益性捐赠支出
E. 职工教育经费支出

【解析】 选项ABE，超出限额标准的部分，可无限期向后结转扣除。选项C，超出限额标准的部分，不得结转扣除。选项D，超出限额标准的部分，准予以后3年内（次年起计算）结转扣除。

【答案】 ABDE

【单选题】下列文书或凭证，属于企业所得税税前扣除凭证的是（ ）。
A. 付款凭证
B. 完税凭证
C. 裁决文书
D. 合同协议

【解析】 选项ACD，不属于税前扣除凭证，属于与企业经营活动直接相关且能够证明税前扣除凭证真实性的资料。

【答案】 B

【单选题】下列支出可以在企业所得税税前扣除的是（ ）。
A. 子公司支付给母公司的管理费用
B. 企业内设营业机构之间支付的租金
C. 银行企业内设营业机构之间支付的利息
D. 企业内设营业机构之间支付的特许权使用费

【解析】 企业之间支付的管理费、企业内营业机构之间支付的租金和特许权使用费，以及非银行企业内营业机构之间支付的利息，不得扣除。选项ABD均不得在企业所得税税前扣除。

【答案】 C

【单选题】下列支出，在计算企业所得税应纳税所得额时准予扣除的是（ ）。
A. 外购未投入使用的设备
B. 按规定缴纳的公众责任险
C. 企业内营业机构之间支付的租金
D. 非银行企业内营业机构之间支付的利息

【解析】 选项A，房屋、建筑物以外未投入使用的固定资产，不得计算折旧在税前扣除。选项CD，企业之间支付的管理费、企业内营业机构之间支付的租金和特许权使用费，以及非银行企业内营业机构之间支付的利息，不得扣除。

【答案】 B

【单选题】依据企业所得税相关规定，下列支出可以在发生当期应纳税所得额中扣除的是（ ）。
A. 向投资者支付的股息、红利
B. 被财政部门没收财产的损失
C. 子公司向母公司支付的管理费
D. 企业违反销售合同支付的违约金

解析 在计算应纳税所得额时，下列支出不得扣除：

（1）向投资者支付的股息、红利等权益性投资收益款项（选项A）。

（2）企业所得税税款。

（3）税收滞纳金，指纳税人、扣缴义务人违反税收法律、法规，被税务征收机关加收的滞纳金。

（4）罚金、罚款和被没收财物的损失，指纳税人违反国家有关法律、法规规定，被有关部门处以的罚款、罚金和被没收的财物（选项B）。

（5）《企业所得税法》第九条规定以外的捐赠支出。

（6）赞助支出，指企业发生的与生产经营活动无关的各种非广告性质支出。

（7）未经核定的准备金支出。

（8）企业之间支付的管理费（选项C）、企业内营业机构之间支付的租金和特许权使用费，以及非银行企业内营业机构之间支付的利息，不得扣除。

（9）与取得收入无关的其他支出。

【答案】 D

【多选题】依据企业所得税相关规定，下列支出在计算企业应纳税所得额时允许在税前扣除的有（　　）。

A. 企业发生的诉讼费用　　　　　　B. 企业向银行支付的罚息

C. 企业支付的合同违约金　　　　　D. 企业缴纳的企业所得税税款

E. 企业向投资者支付的股息、红利

解析 选项DE不能在企业所得税税前扣除。

【答案】 ABC

【单选题】某企业以经营租赁方式租入生产设备一台，一次性支付三年不含税租赁费24万元，租赁期自2024年7月1日至2027年6月30日。该企业2024年允许在企业所得税税前扣除的租赁费是（　　）万元。

A. 4　　　　　　B. 6　　　　　　C. 8　　　　　　D. 24

解析 以经营租赁方式租入固定资产发生的租赁费支出，按照租赁期限均匀扣除。该企业2024年允许在企业所得税税前扣除的租赁费 = 24÷3×6/12 = 4万元

【答案】 A

知识点 · 资产的所得税处理

【单选题】依据企业所得税的相关规定，下列固定资产允许税前计算折旧扣除的是（　　）。

A. 经营租凭方式租入的小汽车　　　B. 尚未投入使用的机床

C. 融资租赁租入的生产线设备　　　D. 已经提足折旧继续使用的厂房

解析 不得计算折旧扣除的固定资产：

(1) 房屋、建筑物以外未投入使用的固定资产（选项 B）。

(2) 以经营租赁方式租入的固定资产（选项 A）。

(3) 以融资租赁方式租出的固定资产。

(4) 已足额提取折旧仍继续使用的固定资产（选项 D）。

(5) 与经营活动无关的固定资产。

(6) 单独估价作为固定资产入账的土地。

(7) 其他不得计算折旧扣除的固定资产。

【答案】C

【单选题】依据企业所得税的相关规定，下列固定资产可以计提折旧在企业所得税税前扣除的是（　　）。

A. 闲置未用的仓库和办公楼　　　　B. 以经营租赁方式租入的生产设备

C. 单独估价作为固定资产入账的土地　　D. 已提足折旧仍继续使用的运输工具

解析　选项 BCD 均为不得计算折旧扣除的固定资产。

【答案】A

【单选题】下列关于固定资产税务处理的说法，符合企业所得税相关规定的是（　　）。

A. 未投入使用的固定资产，不得在税前扣除

B. 按会计准则提取的固定资产减值准备，不得在税前扣除

C. 盘盈的固定资产，以同类固定资产的公允价值为计税基础

D. 固定资产的预计净残值一经确定，1 个年度内不得随意变更

解析　选项 A，房屋、建筑物以外未投入使用的固定资产，不得计提折旧扣除。选项 C，盘盈的固定资产，以同类固定资产的重置完全价值为计税基础。选项 D，固定资产的预计净残值一经确定，不得变更。

【答案】B

【多选题】依据企业所得税相关规定，下列关于无形资产的表述中，正确的有（　　）。

A. 自创商誉不得计算摊销费用扣除

B. 无形资产的摊销年限一般情况下不得低于 5 年

C. 企业外购作为无形资产核算的软件，可按 2 年摊销

D. 外购的商誉支出，在企业整体转让或者清算时准予扣除

E. 符合条件的无形资产，采取直线法计算的摊销费用，准予税前扣除

解析　选项 B，无形资产的摊销年限一般情况下不得低于 10 年。

【答案】ACDE

【单选题】2024 年 1 月 1 日，某企业以不含税价 200 万元购买符合无形资产确认条件的软件一套，当月投入使用。2024 年该软件可在企业所得税前摊销的最高限额是（　　）万元。

A. 20　　　　　　B. 40　　　　　　C. 100　　　　　　D. 200

解析 企事业单位购进软件，凡符合固定资产或无形资产确认条件的，可以按照固定资产或无形资产进行核算，其折旧或摊销年限可以适当缩短，最短可为2年（含）。

2024年该软件可在企业所得税前摊销的最高限额=200÷2=100万元

【答案】 C

【单选题】 某商贸公司2022年3月以经营租赁方式租入临街商铺一间，租期为8年。2024年3月该公司发生商铺改建支出20万元。关于该笔改建支出的所得税处理，下列说法正确的是（　　）。

A. 按2年分期摊销扣除　　　　　　　　B. 按6年分期摊销扣除
C. 按8年分期摊销扣除　　　　　　　　D. 在发生的当期一次性扣除

解析 租入固定资产的改建支出，应作为长期待摊费用，按照合同约定的剩余租赁期限分期摊销。该商贸公司租入临街商铺的剩余租赁期为6年，所以按照6年分期摊销扣除。

【答案】 B

【单选题】 计算企业所得税应纳税所得额时，下列支出可在发生当期直接扣除的是（　　）。

A. 长期股权投资的支出　　　　　　　　B. 购买生产用原材料的支出
C. 购买生产用无形资产的支出　　　　　D. 企业发生的合理的劳动保护支出

解析 选项A，长期股权投资的支出不能在投资当期扣除，企业对外投资期间，投资资产的成本在计算应纳税所得额时不得扣除，企业在转让或者处置投资资产时，投资资产的成本准予扣除。选项B，购买原材料的支出应当计入原材料的成本，不能在当期直接扣除，后期可能转移到存货成本中，随着销售扣除，也可能转移至固定资产成本中，随着折旧分期扣除。选项C，购买生产用无形资产的支出应当计入无形资产的成本，后期随着摊销分期扣除，而不能在发生的当期一次扣除。

【答案】 D

【多选题】 企业持有的下列资产中，所计提的折旧准予在企业所得税税前扣除的有（　　）。

A. 展示用艺术品　　　　　　　　　　　B. 生产经营用仪器
C. 尚未投入使用的厂房　　　　　　　　D. 以经营租赁方式租出的汽车
E. 以融资租赁方式租入的机床

解析 下列固定资产不得计算折旧扣除：

（1）房屋、建筑物以外未投入使用的固定资产（未投入使用的房屋、建筑物可以按照规定计提折旧税前扣除，选项C）。

（2）以经营租赁方式租入的固定资产（以经营租赁方式租出的固定资产可以按照规定计提折旧税前扣除，选项D）。

（3）以融资租赁方式租出的固定资产（以融资租赁方式租入的固定资产可以按照规定计提折旧税前扣除，选项E）。

（4）已足额提取折旧仍继续使用的固定资产。

（5）与经营活动无关的固定资产。

(6) 单独估价作为固定资产入账的土地。
(7) 其他不得计算折旧扣除的固定资产。

选项 A，企业购买的文物、艺术品用于收藏、展示、保值增值的，作为投资资产进行税务处理。文物、艺术品资产在持有期间，计提的折旧、摊销费用，不得税前扣除。

【答案】BCDE

【多选题】关于无形资产的企业所得税处理，下列说法正确的有（   ）。
A. 自创商誉不得计算摊销扣除
B. 外购商誉的支出，在企业整体转让或清算时扣除
C. 无形资产的摊销采用直线法，摊销年限一般不得低于 10 年
D. 通过债务重组方式取得的无形资产，以应收债权和支付的相关税费作为计税基础
E. 作为投资的无形资产，有关合同对其约定了使用年限的，可按照约定的使用年限摊销

🔍 解析　选项 AB，自创商誉，不得计算摊销费用扣除，外购商誉的支出，在企业整体转让或者清算时，准予扣除。选项 CE，无形资产按照直线法计算的摊销费用，准予扣除，无形资产的摊销年限不得低于 10 年，作为投资或者受让的无形资产，有关法律规定或者合同约定了使用年限的，可以按照规定或者约定的使用年限分期摊销。选项 D，通过捐赠、投资、非货币性资产交换、债务重组等方式取得的无形资产，以该资产的公允价值和支付的相关税费为计税基础。

【答案】ABCE

【单选题】关于企业筹办期间费用支出税务处理的说法中，符合企业所得税相关规定的是（   ）。
A. 筹办期间发生的筹办费不得计算为当期的亏损
B. 长期待摊费用处理的筹办费摊销年限不得低于 5 年
C. 筹办期间发生的业务招待费按实际发生额计入筹办费
D. 筹办期间发生的广告费按实际发生额的 30% 计入筹办费

🔍 解析　选项 AB，企业从事生产经营之前进行筹办活动期间发生筹办费用支出，不得计算为当期的亏损，企业可以在开始经营之日的当年一次性扣除，也可以按照新税法有关长期待摊费用的处理规定处理（支出发生月份的次月起，分期摊销，摊销年限不得低于 3 年），但一经选定，不得改变。选项 CD，企业在筹办期间，发生的与筹办活动有关的业务招待费，可按实际发生额的 60% 计入企业筹办费，发生的广告费和业务宣传费，可按实际发生额计入企业筹办费，按有关规定税前扣除。

【答案】A

【多选题】依据企业所得税的相关规定，下列支出可作为长期待摊费用进行税务处理的有（   ）。
A. 固定资产的大修理支出　　　　　　　B. 经营租入固定资产的改建支出

C. 未提足折旧的固定资产改建支出　　　　D. 融资租入固定资产的租赁费支出
E. 已提足折旧的固定资产的改建支出

解析　在计算应纳税所得额时，企业发生的下列支出作为长期待摊费用，按照规定摊销的，准予扣除：(1) 已足额提取折旧的固定资产的改建支出（选项E）；(2) 租入固定资产的改建支出（选项B）；(3) 固定资产的大修理支出（选项A）；(4) 其他应当作为长期待摊费用的支出。

【答案】 ABE

【多选题】 下列关于资产的企业所得税税务处理的说法，正确的有（　　）。
A. 外购商誉的支出在企业整体转让时准予扣除
B. 固定资产大修理支出按照尚可使用年限分期摊销扣除
C. 租入固定资产的改建支出应作为长期待摊费用摊销扣除
D. 外购固定资产以购买价款和支付的增值税作为计税基础
E. 企业持有至到期的投资成本按照预计持有期限分期摊销扣除

解析　选项D，外购的固定资产，以购买价款和支付的相关税费（不包括可抵扣的增值税进项税额）以及直接归属于使该资产达到预定用途发生的其他支出为计税基础。选项E，企业对外投资期间，投资资产的成本在计算应纳税所得额时不得扣除，企业在转让或者处置投资资产时，投资资产的成本准予扣除。

【答案】 ABC

【单选题】 依据企业所得税相关规定，下列关于资产税前扣除的表述中，正确的是（　　）。
A. 生产性生物资产，可在购入当期一次性扣除
B. 固定资产的大修理支出，可在当期一次性扣除
C. 融资租入的固定资产计提的折旧，可以一次性税前扣除
D. 企业对外投资期间，投资资产的成本在计算应纳税所得额时不得扣除

解析　选项A，生产性生物资产按照直线法计算的折旧，准予扣除。选项B，固定资产的大修理支出应计入长期待摊费用，按照固定资产尚可使用年限分期摊销扣除。选项C，按照规定计算的固定资产折旧，准予扣除，但不得一次性扣除。

【答案】 D

【单选题】 某高新技术企业2024年11月依照人民法院裁定将其代持有的面值200万元的限售股，通过证券经纪公司变更到实际持有人名下，应缴纳企业所得税（　　）万元。
A. 0　　　　　　　　　　　　　　　B. 25.5
C. 30　　　　　　　　　　　　　　D. 50

解析　依人民法院判决、裁定等原因，通过证券登记结算公司，企业将其代持的个人限售股直接变更到实际所有人名下的，不视同转让限售股，所以不需要缴纳企业所得税。

【答案】 A

【单选题】某企业转让因股权分置改革所持有的限售股,取得转让收入 6000 万元,但不能提供限售股原值凭证,在计算企业所得税时,该限售股核定的原值和合理税费是( )万元。

A. 180　　　　　　B. 300　　　　　　C. 600　　　　　　D. 900

解析　企业未能提供完整、真实的限售股原值凭证,不能准确计算该限售股原值的,主管税务机关一律按该限售股转让收入的 15%,核定为该限售股原值和合理税费。

该限售股核定的原值和合理税费 = 6000 × 15% = 900 万元。

【答案】D

【单选题】某企业因股权分置改革代张某持有限售股 10000 股,解禁后该企业按照 5 元/股予以转让,无法提供限售股原值,适用企业所得税税率 25%。限售股转让后该企业将净所得支付给张某。关于上述业务税务处理正确的是( )。

A. 企业应缴纳企业所得税 10625 元
B. 张某应按"偶然所得"缴纳个人所得税
C. 限售股转让收入应作为张某的应税收入
D. 张某应按"利息、股息、红利所得"缴纳个人所得税

解析　选项 A,因股权分置改革造成原由个人出资而由企业代持有的限售股,企业转让限售股取得的收入,应作为企业应税收入计算纳税。限售股转让收入扣除限售股原值和合理税费后的余额为该限售股转让所得。企业未能提供完整、真实的限售股原值凭证,不能准确计算该限售股原值的,主管税务机关一律按该限售股转让收入的 15%,核定为该限售股原值和合理税费。

应纳税额 = 10000 × 5 × (1 - 15%) × 25% = 10625 元

依规定完成纳税义务后的限售股转让收入余额转付给实际所有人时不再纳税。

【答案】A

知识点 · 资产损失税前扣除的所得税处理

【单选题】非金融企业发生的下列资产损失,可作为坏账损失在企业所得税税前扣除的是( )。

A. 债务人逾期 2 年的未偿还业务往来款
B. 与债务人达成债务重组协议后无法追偿的应收账款
C. 向触犯刑律的借款人经追偿后确实无法收回的债权
D. 对破产的借款人和担保人进行追偿后未能收回的债权

解析　选项 A,债务人逾期 3 年以上未清偿,且有确凿证据证明已无力清偿债务的,可以作为坏账损失在企业所得税税前扣除。选项 CD,符合条件的可以作为贷款损失在企业所得税税前扣除。

【答案】B

【单选题】依据企业所得税的相关规定，企业发生的下列资产损失，应采取清单申报方式向税务机关申报扣除的是（　　）。

A. 债务人死亡或者依法被宣告失踪造成的损失

B. 固定资产超过使用年限正常报废清理的损失

C. 因自然灾害等不可抗力导致无法收回的损失

D. 与债务人达成债务重组协议无法追债的损失

解析　下列资产损失，应以清单申报的方式向税务机关申报扣除：

（1）企业在正常经营管理活动中，按照公允价格销售、转让、变卖非货币资产的损失；

（2）企业各项存货发生的正常损耗；

（3）企业固定资产达到或超过使用年限而正常报废清理的损失（选项B）；

（4）企业生产性生物资产达到或超过使用年限而正常死亡发生的资产损失；

（5）企业按照市场公平交易原则，通过各种交易场所、市场等买卖债券、股票、期货、基金以及金融衍生产品等发生的损失。

【答案】　B

【单选题】下列应收账款损失，如已说明情况出具专项报告并在会计上已作为损失处理的，可以在企业所得税税前扣除的是（　　）。

A. 逾期1年的10万元应收账款损失

B. 逾期2年的10万元应收账款损失

C. 逾期4年的20万元应收账款损失

D. 相当于企业年度收入千分之一的应收账款损失

解析　企业逾期1年以上，单笔数额不超过5万元或者不超过企业年度收入总额万分之一的应收款项，会计上已经作为损失处理的，可以作为坏账损失，但应说明情况，并出具专项报告。选项AB超过5万元，不得在税前扣除。选项D，超过企业年度收入总额万分之一，不得在税前扣除。选项C，企业逾期3年以上的应收款项在会计上已作为损失处理的，可以作为坏账损失，但应说明情况，并出具专项报告。

【答案】　C

【多选题】依据企业所得税的相关规定，金融企业准予税前提取贷款损失准备金的贷款有（　　）。

A. 担保贷款　　　B. 委托贷款　　　C. 代理贷款

D. 抵押贷款　　　E. 质押贷款

解析　准予税前提取贷款损失准备金的贷款包括：抵押贷款（选项D）、质押贷款（选项E）和担保贷款（选项A）；金融企业的委托贷款（选项B）、代理贷款（选项C）、国债投资、应收股利、上交央行准备金以及金融企业剥离的债权和股权、应收财政贴息、央行款项等不承担风险和损失的资产，不得提取贷款损失准备金在税前扣除。

【答案】　ADE

【单选题】下列各项债权，准予作为损失在企业所得税税前扣除的是（ ）。

A. 企业未向债务人追偿的债权

B. 行政部门干预逃废的企业债权

C. 担保人有经济偿还能力未按期偿还的企业债权

D. 由国务院批准文件证明，经国务院专案批准核销的债权

解析　下列股权和债权不得作为损失在税前扣除：

（1）债务人或者担保人有经济偿还能力，未按期偿还的企业债权（选项C）；

（2）违反法律、法规的规定，以各种形式、借口逃废或悬空的企业债权；

（3）行政干预逃废或悬空的企业债权（选项B）；

（4）企业未向债务人和担保人追偿的债权（选项A）；

（5）企业发生非经营活动的债权；

（6）其他不应当核销的企业债权和股权。

【答案】 D

【单选题】某金融企业2024年年末准予提取贷款损失准备金的贷款资产余额为10000万元，截至2023年已在税前扣除的贷款损失准备金余额为60万元。该金融企业2024年准予税前扣除的贷款损失准备金为（ ）万元。

A. 40
B. 100
C. 140
D. 240

解析　金融企业准予当年税前扣除的贷款损失准备金＝本年末准予提取贷款损失准备金的贷款资产余额×1％－截至上年末已在税前扣除的贷款损失准备金的余额＝10000×1％－60＝40万元。

【答案】 A

【单选题】依据企业所得税相关规定，下列资料属于确认资产损失外部证据的是（ ）。

A. 资产盘点表
B. 会计核算资料
C. 经济行为业务合同
D. 企业的破产清算公告

解析　选项ABC，属于企业内部证据。

【答案】 D

知识点 · 企业重组的所得税处理

【多选题】企业发生的下列情形中，属于企业所得税法重组类型中法律形式改变的有（ ）。

A. 经营范围的改变
B. 住所地址的改变
C. 组织形式的改变
D. 注册名称的改变
E. 管理人员的改变

解析　企业法律形式改变，是指企业注册名称（选项 D）、住所（选项 B）以及企业组织形式（选项 C）等的简单改变，但符合规定的其他重组类型的除外。

【答案】 BCD

【单选题】 下列说法中符合企业所得税债务重组一般性税务处理相关规定的是（　　）。
A. 发生债权转股权不得确认债务清偿确认所得和损失
B. 债权人取得非货币性资产的计税依据为该资产的账面净值
C. 以非货币性资产清偿债务应确认相关资产的所得或损失
D. 债务人支付的清偿额低于债务计税基础的差额不能确认债务重组所得

解析　企业债务重组，相关交易应按以下规定处理：
（1）以非货币性资产清偿债务，应当分解为转让相关非货币性资产、按非货币性资产公允价值清偿债务两项业务，确认相关资产的所得或损失（选项 C）。
（2）发生债权转股权的，应当分解为债务清偿和股权投资两项业务，确认有关债务清偿所得或损失。
（3）债务人应当按照支付的债务清偿额低于债务计税基础的差额，确认债务重组所得；债权人应当按照收到的债务清偿额低于债权计税基础的差额，确认债务重组损失。
（4）债务人的相关所得税纳税事项原则上保持不变。

【答案】 C

【多选题】 依据企业所得税相关规定，下列关于资产收购的一般性税务处理的说法中，正确的有（　　）。
A. 被收购方应确认资产转让所得或损失
B. 被收购方暂不确认有关资产的转让所得或损失
C. 被收购企业的相关所得税事项原则上应保持不变
D. 收购方取得资产的计税基础应以公允价值为基础确定
E. 收购方取得资产的计税基础应以被收购资产的原有计税基础确定

解析　一般性税务处理条件下，企业股权收购、资产收购重组交易，相关交易应按以下规定处理：
（1）被收购方应确认股权、资产转让所得或损失（选项 A 正确，选项 B 错误）；
（2）收购方取得股权或资产的计税基础应以公允价值为基础确定（选项 D 正确，选项 E 错误）；
（3）被收购企业的相关所得税事项原则上保持不变（选项 C 正确）。

【答案】 ACD

【单选题】 依据企业所得税的相关规定，企业合并适用一般性税务处理方法时，说法错误的是（　　）。
A. 被合并企业的亏损不得在合并企业结转弥补
B. 被合并企业及其股东都按清算进行所得税处理

C. 被合并企业合并前相关所得税事项由合并企业承继
D. 合并企业按公允价值确定接受被合并企业各项资产的计税基础

解析 一般性税务处理方法下,企业合并,当事各方应按下列规定处理:
(1) 合并企业应按公允价值确定接受被合并企业各项资产和负债的计税基础(选项D);
(2) 被合并企业及其股东都应按清算进行所得税处理(选项B);
(3) 被合并企业的亏损不得在合并企业结转弥补(选项A)。
选项C的表述,对应的是特殊性税务处理方法。
【答案】C

【单选题】依据企业所得税相关规定,企业合并适用一般性税务处理方法时,说法正确的是( )。
A. 被合并企业及其股东应按清算进行所得税处理
B. 被合并企业的亏损可按比例在合并企业结转弥补
C. 合并企业应按照账面净值确认被合并企业各项资产的计税基础
D. 合并企业应按照协商价格确认被合并企业各项负债的计税基础

解析 选项B,被合并企业的亏损不得在合并企业结转弥补。选项CD,合并企业应按公允价值确定接受被合并企业各项资产和负债的计税基础。
【答案】A

【多选题】依据企业所得税相关规定,下列关于企业分立一般性税务处理的说法,正确的有( )。
A. 企业分立后相关企业的亏损可以相互结转弥补
B. 分立企业应按公允价值确认接受资产的计税基础
C. 被分立企业对分立出去的资产应按公允价值确认资产转让所得或损失
D. 被分立企业不再继续存在时,被分立企业及其股东应按清算进行所得税处理
E. 被分立企业继续存在时,其股东取得的对价应视同被分立企业分配进行处理

解析 一般性税务处理规定,企业分立,当事各方应按下列规定处理:
(1) 被分立企业对分立出去的资产应按公允价值确认资产转让所得或损失(选项C要选);
(2) 分立企业应按公允价值确认接受资产的计税基础(选项B要选);
(3) 被分立企业继续存在时,其股东取得的对价应视同被分立企业分配进行处理(选项E要选);
(4) 被分立企业不再继续存在时,被分立企业及其股东都应按清算进行所得税处理(选项D要选);
(5) 企业分立相关企业的亏损不得相互结转弥补(选项A不选)。
【答案】BCDE

【单选题】依据企业所得税相关规定，当企业分立事项采取一般性税务处理方法时，分立企业接受资产的计税基础是被分立资产的（　　）。

A. 公允价值　　　　B. 账面价值　　　　C. 账面净值　　　　D. 评估价值

解析　当企业分立事项采取一般性税务处理方法时，分立企业应按公允价值确认接受资产的计税基础。

【答案】A

【多选题】依据企业所得税相关规定，下列条件中符合企业重组适用特殊性税务处理规定的有（　　）。

A. 重组交易对价中股权支付金额占比低于70%
B. 收购企业购买的股权低于被收购企业全部股权的50%
C. 具有合理的商业目的且不以减少或推迟缴纳税款为主要目的
D. 重组后的连续12个月内不改变重组资产原来的实质性经营活动
E. 取得股权支付的原主要股东在重组后连续12个月内不得转让取得的股权

解析　企业重组同时符合下列条件的，适用特殊性税务处理规定：

（1）具有合理的商业目的，且不以减少、免除或者推迟缴纳税款为主要目的（选项C要选）；

（2）被收购、合并或分立部分的资产或股权比例符合规定的比例，资产或股权收购50%（选项B不选）；

（3）重组交易对价中涉及股权支付金额符合规定比例，收购、合并、分立85%（选项A不选）；

（4）企业重组后的连续12个月内不改变重组资产原来的实质性经营活动（选项D要选）；

（5）企业重组中取得股权支付的原主要股东，在重组后连续12个月内，不得转让所取得的股权（选项E要选）。

【答案】CDE

【单选题】甲公司收购乙公司股权200万股中的80%，收购日乙公司每股资产的计税基础为5元，每股资产的公允价值为10元，在收购对价中甲公司以股权形式支付了1440万元，其余以银行存款付讫，假定该收购行为符合且企业选择特殊性税务处理，乙公司取得非股权支付额应确认的股权转让所得为（　　）万元。

A. 80　　　　　　B. 144　　　　　　C. 720　　　　　　A. 800

解析　被转让资产的公允价值 = 200×80%×10 = 1600万元

被转让资产的计税基础 = 200×80%×5 = 800万元

非股权支付对应的资产转让所得或损失 = （被转让资产的公允价值 − 被转让资产的计税基础）×（非股权支付金额÷被转让资产的公允价值）=（1600 − 800）×（1600 − 1440）÷1600 = 80万元

【答案】A

【单选题】甲企业持有乙企业93%的股权，共计3000万股。2024年8月丙企业决定收购甲企业所持有的乙企业全部股权，该股权每股计税基础为10元、收购日每股公允价值为12元。在收购中，丙企业以公允价值为32400万元的股权及3600万元银行存款作为支付对价，假定该收购行为符合且企业选择特殊性税务处理，则甲企业股权转让的应纳税所得额为（　　）万元。

A. 300　　　　　　B. 600　　　　　　C. 5400　　　　　　D. 6000

解析 重组交易各方按规定对交易中股权支付暂不确认有关资产的转让所得或损失的，其非股权支付仍应在交易当期确认相应的资产转让所得或损失，并调整相应资产的计税基础。

甲企业股权转让的应纳税所得额＝（3000×12－3000×10）×3600÷（3000×12）＝600万元

【答案】B

【单选题】甲企业以本公司价值1350万元的股权和150万元货币资金为对价，收购乙企业80%的经营性资产，该资产计税基础为1000万元。假设各方均选择特殊性税务处理，不考虑其他税费，乙企业应确认的资产转让所得是（　　）万元。

A. 0　　　　　　B. 50　　　　　　C. 400　　　　　　D. 500

解析 对于企业重组特殊性税务处理，股权支付的部分，暂不确认有关资产的转让所得或损失。

非股权支付部分对应的资产转让所得或损失＝（被转让资产的公允价值－被转让资产的计税基础）×（非股权支付金额÷被转让资产的公允价值）

乙企业应确认的资产转让所得＝[（1350＋150）－1000]×[150÷（1350＋150）]＝50万元

【答案】B

【单选题】下列关于企业合并的说法中，符合企业所得税特殊性税务处理规定的是（　　）。

A. 被合并企业合并前的相关所得税事项由合并企业承继
B. 被合并企业未超过法定弥补期限的亏损额不能结转到合并企业
C. 被合并企业股东取得合并企业股权的计税基础以公允价值确定
D. 合并企业接受被合并企业资产和负债的计税基础以公允价值确定

解析 选项B，被合并企业未超过法定弥补期限的亏损额可以结转到合并企业在限额内进行弥补。

可由合并企业弥补的被合并企业亏损的限额＝被合并企业净资产公允价值×截至合并业务发生当年年末国家发行的最长期限的国债利率

选项C，被合并企业股东取得合并企业股权的计税基础，以其原持有的被合并企业股权的计税基础确定。选项D，合并企业接受被合并企业资产和负债的计税基础，以被合并企业的原有计税基础确定。

【答案】A

【单选题】2024年6月，甲企业合并乙企业，且为同一控制下不需要支付对价的企业合并，被合并企业乙企业以前年度五年内尚未弥补的亏损400万元，净资产的计税基础2000万元、公允价值4000万元，截至合并业务发生当年年末国家发行的最长期限的国债利率为4%，该业务符合特殊性税务处理的相关条件且双方选择采用此方法，则2024年甲企业可以弥补的乙企业以前年度亏损的限额为（　　）万元。

A. 0　　　　　　B. 80　　　　　　C. 160　　　　　　D. 400

解析 在特殊性税务处理情形下，被合并企业未超过法定弥补期限的亏损额可以结转到合并企业在限额内进行弥补。

可由合并企业弥补的被合并企业亏损的限额＝被合并企业净资产公允价值×截至合并业务发生当年年末国家发行的最长期限的国债利率＝4000×4%＝160万元

【答案】 C

【单选题】2024年10月甲企业吸收合并乙企业，该业务符合特殊性税务处理的相关条件。合并日乙企业净资产账面价值1000万元、公允价值1200万元，五年内尚未弥补的亏损为60万元。假设2024年末国家发行的最长期限国债利率为4.5%，甲企业可弥补的乙企业亏损限额是（　　）万元。

A. 0　　　　　　B. 45　　　　　　C. 54　　　　　　D. 60

解析 在特殊性税务处理情形下，被合并企业未超过法定弥补期限的亏损额可以结转到合并企业在限额内进行弥补。

可由合并企业弥补的被合并企业亏损的限额＝被合并企业净资产公允价值×截至合并业务发生当年年末国家发行的最长期限的国债利率＝1200×4.5%＝54万元

【答案】 C

【多选题】对100%直接控制的居民企业之间按照账面净值划转资产，符合企业所得税特殊性税务处理条件，下列税务处理的说法，正确的有（　　）。

A. 划入方企业不确认所得

B. 划出方企业不确认所得

C. 划入方企业取得被划转资产的计税基础以账面原值确定

D. 划入方企业取得的被划转资产，应按其账面原值计算折旧扣除

E. 划入方企业取得的被划转资产，应按其原账面净值计算折旧扣除

解析 自2014年1月1日起，对100%直接控制的居民企业之间，以及受同一或相同多家居民企业100%直接控制的居民企业之间按账面净值划转股权或资产，凡具有合理商业目的、不以减少、免除或者推迟缴纳税款为主要目的，股权或资产划转后连续12个月内不改变被划转股权或资产原来实质性经营活动，且划出方企业和划入方企业均未在会计上确认损益的，可以选择按以下规定进行特殊性税务处理：

（1）划出方企业和划入方企业均不确认所得（选项AB均正确）；

（2）划入方企业取得被划转股权或资产的计税基础，以被划转股权或资产的原账面净值确定（选项C错误）；

(3) 划入方企业取得的被划转资产，应按其原账面净值计算折旧扣除（选项 E 正确，选项 D 错误）。

【答案】ABE

知识点 · 房地产开发经营业务的所得税处理

【多选题】在中国境内从事房地产开发经营业务的企业，除土地开发外，其他开发产品完工应具备的条件有（　　）。

A. 开发产品已经开始投入使用
B. 开发产品已取得初始产权证明
C. 开发产品已经对外签订预售合同
D. 开发产品已经向客户收取预售款项
E. 开发产品竣工证明材料已报房地产管理部门备案

【解析】在中国境内从事房地产开发经营业务的企业，除土地开发之外，其他开发产品符合下列条件之一的，应视为已经完工：（1）开发产品竣工证明材料已报房地产管理部门备案（选项 E）；（2）开发产品已开始投入使用（选项 A）；（3）开发产品已取得了初始产权证明（选项 B）。

【答案】ABE

【单选题】下列关于房地产开发企业销售收入实现，不符合企业所得税相关规定的是（　　）。

A. 采取委托方式销售开发产品的，于签订委托销售协议之日确认收入的实现
B. 采取银行按揭方式销售开发产品的，其首付款应于实际收到日确认收入的实现
C. 采用分期收款方式销售开发产品的，应按销售合同或协议约定的价款和付款日确认收入的实现
D. 采取一次性全额收款方式销售开发产品的，应于实际收讫价款或取得索取价款凭据（权利）之日，确认收入的实现

【解析】采取委托方式销售开发产品的，应按以下原则确认收入的实现：
（1）采取支付手续费方式委托销售开发产品的，应按销售合同或协议中约定的价款于收到受托方已销开发产品清单之日确认收入的实现。
（2）采取视同买断方式委托销售开发产品的，于收到受托方已销开发产品清单之日确认收入的实现。
（3）采取基价（保底价）并实行超基价双方分成方式委托销售开发产品的，于收到受托方已销开发产品清单之日确认收入的实现。
（4）采取包销方式委托销售开发产品的，包销期内可根据包销合同的有关约定，参照上述（1）～（3）项规定确认收入的实现；包销期满后尚未出售的开发产品，企业应根据包销合同或协议约定的价款和付款方式确认收入的实现。

【答案】A

【单选题】房地产公司采用银行按揭方式销售开发产品,为购房者支付的按揭贷款担保金,正确的企业所得税处理方式是(   )。

A. 在实际发生损失的当期据实扣除
B. 作为财务费用在支付当期据实扣除
C. 作为销售费用在支付当期据实扣除
D. 作为营业外支出在支付当期据实扣除

解析 企业采取银行按揭方式销售开发产品,凡约定企业为购买方的按揭贷款提供担保的,其销售开发产品时向银行提供的保证金(担保金)不得从销售收入中减除,也不得作为费用在当期税前扣除,但实际发生损失时可据实扣除。

【答案】A

【单选题】2024 年 8 月,某房地产公司采取基价并实行超基价分成方式委托销售开发产品,截至当年 12 月 31 日,房地产公司、中介公司与购买方三方共签订销售合同的成交额为 5000 万元,其中房地产公司获得基价、超基价分成额分别为 4200 万元和 500 万元。房地产公司企业所得税的应税收入是(   )万元。

A. 4200   B. 4500   C. 4700   D. 5000

解析 房地产开发企业采取基价(保底价)并实行超基价双方分成方式委托销售开发产品的,属于由开发企业与购买方签订销售合同或协议,或开发企业、受托方、购买方三方共同签订销售合同或协议的,如果销售合同或协议中约定的价格高于基价(5000 万元 > 4200 万元),则应按销售合同或协议中约定的价格(5000 万元)计算的价款于收到受托方已销开发产品清单之日确认收入的实现,如果销售合同或协议约定的价格低于基价的,则应按基价计算的价款于收到受托方已销开发产品清单之日确认收入的实现。

【答案】D

【单选题】某房地产开发企业委托境外机构销售开发产品,实现销售收入 10000 万元,支付境外机构的销售费用 1200 万元。该企业在计算应纳税所得额时可扣除的境外销售费用为(   )万元。

A. 500   B. 800   C. 1000   D. 1200

解析 委托境外机构销售开发产品的,其支付境外机构的销售费用(含佣金或手续费)不超过委托销售收入 10% 的部分,准予据实扣除。

境外销售费用扣除限额 = 10000 × 10% = 1000 万元

实际支付销售费用 1200 万元,所以可扣除销售费用 1000 万元。

【答案】C

【多选题】依据企业所得税的相关规定,下列原则中,可用于确定房地产开发企业计税成本对象的有(   )。

A. 可否销售原则   B. 功能区分原则   C. 定价差异原则
D. 成本差异原则   E. 收入配比原则

解析 计税成本对象的确定原则如下:
(1) 可否销售原则(选项 A);

(2) 功能区分原则（选项B）；
(3) 定价差异原则（选项C）；
(4) 成本差异原则（选项D）；
(5) 权益区分原则。
【答案】ABCD

【多选题】房地产开发企业在开发区内建造下列项目发生的支出，准予按照公共配套设施费的有关规定在企业所得税税前扣除的有（　　）。
A. 无偿赠与地方政府的警务室
B. 产权属于全体业主的文体场馆
C. 无偿赠与公共事业单位的幼儿园
D. 产权属于全体业主的物业管理场所
E. 产权属于房地产开发企业的营利性会所

【解析】开发区内建造的会所、物业管理场所、电站、热力站、水厂、文体场馆、幼儿园等配套设施：
(1) 属于非营利性且产权属于全体业主的（选项BD），或无偿赠与地方政府（选项A）、公用事业单位的（选项C），可将其视为公共配套设施，其建造费用按公共配套设施费的有关规定进行处理。
(2) 属于营利性的，或产权归企业所有的（选项E），或未明确产权归属的，或无偿赠与地方政府、公用事业单位以外其他单位的，应当单独核算其成本。除企业自用应按建造固定资产进行处理外，其他一律按建造开发产品进行处理。
【答案】ABCD

【单选题】下列关于房地产开发企业计税成本的税务处理，符合企业所得税相关规定的是（　　）。
A. 单独建造且销售的停车场所，作为公共配套设施进行处理
B. 利用地下基础设施形成的停车场所，作为成本对象单独核算
C. 应向政府上缴，但尚未上缴的物业管理基金应按应缴金额50%计提
D. 公共配套设施尚未建造或尚未完工的，可按预算造价合理预提建造费用

【解析】选项A，企业单独建造的停车场所，应作为成本对象单独核算。选项B，利用地下基础设施形成的停车场所，作为公共配套设施进行处理。选项C，应向政府上缴但尚未上缴的报批报建费用、物业完善费用可以按规定预提。
【答案】D

【单选题】依据企业所得税的相关规定，房地产企业开发产品的成本计量与核算的方法是（　　）。
A. 标准成本法
B. 实际成本法
C. 作业成本法
D. 制造成本法

【解析】房地产企业开发、建造的开发产品应按制造成本法进行计量与核算。
【答案】D

【单选题】依据企业所得税相关规定，房地产开发企业单独作为过渡性成本对象核算的公共配套设施开发成本，分配至各成本对象的方法是（　　）。

　　A. 建筑面积法　　　　B. 预算造价法　　　　C. 占地面积法　　　　D. 直接成本法

解析　（1）土地成本，一般按占地面积法进行分配，如果确需结合其他方法进行分配的，应商税务机关同意；（2）单独作为过渡性成本对象核算的公共配套设施开发成本，应按建筑面积法进行分配（选项A）；（3）借款费用属于不同成本对象共同负担的，按直接成本法或按预算造价法进行分配。

【答案】　A

【多选题】依据企业所得税相关规定，下列关于房地产开发企业成本费用扣除的说法中，正确的有（　　）。

　　A. 企业单独建造的停车场所应作为成本对象单独核算
　　B. 企业在房地产开发区内建造的学校应单独核算成本
　　C. 企业因国家无偿收回土地使用权形成的损失可按照规定扣除
　　D. 企业利用地下基础设施建成的停车场应作为公共配套设施处理
　　E. 企业支付给境外销售机构不超过委托销售收入20%的部分准予扣除

解析　选项E，企业支付给境外销售机构不超过委托销售收入10%的部分准予扣除。

【答案】　ABCD

【单选题】房地产开发企业的发包工程未最终办理结算而未取得全额发票的，在证明材料充分的前提下，可按发票不足金额的一定比例预提计税成本，但最高不得超过合同总金额的（　　）。

　　A. 3%　　　　　　　　B. 5%　　　　　　　　C. 10%　　　　　　　　D. 15%

解析　房地产开发企业的出包工程未最终办理结算而未取得全额发票的，在证明资料充分的前提下，其发票不足金额可以预提，但最高不得超过合同总金额的10%。

【提示】 2023年和2024年连续考核该考点。

【答案】　C

知识点・税收优惠

【单选题】企业从事下列项目取得的所得，免征企业所得税的是（　　）。

　　A. 黄鱼养殖　　　　B. 肉兔饲养　　　　C. 茶叶种植　　　　D. 牡丹种植

解析　选项ACD属于减半征收企业所得税的项目。
企业从事下列项目的所得，减半征收企业所得税：
（1）花卉、茶以及其他饮料作物和香料作物的种植；
（2）海水养殖、内陆养殖。

【提示】 由于减半征税项目少于免税项目，所以考生可优先记忆减半征税项目。减半征税小口诀：海内存殖己，花茶饮料香。

【答案】B

【单选题】下列所得中减半征收企业所得税的是（　　）。
A. 海水养殖所得
B. 家禽饲养所得
C. 中药材种植所得
D. 林产品采集所得

【解析】企业从事下列项目的所得，减半征收企业所得税：
（1）花卉、茶以及其他饮料作物和香料作物的种植；
（2）海水养殖、内陆养殖。
选项 BCD 均为免征企业所得税项目。

【提示】减半征税小口诀：海内存殖己，花茶饮料香。

【答案】A

【单选题】企业从事下列项目的所得，免征企业所得税的是（　　）。
A. 海水养殖
B. 牲畜的饲养
C. 花卉的种植
D. 香料作物的种植

【解析】选项 ACD 属于减半征收企业所得税的项目。企业从事下列项目的所得，减半征收企业所得税：
（1）花卉、茶以及其他饮料作物和香料作物的种植；
（2）海水养殖、内陆养殖。

【提示】由于减半征税项目少于免税项目，所以考生可优先记忆减半征税项目。减半征税小口诀：海内存殖己，花茶饮料香。

【答案】B

【多选题】企业从事下列项目所得，免征企业所得税的有（　　）。
A. 农产品初加工
B. 农机作业和维修
C. 企业受托从事蔬菜种植
D. 企业委托个人饲养家禽
E. 企业外购蔬菜分包后销售

【解析】选项 E，企业购买农产品后直接进行贸易销售活动产生的所得，不能享受农、林、牧、渔业项目的税收优惠政策。

【答案】ABCD

【多选题】企业从事国家规定的下列项目所得，自项目取得第一笔生产经营收入所属纳税年度起，可享受第 1 年至第 3 年免征企业所得税的有（　　）。
A. 设备维护
B. 公共污水处理
C. 节能减排改造
D. 公共垃圾处理
E. 海水淡化处理

【解析】环境保护、节能节水项目的所得，自项目取得第一笔生产经营收入所属纳税年度起，第 1 年至第 3 年免征企业所得税，第 4 年至第 6 年减半征收企业所得税。符合条件的环境保护、节能节水项目包括：公共污水处理（选项B）、公共垃圾处理（选项D）、沼气综合开发利用、节能减排技术改造（选项C）、海水淡化（选项E）等。选项A不适用"三免三减半"优惠。

【答案】BCDE

【多选题】企业从事国家重点扶持的公共基础设施项目投资经营的所得，自项目取得第一笔经营收入所属纳税年度起，可享受第1年至第3年免征企业所得税优惠的有（　　）。

A. 公路投资　　B. 机场投资　　C. 港口投资
D. 仓储投资　　E. 铁路投资

解析　国家重点扶持的公共基础设施项目，是指《公共基础设施项目企业所得税优惠目录（2008年版）》规定的港口码头、机场、铁路、公路、城市公共交通、电力、水利等项目。

【答案】ABCE

【多选题】依据企业所得税相关规定，下列项目可享受"三免三减半"优惠的有（　　）。

A. 节能节水项目所得
B. 环境保护项目所得
C. 资源综合利用项目所得
D. 国家重点扶持的公共基础设施项目所得
E. 符合条件的节能服务公司实施合同能源管理项目所得

解析　可享受"三免三减半"优惠的有：
（1）国家重点扶持的公共基础设施项目（选项D）；
（2）饮水工程新建项目；
（3）电网企业电网新建项目；
（4）符合条件的环境保护、节能节水项目（选项AB）；
（5）节能服务公司实施合同能源管理项目（选项E）。

选项C，企业综合利用资源生产符合国家产业政策规定的产品所取得的收入，减按90%计入收入总额。

【答案】ABDE

【单选题】甲公司经营《公共基础设施项目企业所得税优惠目录（2008年版）》规定的码头项目，2021年取得第一笔生产经营收入，2022年开始盈利，甲公司于2024年6月6日将码头项目转让给乙投资公司经营，乙公司当年因码头项目取得应纳税所得额5000万元。2024年乙公司就该项目所得应缴纳企业所得税（　　）万元。

A. 0　　　　　B. 625　　　　　C. 750　　　　　D. 1250

解析　企业从事国家重点扶持的公共基础设施项目（包括港口码头、机场、铁路、公路、城市公共交通、电力、水利等项目）投资经营的所得，自项目取得第一笔生产经营收入所属纳税年度起（本题为2021年），第1年至第3年免征企业所得税，第4年至第6年减半征收企业所得税。企业在减免税期限内转让所享受减税优惠的项目，受让方承续经营该项目的，可自受让之日起，在剩余优惠期限内享受规定的减免税优惠。减免税期限届满后转

43

让的，受让方不得就该项目重复享受减免税优惠。

2024年乙公司就该项目所得应缴纳企业所得税 = 5000 × 25% × 50% = 625万元

【答案】B

【多选题】甲企业2021年开始从事符合"三免三减半"企业所得税优惠的公共污水处理项目，2022年取得第一笔收入，2023年开始盈利，2024年甲企业将该项目转让给乙企业，乙企业当年未取得项目收入。下列关于甲、乙企业享受税收优惠政策的说法，正确的有（　　）。

A. 甲企业转让项目时应补缴免征的企业所得税税款
B. 甲企业从2022年开始享受"三免三减半"优惠政策
C. 乙企业自受让之日起在剩余期限内享受规定的减免税优惠
D. 乙企业以取得第一笔收入的年度作为"三免三减半"优惠政策的起始年度
E. 享受优惠政策企业应在优惠年度汇算清缴结束之前向税务机关报备

解析　符合条件的环境保护、节能节水项目的所得，自项目取得第一笔生产经营收入所属纳税年度起，第1年至第3年免征企业所得税，第4年至第6年减半征收企业所得税，所以选项B正确。享受减免优惠的项目在减免税期限内转让的，受让方自受让之日起，可以在剩余期限内享受规定的减免税优惠，减免税期限届满后转让的，受让方不得就该项目重复享受减免税优惠，所以选项AD错误，选项C正确。根据《国家税务总局关于发布〈企业所得税优惠政策事项办理办法〉的公告》（国家税务总局公告2015年第76号），自2015年起，企业所得税优惠事项的办理，实行"自行判别、申报享受、相关资料留存备查"的办理方式，所以选项E错误。

【答案】BC

【多选题】居民企业的下列所得，可以享受企业所得税技术转让所得优惠政策的有（　　）。

A. 转让植物新品种的所得
B. 转让技术所有权的所得
C. 转让计算机软件著作权的所得
D. 转让拥有5年以上独占许可使用权的技术转让所得
E. 从直接或间接持有股权之和达100%的关联方取得的技术转让所得

解析　技术转让的范围，包括居民企业转让专利技术、计算机软件著作权（选项C）、集成电路布图设计权、植物新品种（选项A）、生物医药新品种，以及财政部和国家税务总局确定的其他技术。其中技术转让，是指居民企业转让其拥有符合规定技术的所有权（选项B）或5年以上（含5年）全球独占许可使用权（选项D）的行为。自2015年10月1日起，全国范围内的居民企业转让5年（含）以上非独占许可使用权取得的技术转让所得，纳入享受企业所得税优惠的技术转让所得范围。

选项E，居民企业从直接或间接持有股权之和达到100%的关联方取得的技术转让所得，不享受技术转让减免企业所得税优惠政策。

【答案】ABCD

【单选题】下列说法，符合高新技术企业所得税涉税后续管理规定的是（　　）。
A. 企业的高新技术企业资格期满当年应按25%的税率预缴企业所得税
B. 企业自获得高新技术企业资格次月起开始享受企业所得税优惠政策
C. 企业自获得高新技术企业资格后应按规定向主管税务机关办理备案手续
D. 企业因重大安全事故被取消高新技术企业资格的，应追缴已享受的全部税收优惠

【解析】　选项A，企业的高新技术企业资格期满当年，在通过重新认定前，其企业所得税暂按15%的税率预缴。选项B，企业获得高新技术企业资格后，自高新技术企业证书颁发之日所在年度起享受税收优惠。选项D，企业因重大事故被取消高新技术企业资格的，追缴其自发生上述行为之日所属年度起已享受的高新技术企业税收优惠。

【答案】　C

【多选题】依据企业所得税的相关规定，企业直接从事研发活动的下列人工费用，可作为"人员人工费用"享受企业所得税研发费用加计扣除优惠的有（　　）。
A. 住房公积金　　　　　　　　　B. 失业保险费
C. 补充养老保险费　　　　　　　D. 基本医疗保险费
E. 基本养老保险费

【解析】　人员人工费用包括直接从事研发活动人员的工资薪金、基本养老保险费（选项E）、基本医疗保险费（选项D）、失业保险费（选项B）、工伤保险费、生育保险费和住房公积金（选项A），以及外聘研发人员的劳务费用。而职工福利费、补充养老保险费、补充医疗保险费属于"其他相关费用"，此类费用总额不得超过可加计扣除研发费用总额的10%。

【答案】　ABDE

【单选题】依据企业所得税相关规定，企业开展的下列活动适用研发费用加计扣除政策的是（　　）。
A. 成本管理研究活动　　　　　　B. 新药配方研制活动
C. 服务升级研究活动　　　　　　D. 社会科学研究活动

【解析】　下列活动不适用税前加计扣除政策：
（1）企业产品（服务）的常规性升级（选项C）；
（2）对某项科研成果的直接应用，如直接采用公开的新工艺、材料、装置、产品、服务或知识等；
（3）企业在商品化后为顾客提供的技术支持活动；
（4）对现存产品、服务、技术、材料或工艺流程进行的重复或简单改变；
（5）市场调查研究、效率调查或管理研究（选项A）；
（6）作为工业（服务）流程环节或常规的质量控制、测试分析、维修维护；
（7）社会科学、艺术或人文学方面的研究（选项D）。

【答案】　B

【多选题】企业的下列活动中不适用企业税前加计扣除的有（   ）。
A. 企业产品的常规性升级
B. 企业服务的常规性升级
C. 对新工艺和材料的直接应用
D. 市场调查研究和效率调查
E. 新产品设计费、新工艺规程制定费

解析 下列活动不适用税前加计扣除政策：
(1) 企业产品（服务）的常规性升级（选项AB）；
(2) 对某项科研成果的直接应用，如直接采用公开的新工艺、材料、装置、产品、服务或知识等（选项C）；
(3) 企业在商品化后为顾客提供的技术支持活动；
(4) 对现存产品、服务、技术、材料或工艺流程进行的重复或简单改变；
(5) 市场调查研究、效率调查或管理研究（选项D）；
(6) 作为工业（服务）流程环节或常规的质量控制、测试分析、维修维护；
(7) 社会科学、艺术或人文学方面的研究。

【答案】 ABCD

【单选题】下列关于企业所得税研发费用加计扣除的表述中，不符合税法规定的是（   ）。
A. 租赁和商务服务业不适用税前加计扣除政策
B. 企业产品（服务）的常规性升级不适用税前加计扣除政策
C. 集成电路企业未形成无形资产计入当期损益的，在按规定据实扣除的基础上，再按照实际发生额的120%在税前扣除
D. 企业委托境外进行研发活动所发生的费用，按照费用实际发生额的80%计入委托方的委托境外研发费用并计算加计扣除

解析 选项D，企业委托境外进行研发活动所发生的费用，按照费用实际发生额的80%计入委托方的委托境外研发费用，委托境外研发费用不超过境内符合条件的研发费用2/3的部分，可以按规定在企业所得税税前加计扣除。

【答案】 D

【单选题】依据企业所得税相关规定，企业研发费用符合加计扣除规定的条件而未及时享受该项税收优惠的，可以追溯享受并履行备案手续的最长期限是（   ）。
A. 1年　　　　　　　B. 3年　　　　　　　C. 5年　　　　　　　D. 8年

解析 企业符合规定的研发费用加计扣除条件而未及时享受该项税收优惠的，可以追溯享受并履行备案手续，追溯期限最长为3年。

【答案】 B

【单选题】某企业2023年应纳税所得额-40万元，2024年未弥补以前年度亏损的应纳税所得额为320万元，该企业的从业人数与资产总额指标均符合小型微利企业所得税优惠标准，2024年该企业应缴纳企业所得税（   ）万元。
A. 14　　　　　　　B. 16　　　　　　　C. 70　　　　　　　D. 80

解析 2024 年该企业应纳税所得额 = 320 - 40 = 280 万元，不超过 300 万元，所以应纳税所得额亦符合小型微利企业所得税优惠标准，所以 2024 年该企业应缴纳企业所得税 = (320 - 40) × 25% × 20% = 14 万元。

【答案】 A

【单选题】 某小型微利企业，2024 年委托境内外部机构研发支付费用 200 万元，委托境外机构研发支付费用 100 万元，委托境外个人研发支付费用 50 万元，该小型微利企业可以加计扣除合计数为（　　）万元。

A. 200　　　　B. 240　　　　C. 280　　　　D. 300

解析 （1）企业委托外部机构或个人进行研发活动所发生的费用，按照费用实际发生额的 80% 计入委托方研发费用并计算加计扣除，受托方不得再进行加计扣除，委托外部研究开发费用实际发生额应按照独立交易原则确定。所以委托境内外部机构研发可加计扣除金额 = 200 × 80% × 100% = 160 万元。

（2）企业委托境外进行研发活动所发生的费用，按照费用实际发生额的 80% 计入委托方的委托境外研发费用。委托境外研发费用不超过境内符合条件的研发费用 2/3 的部分，可以按规定在企业所得税税前加计扣除。

委托境外研发费用 = 费用实际发生额的 80% = 100 × 80% = 80 万元，境内符合条件研发费用的 2/3 = 200 × 80% × 2/3 = 106.67 万元，所以委托境外机构研发可加计扣除 100 × 80% × 100% = 80 万元。

（3）委托境外进行研发活动不包括委托境外个人进行的研发活动，所以委托境外个人研发活动不得加计扣除。

（4）该小型微利企业可以加计扣除合计数 = 160 + 80 = 240 万元。

【答案】 B

【多选题】 依据企业所得税的相关规定，下列关于小型微利企业享受企业所得税优惠政策征收管理的说法，正确的有（　　）。

A. 小型微利企业的从业人数包括接受的劳务派遣用工
B. 汇总纳税的小型微利企业的资产总额包括分支机构
C. 小型微利企业所得税可以选择按月预缴或按季预缴税款
D. 核定征收企业所得税的小型微利企业可享受所得税优惠政策
E. 负有我国纳税义务的非居民企业不适用小型微利企业优惠政策

解析 小型微利企业的条件之一是从业人数不超过 300 人，包括与企业建立劳动关系的职工人数和企业接受的劳务派遣用工人数，故选项 A 正确。企业设立不具有法人资格分支机构的，应当汇总计算总机构及其各分支机构的从业人数、资产总额、年度应纳税所得额，依据合计数判断是否符合小型微利企业条件，故选项 B 正确。小型微利企业所得税统一实行"按季度预缴"，故选项 C 错误。小型微利企业的性质要求企业的全部生产经营活动产生的所得均负有我国企业所得税纳税义务，且从事国家非限制和禁止行业，不包括非居民企业，小型微利企业无论按查账征收方式或核定征收方式缴纳企业所得税，均可享受优惠政策，故选项 DE 正确。

【答案】ABDE

【单选题】某小型微利企业 2024 年实现销售收入 1400 万元，发生成本费用 1130 万元，其中实际发放工资总额 300 万元，职工福利 50 万元。2024 年该小型微利企业应缴纳企业所得税（　　）万元。

  A. 13.9　　　　　　B. 20.3　　　　　　C. 22.8　　　　　　D. 27.8

🔍 解析　职工福利费扣除限额 = 300 × 14% = 42 万元，实际支出 50 万元，纳税调增 = 50 - 42 = 8 万元；该小型微利企业 2024 年应纳税所得额 = 1400 - 1130 + 8 = 278 万元，2024 年该小型微利企业应缴纳企业所得税 = 278 × 25% × 20% = 13.9 万元。

【答案】A

【单选题】某符合条件的小型微利企业 2024 年取得应税销售收入为 1600 万元，发生符合税法规定条件的成本及税费等共计 1350 万元，其中业务招待费 20 万元。该小型微利企业 2024 年应缴纳企业所得税（　　）万元。

  A. 13.1　　　　　　B. 17.5　　　　　　C. 18.7　　　　　　D. 21.2

🔍 解析　业务招待费扣除限额 1 = 20 × 60% = 12 万元

业务招待费扣除限额 2 = 1600 × 5‰ = 8 万元

按照孰小扣除原则，业务招待费可以税前扣除的金额为 8 万元。

纳税调增 = 20 - 8 = 12 万元

该小型微利企业 2024 年应纳税所得额 = 1600 - 1350 + 12 = 262 万元

该小型微利企业 2024 年应缴纳企业所得税 = 262 × 25% × 20% = 13.1 万元。

【答案】A

【单选题】某企业为一家小型微利企业，2024 年度应纳税所得额 280 万元，该企业 2024 年应缴纳企业所得税（　　）万元。

  A. 11.5　　　　　　B. 14　　　　　　C. 19　　　　　　D. 28

🔍 解析　自 2023 年 1 月 1 日至 2027 年 12 月 31 日，对小型微利企业年应纳税所得额不超过 300 万元的部分，减按 25% 计入应纳税所得额，按 20% 的税率缴纳企业所得税。

该企业 2024 年应缴纳企业所得税 = 280 × 25% × 20% = 14 万元

【答案】B

【多选题】依据企业所得税相关规定，企业购进的固定资产在企业所得税前一次性扣除的，需要留存备查的资料有（　　）。

  A. 固定资产记账凭证

  B. 以货币形式购进固定资产的发票

  C. 企业购进固定资产的内部审批流程单

  D. 核算有关资产税务处理与会计处理差异的台账

  E. 以分期付款方式购进固定资产的到货时间说明

解析 主要留存备查资料如下：

(1) 有关固定资产购进时点的资料〔如以货币形式购进固定资产的发票（选项 B），以分期付款或赊销方式购进固定资产的到货时间说明（选项 E），自行建造固定资产的竣工决算情况说明等〕；

(2) 固定资产记账凭证（选项 A）；

(3) 核算有关资产税务处理与会计处理差异的台账（选项 D）。

【答案】ABDE

【单选题】下列关于企业所得税加速折旧优惠政策的说法，正确的是（ ）。

A. 固定资产在投入使用月份的当月所属年度一次性税前扣除

B. 2024 年企业新购进单台价值 600 万元的设备，可一次性税前扣除

C. 采取缩短折旧年限的，最低折旧年限不得低于规定折旧年限的 50%

D. 企业选择享受一次性税前扣除政策的，其资产的税务处理可与会计处理不一致

解析 选项 A，固定资产在投入使用月份的次月所属年度一次性税前扣除。选项 B，企业在 2018 年 1 月 1 日至 2027 年 12 月 31 日新购进的设备、器具，单位价值不超过 500 万元的，允许一次性计入当期成本费用在计算应纳税所得额时扣除，不再分年度计算折旧，但价值 600 万元的设备不能一次性税前扣除。选项 C，采取缩短折旧年限的，最低折旧年限不得低于规定折旧年限的 60%。

【答案】D

【多选题】依据企业所得税相关规定，下列关于制造业小型微利企业 2019 年 1 月 1 日以后购进固定资产的税务处理，表述正确的有（ ）。

A. 购进的固定资产允许缩短折旧年限

B. 购进的固定资产允许采用加速折旧方法

C. 固定资产缩短折旧年限的，不能低于规定折旧年限的 60%

D. 购进用于研发的价值 80 万元的固定资产允许一次性税前扣除

E. 购进用于生产经营的价值 520 万元的固定资产允许一次性税前扣除

解析 选项 E，制造业小型微利企业新购进的研发和生产经营共用的仪器、设备单位价值不超过 100 万元的，允许一次性计入当期成本费用在计算应纳税所得额时扣除，不再分年度计算折旧。单位价值超过 100 万元的，可缩短折旧年限或采取加速折旧的方法。企业在 2018 年 1 月 1 日至 2027 年 12 月 31 日新购进的设备、器具，单位价值不超过 500 万元的，允许一次性计入当期成本费用在计算应纳税所得额时扣除，不再分年度计算折旧。所以无论应用哪个政策，选项 E 都不能一次性税前扣除。

【答案】ABCD

【多选题】依据企业所得税相关规定，下列收入免征企业所得税的有（ ）。

A. 企业取得的地方政府债券利息收入

B. 非营利组织免税收入孳生的银行存款利息收入

C. 居民企业借款给其他居民企业取得的利息收入
D. 保险公司为种植业提供保险业务取得的保费收入
E. 非营利性科研机构接收个人的基础研究资金收入

解析 选项C，应按照规定计算缴纳企业所得税。选项D，自2017年1月1日至2027年12月31日，对保险公司为种植业、养殖业提供保险业务取得的保费收入，在计算应纳税所得额时，按90%计入收入总额。

【答案】 ABE

【单选题】 某企业2024年9月购置并投入使用环境保护专用设备（属于企业所得税优惠目录的范围），取得增值税专用发票，发票上注明的金额为300万元、税额39万元，2024年该企业应纳税所得额为168万元。该企业当年应缴纳企业所得税（　　）万元。

A. 6.90　　　　　B. 12.00　　　　　C. 26.00　　　　　D. 42.00

解析 企业购置并实际使用《环境保护专用设备企业所得税优惠目录》《节能节水专用设备企业所得税优惠目录》和《安全生产专用设备企业所得税优惠目录》规定的环境保护、节能节水、安全生产等专用设备的，该专用设备的投资额的10%可以从企业当年的应纳税额中抵免。当年不足抵免的，可以在以后5个纳税年度结转抵免。

该企业当年应缴纳企业所得税 = 168×25% - 300×10% = 12万元

【答案】 B

【单选题】 某公司2024年应纳税所得额400万元，当年购置并实际投入使用符合规定的安全生产专用设备一台，取得增值税专用发票上注明的金额100万元，税额13万元。另外支付含增值税设备运输费用7万元，取得增值税普通发票。该公司2024年度应缴纳企业所得税（　　）万元。

A. 86.7　　　　　B. 88　　　　　C. 88.7　　　　　D. 90

解析 企业购置并实际使用《环境保护专用设备企业所得税优惠目录》《节能节水专用设备企业所得税优惠目录》和《安全生产专用设备企业所得税优惠目录》规定的环境保护、节能节水、安全生产等专用设备的，该专用设备的投资额的10%可以从企业当年的应纳税额中抵免。当年不足抵免的，可以在以后5个纳税年度结转抵免。专用设备投资额，是指购买专用设备发票上注明的金额，不包括按有关规定退还的增值税税款以及设备运输、安装和调试等费用，不包括可抵扣的进项税。

该公司2024年度应缴纳企业所得税 = 400×25% - 100×10% = 90万元

【答案】 D

【单选题】 甲企业2023年11月购进符合税法规定可享受税额抵免优惠政策的安全生产专用设备一台，增值税专用发票注明金额100万元、税额13万元。甲企业依法进行了进项税额抵扣，并享受了企业所得税抵免优惠。2024年11月甲企业将该设备转让给乙企业，下列税务处理正确的是（　　）。

A. 乙企业不得享受企业所得税抵免优惠

B. 甲企业转让设备时应转出已抵扣的进项税额

C. 甲企业转让设备后应补缴已抵免的企业所得税税款

D. 甲企业转让设备可税前扣除的资产净值为 113 万元

解析 企业购置并实际使用《环境保护专用设备企业所得税优惠目录》《节能节水专用设备企业所得税优惠目录》和《安全生产专用设备企业所得税优惠目录》规定的环境保护、节能节水、安全生产等专用设备的，该专用设备的投资额的 10% 可以从企业当年的应纳税额中抵免。当年不足抵免的，可以在以后 5 个纳税年度结转抵免。企业购置上述专用设备在 5 年内转让、出租的，应当停止享受企业所得税优惠，并补缴已经抵免的企业所得税税款（选项 C 正确）。转让的受让方可以按照该专用设备投资额的 10% 抵免当年企业所得税应纳税额；当年应纳税额不足抵免的，可以在以后 5 个纳税年度结转抵免（选项 A 错误）。选项 B，甲企业转让设备时无需转出已抵扣的进项税额。选项 D，甲企业转让设备可税前扣除的资产净值应是取得时计税基础（100 万元而不是 113 万元）减去按税法规定计提的一年折旧后的金额。

【答案】 C

【单选题】 下列地区，属于西部大开发企业所得税优惠政策适用范围的是（　　）。

A. 江西省宜春市　　　　　　　　B. 广东省连南瑶族自治县

C. 湖北恩施土家族苗族自治州　　D. 黑龙江省杜尔伯特蒙古族自治县

解析 西部地区包括内蒙古自治区、广西壮族自治区、重庆市、四川省、贵州省、云南省、西藏自治区、陕西省、甘肃省、青海省、宁夏回族自治区、新疆维吾尔自治区和新疆生产建设兵团。湖南省湘西土家族苗族自治州、湖北省恩施土家族苗族自治州、吉林省延边朝鲜族自治州和江西省赣州市，可以比照西部地区的企业所得税政策执行。

【答案】 C

【多选题】 依据企业所得税相关规定，非居民企业取得的下列利息所得免征企业所得税的有（　　）。

A. 外国政府向中国居民提供贷款取得的利息所得

B. 外国政府向中国政府提供贷款取得的利息所得

C. 国际金融组织向中国政府提供优惠贷款取得的利息所得

D. 国际金融组织向中国居民企业提供优惠贷款取得的利息所得

E. 境外跨国公司企业向中国居民企业提供优惠贷款取得的利息所得

解析 在境内未设立机构、场所，或虽设立机构、场所，但取得的所得与其所设机构、场所没有实际联系的非居民企业，取得的下列所得免征企业所得税：

（1）外国政府向中国政府提供贷款取得的利息所得（选项 B）；

（2）国际金融组织向中国政府和居民企业提供优惠贷款取得的利息所得（选项 CD）；

（3）经国务院批准的其他所得。

【答案】 BCD

【多选题】依据企业所得税相关规定，在境内未设立机构、场所的非居民企业取得的下列利息所得，可享受企业所得税免税优惠的有（　　）。

A. 外国政府向中国政府提供贷款取得的利息所得
B. 国际金融组织向中国政府提供优惠贷款取得的利息所得
C. 外国企业向中国居民企业提供优惠贷款取得的利息所得
D. 国际金融组织向中国居民企业提供优惠贷款取得的利息所得
E. 国际金融组织向中国非居民企业提供优惠贷款取得的利息所得

解析　在境内未设立机构、场所，或虽设立机构、场所，但取得的所得与其所设机构、场所没有实际联系的非居民企业，取得的下列所得免征企业所得税：

（1）外国政府向中国政府提供贷款取得的利息所得（选项A）；
（2）国际金融组织向中国政府和居民企业提供优惠贷款取得的利息所得（选项BD）；
（3）经国务院批准的其他所得。

【答案】 ABD

【单选题】某工业企业于2024年9月投入了60万元对原计税基础为100万元的环保专用设备进行数字化、智能化改造，并最终形成该专用设备固定资产价值。该专用设备改造后仍符合《环境保护专用设备企业所得税优惠目录》规定的条件。该企业2024年应纳税所得额为1000万元，则该企业2024年应缴纳企业所得税（　　）万元。

A. 200　　　　B. 244　　　　C. 245　　　　D. 255

解析　企业在2024年1月1日至2027年12月31日期间发生的专用设备数字化、智能化改造投入，不超过该专用设备购置时原计税基础50%的部分，可按照10%比例抵免企业当年应纳税额。企业当年应纳税额不足抵免的，可以向以后年度结转，但结转年限最长不得超过五年。享受税收优惠的改造投入，是指企业对专用设备数字化、智能化改造过程中发生的并形成该专用设备固定资产价值的支出，但不包括按有关规定退还的增值税税款以及专用设备运输、安装和调试等费用。

该专用设备购置时原计税基础的50% = 100 × 50% = 50万元，可按照10%比例抵免企业当年应纳税额。

该企业2024年应缴纳企业所得税 = 1000 × 25% − 50 × 10% = 245万元

【提示】 如果该企业改造投入为30万元，则不超过购置时原计税基础50%，假设其他条件不变。

该企业2024年应缴纳企业所得税 = 1000 × 25% − 30 × 10% = 247万元

【答案】 C

知识点·应纳税额的计算

【多选题】依据企业所得税的相关规定，下列情形属于居民企业纳税人需要核定征收企业所得税的有（　　）。

A. 擅自销毁账簿或者拒不提供纳税资料的

B. 申报的计税依据明显偏低，但有正当理由的
C. 依照法律、行政法规的规定可以不设置账簿的
D. 发生纳税义务，未按照规定的期限办理纳税申报的
E. 依照法律、行政法规的规定应当设置但未设置账簿的

🔍 **解析** 居民企业纳税人具有下列情形之一的，核定征收企业所得税：

(1) 依照法律、行政法规的规定可以不设置账簿的（选项C正确）。

(2) 依照法律、行政法规的规定应当设置但未设置账簿的（选项E正确）。

(3) 擅自销毁账簿或者拒不提供纳税资料的（选项A正确）。

(4) 虽设置账簿，但账目混乱或者成本资料、收入凭证、费用凭证残缺不全，难以查账的。

(5) 发生纳税义务，未按照规定的期限办理纳税申报，经税务机关责令限期申报，逾期仍不申报的（选项D错误）。

(6) 申报的计税依据明显偏低，又无正当理由的（选项B错误）。

【答案】ACE

【多选题】下列居民企业中，不得核定征收企业所得税的有（　　）。
A. 上市公司　　　　　　　　B. 担保公司
C. 小额贷款公司　　　　　　D. 进出口代理公司
E. 专门从事股权（股票）投资业务的企业

🔍 **解析** 不得采用核定征收企业所得税的"特殊行业、特殊类型纳税人和一定规模以上的纳税人"包括：

(1) 享受《中华人民共和国企业所得税法》及其实施条例和国务院规定的一项或几项企业所得税优惠政策的企业（不包括仅享受《中华人民共和国企业所得税法》第二十六条规定免税收入优惠政策的企业、第二十八条规定的符合条件的小型微利企业）；

(2) 汇总纳税企业；

(3) 上市公司（选项A）；

(4) 银行、信用社、小额贷款公司（选项C）、保险公司、证券公司、期货公司、信托投资公司、金融资产管理公司、融资租赁公司、担保公司（选项B）、财务公司、典当公司等金融企业；

(5) 会计、审计、资产评估、税务、房地产估价、土地估价、工程造价、律师、价格鉴证、公证机构、基层法律服务机构、专利代理、商标代理以及其他经济鉴证类社会中介机构。

(6) 国家税务总局规定的其他企业，如专门从事股权（股票）投资业务的企业（选项E）。

【答案】ABCE

【单选题】下列关于核定征收的说法中，符合企业所得税法规定的是（　　）。
A. 担保公司适用核定征收企业所得税办法
B. 汇总纳税企业适用核定征收企业所得税办法

C. 专门从事股权（股票）投资业务的企业，不得核定征收企业所得税

D. 税务机关采取不同测算方法测算的应纳税额不一致时，可按测算的应纳税额从低核定

解析 不得采用核定征收企业所得税的"特殊行业、特殊类型纳税人和一定规模以上的纳税人"包括：

（1）享受《中华人民共和国企业所得税法》及其实施条例和国务院规定的一项或几项企业所得税优惠政策的企业（不包括仅享受《中华人民共和国企业所得税法》第二十六条规定免税收入优惠政策的企业、第二十八条规定的符合条件的小型微利企业）；

（2）汇总纳税企业（选项B）；

（3）上市公司；

（4）银行、信用社、小额贷款公司、保险公司、证券公司、期货公司、信托投资公司、金融资产管理公司、融资租赁公司、担保公司（选项A）、财务公司、典当公司等金融企业；

（5）会计、审计、资产评估、税务、房地产估价、土地估价、工程造价、律师、价格鉴证、公证机构、基层法律服务机构、专利代理、商标代理以及其他经济鉴证类社会中介机构。

（6）国家税务总局规定的其他企业，如专门从事股权（股票）投资业务的企业（选项C）。

选项D，税务机关采用一种方法不足以正确核定应纳税所得额或应纳税额的，可以同时采用两种以上的方法核定。采用两种以上方法测算的应纳税额不一致时，可按测算的应纳税额从高核定。

【答案】C

【单选题】某非小型微利企业2024年度自行申报的营业收入780万元，从境内居民企业分回股息收入100万元，资产溢余收入20万元，无法准确核算成本费用，其主管税务机关以收入为依据核定征收企业所得税，应税所得率为10%，该企业当年应缴纳企业所得税（　　）万元。

A. 19.5　　　　　B. 20　　　　　C. 22　　　　　D. 22.5

解析 应纳税所得额＝应税收入额×应税所得率＝（收入总额－不征税收入－免税收入）×应税所得率＝（780＋100＋20－100）×10%＝80万元

该企业当年应缴纳企业所得税＝80×25%＝20万元

【答案】B

【单选题】某服装生产企业，因无法准确核算成本支出，被税务机关确定为核定征收企业所得税，企业当年收入总额30万元，其中7月份取得股票转让收入5万元，转让成本3万元，应税所得率为15%，该企业当年应缴纳企业所得税（　　）万元。

A. 0.6　　　　　B. 0.75　　　　　C. 1.13　　　　　D. 1.44

解析 居民企业采用应税所得率方式核定征收企业所得税的计算公式：

应纳所得税额＝应纳税所得额×适用税率

应纳税所得额=应税收入额×应税所得率=(收入总额-不征税收入-免税收入)×应税所得率

或:应纳税所得额=成本(费用)支出额÷(1-应税所得率)×应税所得率

该企业当年应缴纳企业所得税=30×15%×25%≈1.13万元

【答案】C

【单选题】某运输公司为小型微利企业,2024年度自行申报的营业收入1250万元、国债利息收入30万元、接受捐赠收入20万元、运营成本及税费等共计1330万元,亏损30万元。该公司成本费用账目混乱,主管税务机关确定以收入为依据核定征收企业所得税,核定应税所得率10%。该公司2024年应缴纳企业所得税( )万元。

A. 0.06　　　　　B. 3　　　　　C. 3.5　　　　　D. 6.35

解析　该公司2024年应纳税所得额=(1250+20)×10%=127万元

该公司2024年应缴纳的企业所得税=127×25%×20%=6.35万元

【答案】D

知识点 · 特别纳税调整

【单选题】依据企业所得税相关规定,企业提供关联交易同期资料的时限是自税务机关要求之日起( )内。

A. 15日　　　　　B. 30日　　　　　C. 60日　　　　　D. 90日

解析　同期资料应当自税务机关要求之日起30日内提供。

【答案】B

【单选题】下列关于同期资料保管期限的说法中,正确的是( )。

A. 自税务机关要求准备完毕之日起保存3年
B. 自税务机关要求准备完毕之日起保存5年
C. 自税务机关要求准备完毕之日起保存8年
D. 自税务机关要求准备完毕之日起保存10年

解析　同期资料应当自税务机关要求的准备完毕之日起保存10年。

【答案】D

【多选题】依据同期资料的管理规定,企业发生下列年度关联交易,应当准备本地文档的有( )。

A. 金融资产转让金额超过1亿元　　　　B. 股权转让交易金额不超过3000万元
C. 有形资产所有权转让金额超过2亿元　　D. 无形资产所有权转让金额超过1亿元
E. 劳务关联交易金额合计超过4000万元

解析　年度关联交易金额符合下列条件之一的企业,应当准备本地文档:

（1）有形资产所有权转让金额（来料加工业务按照年度进出口报关价格计算）超过 2 亿元（选项 C）；
（2）金融资产转让金额超过 1 亿元（选项 A）；
（3）无形资产所有权转让金额超过 1 亿元（选项 D）；
（4）其他关联交易金额合计超过 4000 万元（选项 E）。
【答案】ACDE

【单选题】依据企业所得税相关规定，关联企业准备主体文档应符合的条件是（　　）。
A. 金融资产转让金额达到 1 亿元
B. 年度关联交易总额超过 10 亿元
C. 其他关联交易金额合计达到 4000 万元
D. 无形资产所有权转让金额达到 5000 万元

解析　符合下列条件之一的企业，应当准备主体文档：
（1）年度发生跨境关联交易，且合并该企业财务报表的最终控股企业所属企业集团已准备主体文档；
（2）年度关联交易总额超过 10 亿元。
【答案】B

【单选题】甲公司和乙公司均为制造企业，2024 年甲公司对关联企业乙公司的股权投资额为 5000 万元。3 月 1 日乙公司向甲公司借款 20000 万元用于生产，当年 12 月 31 日归还，借款年利率为 6%，金融机构同期同类贷款利率为 4.8%。2024 年乙公司该项借款在企业所得税税前可扣除的利息费用是（　　）万元。
A. 400　　　　B. 480　　　　C. 500　　　　D. 800

解析
方法一：2024 年乙公司该项借款在企业所得税税前可扣除的利息费用 = 5000×2×4.8% = 480 万元
方法二：
（1）超过金融企业同期同类贷款利率的部分不得税前扣除：20000×（6% − 4.8%）× 10/12 = 200 万元，需要纳税调增；
（2）超过标准债资比的部分不得税前扣除：关联债资比例 = 年度各月平均关联债权投资之和/年度各月平均权益投资之和 =（20000×10）/（5000×12）= 3.33。
乙公司实际支付的利息 = 20000×6%×10/12 = 1000 万元
超过金融机构同期同类贷款利率的部分已经调增 200 万元
债资比超标不得扣除利息支出 = 年度实际支付的全部关联方利息×（1 − 标准比例/关联债资比例）=（1000 − 200）×（1 − 2/3.33）= 320 万元
（3）合计不得税前扣除的利息支出 = 200 + 320 = 520 万元
（4）可扣除的利息费用 = 1000 − 520 = 480 万元
【答案】B

【单选题】在资本弱化管理中，计算关联债资比例时，如果所有者权益小于实收资本与资本公积之和，则权益投资为（　　）。

A. 实收资本
B. 资本公积
C. 所有者权益
D. 实收资本与资本公积之和

解析 权益投资为企业资产负债表所列示的所有者权益金额。如果所有者权益小于实收资本（股本）与资本公积之和，则权益投资为实收资本（股本）与资本公积之和；如果实收资本（股本）与资本公积之和小于实收资本（股本）金额，则权益投资为实收资本（股本）金额。

【答案】 D

【多选题】依据企业所得税同期资料管理规定，下列年度关联交易金额应当准备本地文档的有（　　）。

A. 金融资产转让金额超过10000万元
B. 劳务关联交易金额合计超过4000万元
C. 无形资产所有权转让金额超过10000万元
D. 有形资产所有权转让金额超过20000万元
E. 无形资产使用权转让金额未超过3000万元

解析 年度关联交易金额符合下列条件之一的企业，应当准备本地文档：
(1) 有形资产所有权转让金额（来料加工业务按照年度进出口报关价格计算）超过2亿元（选项D）；
(2) 金融资产转让金额超过1亿元（选项A）；
(3) 无形资产所有权转让金额超过1亿元（选项C）；
(4) 其他关联交易金额合计超过4000万元（选项B）。

【答案】 ABCD

【多选题】企业与关联方签署成本分摊协议，发生特殊情形会导致其自行分配的成本不得税前扣除，这些情形包括（　　）。

A. 不符合独立交易原则
B. 没有遵循成本与收益配比原则
C. 不具有合理商业目的和经济实质
D. 自签署成本分摊协议之日起，经营期限不少于20年
E. 未按照有关规定备案或准备、保存和提供有关成本分摊协议的同期资料

解析 企业与其关联方签署成本分摊协议，有下列情形之一的，其自行分摊的成本不得税前扣除：
(1) 不具有合理商业目的和经济实质（选项C要选）；
(2) 不符合独立交易原则（选项A要选）；
(3) 没有遵循成本与收益配比原则（选项B要选）；
(4) 未按有关规定备案或准备、保存和提供有关成本分摊协议的同期资料（选项E要选）；

(5) 自签署成本分摊协议之日起经营期限少于 20 年（选项 D 不选）。

【答案】 ABCE

【多选题】 依据企业所得税相关规定，企业与关联方签署成本分摊协议，发生特殊情形会导致其自行分摊的成本不得税前扣除，这些情形包括（　　）。

A. 不符合独立交易原则

B. 没有遵循成本与收益配比原则

C. 不具有合理商业目的和经济实质

D. 自签署成本分摊协议之日起经营期限为 25 年

E. 未按照有关规定备案或准备有关成本分摊协议的同期资料

【解析】 企业与其关联方签署成本分摊协议，有下列情形之一的，其自行分摊的成本不得税前扣除：

(1) 不具有合理商业目的和经济实质（选项 C）；

(2) 不符合独立交易原则（选项 A）；

(3) 没有遵循成本与收益配比原则（选项 B）；

(4) 未按有关规定备案或准备、保存和提供有关成本分摊协议的同期资料（选项 E）；

(5) 自签署成本分摊协议之日起经营期限少于 20 年（选项 D 为 25 年，大于 20 年，可扣除）。

【答案】 ABCE

【多选题】 依据企业所得税特别纳税调整的相关规定，转让定价的方法主要包括（　　）。

A. 利润分割法　　　　　　　　B. 再销售价格法

C. 交易净利润法　　　　　　　D. 现金与实物分配法

E. 可比非受控价格法

【解析】 转让定价方法包括：可比非受控价格法、再销售价格法、成本加成法、交易净利润法、利润分割法和其他符合独立交易原则的方法。

【答案】 ABCE

【单选题】 下列转让定价方法中，可以适用于所有类型关联交易的是（　　）。

A. 成本加成法　　　　　　　　B. 再销售价格法

C. 交易净利润法　　　　　　　D. 可比非受控价格法

【解析】 可比非受控价格法可以适用于所有类型的关联交易。

【答案】 D

【单选题】 下列关于转让定价方法的表述，正确的是（　　）。

A. 再销售价格法一般适用于资金融通的关联交易

B. 可比非受控价格法可以适用于所有类型的关联交易

C. 成本加成法一般适用于无形资产的购销、转让的关联交易

D. 交易净利润法一般适用于高度整合且难以单独评估的关联交易

解析 选项A，再销售价格法一般适用于再销售者未对商品进行改变外形、性能、结构或更换商标等实质性增值加工的简单加工或单纯购销业务。选项C，成本加成法一般适用于有形资产使用权或者所有权的转让、资金融通、劳务交易等关联交易。选项D，交易净利润法一般适用于不拥有重大价值无形资产企业的有形资产使用权或者所有权的转让和受让、无形资产使用权受让，以及劳务交易等关联交易。而利润分割法一般适用于企业及其关联方均对利润创造具有独特贡献，业务高度整合且难以单独评估各方交易结果的关联交易。

【答案】B

【单选题】转让定价方法中的成本加成法，其公平成交价格的计算公式为（   ）。
A. 关联交易的实际价格×(1＋可比非关联交易成本加成率)
B. 关联交易的实际价格÷(1＋可比非关联交易成本加成率)
C. 关联交易发生的合理成本÷(1＋可比非关联交易成本加成率)
D. 关联交易发生的合理成本×(1＋可比非关联交易成本加成率)

解析 成本加成法是指以关联交易发生的合理成本加上可比非关联交易毛利作为关联交易的公平成交价格。其计算公式如下：
公平成交价格＝关联交易发生的合理成本×(1＋可比非关联交易成本加成率)
可比非关联交易成本加成率＝可比非关联交易毛利/可比非关联交易成本×100%

【答案】D

【单选题】下列关于母子公司间提供服务的税务处理，符合企业所得税相关规定的是（   ）。
A. 母子公司均不能提供支付服务费用相关资料的，由税务机关核定扣除金额
B. 母公司为其子公司提供服务发生的费用不得在母公司企业所得税税前扣除
C. 母公司以管理费形式向子公司提取的费用不得在子公司企业所得税税前扣除
D. 母公司与多个子公司签订服务费用分摊协议的，母公司以实际发生的费用申报纳税

解析 选项A，子公司申报税前扣除向母公司支付的服务费用，应向主管税务机关提供与母公司签订的服务合同或者协议等、与税前扣除该项费用相关的材料，不能提供相关材料的，支付的服务费用不得税前扣除。选项B，母公司为其子公司提供各种服务而发生的费用，应按照独立企业之间公平交易原则确定服务的价格，作为企业正常的劳务费用进行税务处理。选项D，母公司向其多个子公司提供同类项服务，其收取的服务费可以采取分项签订合同或协议收取，也可以采取服务分摊协议的方式，即由母公司与各子公司签订服务费用分摊合同或协议，以母公司为其子公司提供服务所发生的实际费用并附加一定比例利润作为向子公司收取的总服务费，在各服务受益子公司之间按规定合理分摊。

【答案】C

【多选题】税务机关对企业的避税安排应当以具有合理商业目的和经济实质的类似安排为基准，按照实质重于形式的原则实施特别纳税调整。调整方法包括（   ）。
A. 在税收上否定交易方的存在

B. 在税收上否定安排交易的发生

C. 对安排的全部或部分交易重新定性

D. 将交易方与其他交易方视为同一实体

E. 对相关所得、扣除、税收优惠及境外税收抵免等重新定性

解析 税务机关对企业的避税安排应当以具有合理商业目的和经济实质的类似安排为基准，按照实质重于形式的原则实施特别纳税调整。调整方法包括：

（1）对安排的全部或者部分交易重新定性（选项C）；

（2）在税收上否定交易方的存在（选项A），或者将该交易方与其他交易方视为同一实体（选项D）；

（3）对相关所得、扣除、税收优惠、境外税收抵免等重新定性或者在交易各方间重新分配（选项E）；

（4）其他合理方法。

【答案】 ACDE

【多选题】 下列属于特别纳税调整转让定价方法中交易净利润法的利润指标的有（　　）。

A. 贝里比率　　　　　　　　　B. 资产收益率

C. 息税前利润率　　　　　　　D. 完全成本加成率

E. 可比非关联交易比率

解析 交易净利润法的利润指标包括息税前利润率、完全成本加成率、资产收益率、贝里比率等。

【答案】 ABCD

【单选题】 根据预约定价安排管理相关规定，下列情形税务机关可以拒绝企业提交谈签意向的是（　　）。

A. 企业拒绝提供有关资料

B. 企业提供的资料不符合要求且不完整

C. 企业未按照有关规定准备、保存和提供同期资料

D. 预约定价安排申请草案拟采用的定价原则和计算方法不合理，且企业拒绝协商调整

解析 有下列情形之一的，税务机关可以拒绝企业提交谈签意向：

（1）税务机关已经对企业实施特别纳税调整立案调查或者其他涉税案件调查，且尚未结案的；

（2）未按照有关规定填报年度关联业务往来报告表的；

（3）未按照有关规定准备、保存和提供同期资料的；

（4）预备会谈阶段税务机关和企业无法达成一致意见。

【答案】 C

【单选题】 关于预约定价安排的管理和监控，下列说法正确的是（　　）。

A. 预约定价安排采取五分位法确定价格或者利润水平

B. 预约定价安排签署前，税务机关和企业均可暂停、终止预约定价安排程序
C. 预约定价安排执行期间，主管税务机关与企业发生分歧，应呈报国家税务总局协调
D. 预约定价安排执行期间，企业发生影响预约定价安排的实质性变化，应当在发生变化之日起60日内书面报告主管税务机关

解析 选项A，预约定价安排采用四分位法确定价格或者利润水平，在预约定价安排执行期间，如果企业当年实际经营结果在四分位区间之外，税务机关可以将实际经营结果调整到四分位区间中位值。选项C，预约定价安排执行期间，主管税务机关与企业发生分歧的，双方应当进行协商，协商不能解决的，可以报上一级税务机关协调，涉及双边或者多边预约定价安排的，必须层报国家税务总局协调。选项D，预约定价安排执行期间，企业发生影响预约定价安排的实质性变化，应当在发生变化之日起30日内书面报告主管税务机关，详细说明该变化对执行预约定价安排的影响，并附送相关资料。由于非主观原因而无法按期报告的，可以延期报告，但延长期限不得超过30日。

【答案】 B

【单选题】 预约定价安排执行期间，企业发生影响预约定价安排的实质性变化，应书面报告主管税务机关，详细说明该变化对执行预约定价安排的影响，并附送相关资料。由于非主观原因而无法按期报告的，可以延期报告，但延长期限不得超过（　　）日。

A. 20　　　　B. 30　　　　C. 40　　　　D. 60

解析 预约定价安排执行期间，企业发生影响预约定价安排的实质性变化，应当在发生变化之日起30日内书面报告主管税务机关，详细说明该变化对执行预约定价安排的影响，并附送相关资料。由于非主观原因而无法按期报告的，可以延期报告，但延长期限不得超过30日。

【答案】 B

【单选题】 根据企业所得税相关规定，预约定价安排中确定关联交易价格采取的方法是（　　）。

A. 中位数法　　　B. 百分位数法　　　C. 四分位数法　　　D. 八分位数法

解析 根据企业所得税相关规定，预约定价安排中确定关联交易价格采取的方法是四分位数法。

【答案】 C

【单选题】 依据企业所得税相关规定，预约定价安排适用期限为（　　）。

A. 企业提交正式书面申请年度的次年起1~3个连续年度
B. 税务机关与企业达成预约定价安排协议的次年起1~3个连续年度
C. 主管税务机关向企业送达接收其谈签意向的《税务事项通知书》之日所属纳税年度起1~3个年度的关联交易
D. 主管税务机关向企业送达接收其谈签意向的《税务事项通知书》之日所属纳税年度起3~5个年度的关联交易

解析 预约定价安排适用于主管税务机关向企业送达接收其谈签意向的《税务事项通知书》之日所属纳税年度起 3~5 个年度的关联交易。

【答案】 D

【多选题】 在特别纳税调整协商过程中，国家税务总局可以暂停相互协商程序的情形有（　　）。

A. 特别纳税调整案件尚未结案
B. 企业申请暂停相互协商程序
C. 企业或关联方不提供与案件有关的必要资料
D. 税收协定缔约方税务主管当局请求暂停相互协商程序
E. 申请必须以另一方被调查企业的调查结果为依据，而另一方被调查企业尚未结束调查调整程序

解析 有下列情形之一的，国家税务总局可以暂停相互协商程序：
（1）企业申请暂停相互协商程序（选项 B）；
（2）税收协定缔约方税务主管当局请求暂停相互协商程序（选项 D）；
（3）申请必须以另一方主被调查企业的调查调整结果为依据，而另一方被调查企业尚未结束调查调整程序（选项 E）；
（4）其他导致相互协商程序暂停的情形。

选项 A，属于国家税务总局可以拒绝企业申请或者税收协定缔约对方税务主管当局启动相互协商程序的请求情形。选项 C，属于国家税务总局可以终止相互协商程序的情形。

【答案】 BDE

知识点 · 征收管理

【单选题】 除税收法律、行政法规另有规定外，居民企业企业所得税的纳税地点是（　　）。
A. 经营所在地　　B. 机构所在地　　C. 登记注册地　　D. 办公所在地

解析 除税收法律、行政法规另有规定外，居民企业以企业登记注册地为纳税地点。

【答案】 C

【单选题】 除税收法律、行政法规另有规定外，在我国境外登记注册的居民企业，其企业所得税纳税地点是（　　）。

A. 实际经营地　　　　　　　　B. 开户银行所在地
C. 控股企业所在地　　　　　　D. 实际管理机构所在地

解析 除税收法律、行政法规另有规定外，居民企业以企业登记注册地为纳税地点；但登记注册地在境外的，以实际管理机构所在地为纳税地点。

【答案】 D

【单选题】企业在年度中间终止经营活动,办理企业所得税汇算清缴的时间是(　　)。

A. 自清算完成之日起 30 天内　　B. 自注销营业执照之前 30 日内

C. 自实际经营终了之日起 60 日内　　D. 自人民法院宣告破产之日起 15 日内

解析 企业在年度中间终止经营活动的,应当自实际经营终了之日起 60 日内,向税务机关办理当期企业所得税汇算清缴。

【答案】 C

【单选题】总分机构汇总纳税时,一个纳税年度内总机构首次计算分摊税款时采用的分支机构营业收入、职工薪酬和资产总额数据与此后经过中国注册会计师确认的数据不一致时,正确的处理方法是(　　)。

A. 不作调整

B. 和中国注册会计师再次核对

C. 总机构及时向主管税务局报告

D. 总机构根据中国注册会计师确认的数据予以调整

解析 一个纳税年度内,总机构首次计算分摊税款时采用的分支机构营业收入、职工薪酬和资产总额数据,与此后经过中国注册会计师审计确认的数据不一致的,不作调整。

【答案】 A

【多选题】依据《跨地区经营汇总纳税企业所得税征收管理办法》的规定,计算各分支机构企业所得税分摊比例时,需要考虑的因素有(　　)。

A. 职工薪酬　　B. 期间费用　　C. 营业收入

D. 资产总额　　E. 利润总额

解析 总机构应按照上年度分支机构的营业收入、职工薪酬和资产总额三个因素计算各分支机构分摊所得税款的比例;三级及以下分支机构,其营业收入、职工薪酬和资产总额统一计入二级分支机构;三因素的权重依次为 0.35、0.35、0.30。

【答案】 ACD

【多选题】依据企业所得税相关规定,下列各项收入中属于企业搬迁收入的有(　　)。

A. 因资产被征用而获得的补偿

B. 因企业搬迁、安置而获得的补偿

C. 因搬迁而处置固定资产取得的收入

D. 因搬迁而处置企业存货所取得的收入

E. 因企业停产停业形成的损失而获得的补偿

解析 企业的搬迁收入,包括搬迁过程中从本企业以外(包括政府或其他单位)取得的搬迁补偿收入,以及本企业搬迁资产处置收入(选项 C)等。

企业取得的搬迁补偿收入,是指企业由于搬迁取得的货币性和非货币性补偿收入。具体包括:

(1) 对被征用资产价值的补偿(选项 A);

（2）因搬迁、安置而给予的补偿（选项B）；

（3）对因停产停业形成的损失而给予的补偿（选项E）；

（4）资产搬迁过程中遭到毁损而取得的保险赔款；

（5）其他补偿收入。

企业由于搬迁处置存货而取得的收入，应按正常经营活动取得的收入进行所得税处理，不作为企业搬迁收入。

【答案】ABCE

【单选题】依据企业所得税的相关规定，下列收入不属于企业所得税搬迁收入的是（ ）。

A. 搬迁资产的处置收入

B. 搬迁处置存货的收入

C. 因搬迁、安置而给予的补偿

D. 资产搬迁过程中遭遇毁损而取得的保险赔偿

解析 企业由于搬迁处置存货而取得的收入，应按正常经营活动取得的收入进行所得税处理，不作为企业搬迁收入。

【答案】B

【多选题】企业取得的下列收入中，属于企业所得税政策性搬迁补偿收入的有（ ）。

A. 对被征用资产价值的补偿

B. 由于搬迁、安置而给予的补偿

C. 由于搬迁处置存货而取得的处置收入

D. 对停产停业形成的损失而给予的补偿

E. 因搬迁过程中的资产毁损而取得的保险赔款

解析 企业取得的搬迁补偿收入，是指企业由于搬迁取得的货币性和非货币性补偿收入。具体包括：

（1）对被征用资产价值的补偿（选项A）；

（2）因搬迁、安置而给予的补偿（选项B）；

（3）对停产停业形成的损失而给予的补偿（选项D）；

（4）资产搬迁过程中遭到毁损而取得的保险赔款（选项E）；

（5）其他补偿收入。

企业由于搬迁处置存货而取得的收入，应按正常经营活动取得的收入进行所得税处理，不作为企业搬迁收入。

【答案】ABDE

【单选题】搬迁企业发生的下列各项支出，属于资产处置支出的是（ ）。

A. 资产搬迁发生的安装费用　　　　B. 安置职工实际发生的费用

C. 临时存放搬迁资产发生的费用　　D. 变卖各类资产过程中发生的税费支出

解析 企业的搬迁支出，包括搬迁费用支出以及由于搬迁所发生的企业资产处置支出。

搬迁费用支出，是指企业搬迁期间所发生的各项费用，包括安置职工实际发生的费用（选项B）、停工期间支付给职工的工资及福利费、临时存放搬迁资产而发生的费用（选项C）、各类资产搬迁安装费用（选项A），以及其他与搬迁相关的费用。

资产处置支出，是指企业由于搬迁而处置各类资产所发生的支出，包括变卖及处置各类资产的净值、处置过程中所发生的税费等支出（选项D）。

【答案】D

【单选题】关于企业政策性搬迁损失的所得税处理，下列说法正确的是（　　）。
A. 自搬迁完成年度起分2个纳税年度，均匀在税前扣除
B. 自搬迁完成年度起分3个纳税年度，均匀在税前扣除
C. 自搬迁完成年度起分4个纳税年度，均匀在税前扣除
D. 自搬迁完成年度起分5个纳税年度，均匀在税前扣除

解析　企业搬迁收入扣除搬迁支出后为负数的，应为搬迁损失。搬迁损失可在下列方法中选择其一进行税务处理：
（1）在搬迁完成年度，一次性作为损失进行扣除；
（2）自搬迁完成年度起分3个年度，均匀在税前扣除。
上述方法由企业自行选择，但一经选定，不得改变。

【答案】B

【单选题】关于企业政策性搬迁相关资产计税成本的确定，下列说法正确的是（　　）。
A. 企业搬迁过程中外购的固定资产，以购买价款和支付的相关税费作为计税成本
B. 企业搬迁中被征用的土地，采取土地置换的，以换入土地的评估价值作为计税成本
C. 企业简单安装即可继续使用的搬迁资产，以该项资产净值与安装费用合计数作为计税成本
D. 企业需要大修理才能重新使用的搬迁资产，以该资产净值与大修理支出合计数作为计税成本

解析　选项A，外购的固定资产，以购买价款和支付的相关税费以及直接归属于使该资产达到预定用途发生的其他支出为计税基础。选项B，企业搬迁中被征用的土地，采取土地置换的，换入土地的计税成本按被征用土地的净值及该换入土地投入使用前所发生的各项费用支出，为该换入土地的计税成本。选项C，企业搬迁的资产，简单安装或不需要安装即可继续使用的，在该资产重新投入使用后，就其净值按企业所得税法及其实施条例规定的该资产尚未折旧或摊销的年限，继续计提折旧或摊销。

【答案】D

【单选题】企业政策性搬迁被征用的资产，采取资产置换不涉及补价的，其换入资产的计税成本为（　　）。
A. 被征用资产的净值加上换入资产所支付的税费
B. 被征用资产的账面原值加上换入资产所支付的税费

C. 被征用资产的交易价格加上换出资产所支付的税费
D. 被征用资产的公允价值加上换出资产所支付的税费

解析 企业政策性搬迁被征用的资产，采取资产置换的，其换入资产的计税成本按被征用资产的净值，加上换入资产所支付的税费（涉及补价，还应加上补价款）计算确定。

【答案】 A

【计算题】

（一）

某房地产开发公司2024年开发一栋写字楼，相关资料如下：

（1）取得土地使用权支付土地出让金4000万元、市政配套设施费600万元，缴纳契税184万元。

（2）支付前期工程费、建筑安装工程费、基础设施工程费共计6800万元，支付公共配套设施费400万元。

（3）写字楼地上建筑面积12000平方米，地下配套车位不可售面积3000平方米。

（4）公司采取基价并实行超基价五五分成方式委托代销写字楼面积80%，每平方米不含税基价1.9万元，剩余面积办公自用；公司、受托方、购买方三方共同签订销售合同，取得不含税收入19200万元。

（5）取得地下车位临时停车费不含税收入18万元。

（6）发生期间费用1500万元，缴纳城市维护建设税、教育费附加、城镇土地使用税、印花税、土地增值税等税金及附加共计2100万元。

要求：根据上述资料，回答下列问题。

1. 该公司2024年企业所得税应税收入是（　　）万元。
A. 18258　　　　B. 19200　　　　C. 19218　　　　D. 24018

解析 采取基价（保底价）并实行超基价双方分成方式委托销售开发产品的，属于由企业与购买方签订销售合同或协议，或企业、受托方、购买方三方共同签订销售合同或协议的，如果销售合同或协议中约定的价格高于基价，则应按销售合同或协议中约定的价格计算的价款于收到受托方已销开发产品清单之日确认收入的实现，企业按规定支付受托方的分成额，不得直接从销售收入中减除。如果销售合同或协议约定的价格低于基价的，则应按基价计算的价款于收到受托方已销开发产品清单之日确认收入的实现。属于由受托方与购买方直接签订销售合同的，则应按基价加上按规定取得的分成额于收到受托方已销开发产品清单之日确认收入的实现。

本题中公司、受托方、购买方三方共同签订销售合同，基价=12000×80%×1.9=18240万元，实际取得不含税收入19200万元，大于基价，销售写字楼应税收入应为19200万元。该公司2024年企业所得税应税收入=19200（销售写字楼收入）+18（收取临时停车费收入）=19218万元。

【答案】 C

2. 该公司2024年企业所得税税前可扣除的土地成本是（　　）万元。
   A. 3680.0　　　　B. 3827.2　　　　C. 4600.0　　　　D. 4784.0

   解析　土地征用费及拆迁补偿费是指为取得土地开发使用权（或开发权）而发生的各项费用，主要包括土地买价或出让金（4000万元）、大市政配套费（600万元）、契税（184万元）、耕地占用税、土地使用费、土地闲置费、土地变更用途和超面积补缴的地价，及相关税费、拆迁补偿支出、安置及动迁支出、回迁房建造支出、农作物补偿费、危房补偿费等（1金2税6费3支出）。

   该公司2024年企业所得税税前可扣除土地成本 =（4000 + 600 + 184）× 80% = 3827.2万元

   【答案】B

3. 该公司2024年企业所得税税前可扣除土地成本以外的开发成本是（　　）万元。
   A. 5440　　　　B. 5760　　　　C. 6800　　　　D. 7200

   解析　开发产品计税成本支出包括土地征用费及拆迁补偿费、前期工程费、建筑安装工程费、基础设施建设费、公共配套设施费、开发间接费（小口诀：开拆前见公鸡）。企业在进行成本、费用的核算与扣除时，必须按规定区分期间费用和开发产品计税成本、已销开发产品计税成本与未销开发产品计税成本。企业发生的期间费用、已销开发产品计税成本（本题销售80%，只能扣除销售部分对应的成本）、税金及附加、土地增值税准予当期按规定扣除。

   该公司2024年企业所得税税前可扣除土地成本以外的开发成本 =（6800 + 400）× 80% = 5760万元

   【答案】B

4. 该公司2024年应缴纳企业所得税（　　）万元。
   A. 1184.5　　　　B. 1284.5　　　　C. 1507.7　　　　D. 1707.7

   解析　该公司2024年应缴纳企业所得税 =（19200 + 18 − 3827.2 − 5760 − 1500 − 2100）× 25% = 1507.7万元

   【答案】C

（二）

某药品生产企业2024年研发费用总计1291万元，未形成无形资产。2025年3月份企业自行进行企业所得税汇算清缴时计算加计扣除金额1291万元，经聘请税务师审核，发现如下事项：

（1）2021年研发投入1000万元并形成无形资产，无形资产摊销期10年，2024年摊销金额为100万元。

（2）2024年自行研发投入594万元，相关明细见下表。（单位：万元）

项目	人员人工费用	直接投入费用	折旧费用	新产品设计费	其他相关费用
金额	200	120	140	80	54

(3) 2024 年委托关联企业进行应税药品研发，取得增值税专用发票注明研发费用金额 220 万元，税额 13.2 万元，该费用符合独立交易原则。

(4) 委托境外研发机构进行研发，支付不含税研发费用 477 万元，该境外研发机构在我国境内未设立机构场所且无代理人。

要求：根据上述资料，回答下列问题。

1. 事项（1）中该企业 2024 年研发费用加计扣除金额是（　　）万元。

A. 30　　　　　　B. 50　　　　　　C. 75　　　　　　D. 100

解析　自 2023 年 1 月 1 日起，企业开展研发活动实际发生的研发费用，未形成无形资产计入当期损益的，在按规定据实扣除的基础上，再按照实际发生额的 100% 在税前加计扣除，形成无形资产的，自 2023 年 1 月 1 日起，按照无形资产成本的 200% 在税前摊销。

事项（1）中该企业 2024 年研发费用加计扣除金额 = 100 × 100% = 100 万元。

【答案】 D

2. 事项（2）中该企业 2024 年研发费用加计扣除的金额是（　　）万元。

A. 297　　　　　B. 300　　　　　C. 450　　　　　D. 594

解析　全部研发项目的其他相关费用限额 = 全部研发项目的人员人工等五项费用之和 × 10%/(1 − 10%) = (200 + 120 + 140 + 80) ÷ (1 − 10%) × 10% = 60 万元

大于实际发生额 54 万元，所以事项（2）中该企业 2024 年研发费用加计扣除的金额 = 594 × 100% = 594 万元。

【答案】 D

3. 事项（3）中该企业 2024 年研发费用加计扣除金额是（　　）万元。

A. 110.00　　　　B. 139.92　　　　C. 165.00　　　　D. 176.00

解析　企业委托外部机构或个人开展研发活动发生的费用，可按规定税前扣除，加计扣除时按照研发活动发生费用的 80% 计入委托方研发费用。

事项（3）中该企业 2024 年研发费用加计扣除金额 = 220 × 80% × 100% = 176 万元

【答案】 D

4. 事项（4）中该企业 2024 年研发费用加计扣除的金额是（　　）万元。

A. 357.75　　　　B. 381.60　　　　C. 388.00　　　　D. 477.00

解析　企业委托境外进行研发活动所发生的费用，按照费用实际发生额的 80% 计入委托方的委托境外研发费用。委托境外研发费用不超过境内符合条件的研发费用 2/3 的部分，可以按规定在企业所得税税前加计扣除。

委托境外研发费用 = 费用实际发生额的 80% = 477 × 80% = 381.6 万元

境内符合条件研发费用的 2/3 = (594 自主研发 + 220 × 80% 委托研发) × 2/3 = 513.33 万元

所以，事项（4）中该企业 2024 年研发费用加计扣除的金额 = 381.6 × 100% = 381.6 万元。

【答案】 B

【综合分析题】

(一)

甲企业属于国家鼓励的集成电路设计企业，2024年度取得主营业务收入12000万元、营业外收入1600万元、投资收益-200万元，发生的成本、费用、税金支出合计9800万元，营业外支出600万元，甲企业自行核算的会计利润总额为3000万元。

2024年3月，经聘请的税务师事务所审核，发现2024年度甲企业核算中存在以下情况：

（1）本年度实际支付工资总额500万元（含残疾人工资20万元），实际发生的职工福利费80万元、工会经费10万元、职工教育经费100万元（含职工培训费用40万元），为企业全体员工支付补充养老保险费30万元。为部分高管支付补充医疗保险费27万元。上述支出均已计入成本费用。

（2）销售费用中含广告费600万元，管理费用中含业务招待费80万元，符合企业所得税法加计扣除规定的研发费用800万元。

（3）营业外支出中含通过符合税法规定条件的公益性社会组织支付的公益性捐赠金额400万元、支付非专利技术赔偿款10万元。

（4）投资收益包括国债利息收入100万元、依据被投资企业经营利润采取权益法核算所确认的投资损失300万元。

（其他相关资料：甲企业经税务机关确认的获利年度是2022年，享受"两免三减半"企业所得税优惠待遇；企业符合安置残疾人员的相关条件；取得《工会经费收入专用收据》；2023年尚未在税前扣除的广告费100万元。）

要求：根据上述资料，回答下列问题。

1. 甲企业2024年实际发生的职工福利费和职工教育经费，共计应调增应纳税所得额（　　）万元。
   A. 25.6　　　　　B. 30　　　　　C. 65.6　　　　　D. 80

解析　（1）职工福利费扣除限额=500×14%=70万元，实际发生职工福利费80万元，应调增应纳税所得额=80-70=10万元；

（2）集成电路设计企业和符合条件的软件企业的职工培训费用，发生的职工教育经费中的职工培训费用，可以全额在企业所得税前扣除，所以甲企业职工培训费用40万元可以据实税前扣除，职工教育经费扣除限额=500×8%=40万元，实际发生的扣除职工培训费用后的职工教育经费=100-40=60万元，超过扣除限额，应调增应纳税所得额=60-40=20万元；

（3）甲企业2024年实际发生的职工福利费和职工教育经费共计应调增应纳税所得额=10+20=30万元。

【答案】B

2. 甲企业2024年实际支付的补充养老保险和补充医疗保险，共计应调增应纳税所得额（　　）万元。
   A. 2　　　　　B. 5　　　　　C. 7　　　　　D. 32

解析 企业为在本企业任职或受雇的全体员工支付的补充养老保险费、补充医疗保险费，分别在不超过职工工资总额5%标准内的部分，在计算应纳税所得额时准予扣除，超过部分，不得扣除。为部分高管支付的补充医疗保险费，不得扣除。

为企业全体员工支付补充养老保险费扣除限额 = 500×5% = 25万元，为企业全体员工支付补充养老保险费实际发生支出30万元，应调增应纳税所得额 = 30 - 25 = 5万元。

为部分高管支付补充医疗保险费27万元不得税前扣除，应全部纳税调增。所以，甲企业2024年实际支付的补充养老保险和补充医疗保险共计应调增应纳税所得额 = 5 + 27 = 32万元。

【答案】D

3. 甲企业2024年实际发生的广告费、业务招待费和研究开发费用，共计应调整应纳税所得额（　　）万元。

　　A. -868　　　　B. -880　　　　C. -1028　　　　D. -1040

解析 （1）广告费扣除限额 = 12000×15% = 1800万元，实际发生广告费支出600万元，未超过扣除限额，可以全额扣除，同时可以扣除上年度结转未扣除的广告费100万元，所以广告费应调减应纳税所得额100万元；

（2）业务招待费扣除限额1 = 80×60% = 48万元，扣除限额2 = 12000×5‰ = 60万元，按照孰小扣除原则，扣除限额为48万元，实际发生业务招待费支出80万元，应调增应纳税所得额 = 80 - 48 = 32万元。

（3）集成电路企业（国家鼓励的集成电路生产、设计、装备、材料、封装、测试企业）和工业母机企业开展研发活动中实际发生的研发费用，未形成无形资产计入当期损益的，在按规定据实扣除的基础上，在2023年1月1日至2027年12月31日期间，再按照实际发生额的120%在税前扣除；形成无形资产的，在上述期间按照无形资产成本的220%在税前摊销。所以研发费用应调减应纳税所得额 = 800×120% = 960万元。

（4）该企业2024年实际发生的广告费、业务招待费和研究开发费用共计应调整应纳税所得额 = -100 + 32 - 960 = -1028万元。

【答案】C

4. 甲企业2024年下列业务中的税务处理，符合企业所得税相关规定的有（　　）。

A. 国债利息收入100万元属于免税收入

B. 安置残疾人员工资支出可加计扣除20万元

C. 非专利技术赔偿款10万元可以税前扣除

D. 公益性捐赠支出应调增应纳税所得额40万元

E. 采取权益法核算确认的投资损失300万元可以税前扣除

解析 选项A，国债利息收入为免税收入，应调减应纳税所得额100万元。选项B，企业安置残疾人员所支付的工资，在按照支付给残疾职工工资据实扣除的基础上，按照支付给残疾职工工资的100%加计扣除，所以甲企业安置残疾职工工资支出可加计扣除 = 20×100% = 20万元，应相应调减应纳税所得额20万元。选项C，支付非专利技术赔偿款10万元可以税前扣除。选项D，公益性捐赠扣除限额 = 3000×12% = 360万元，实际发生的公益性捐赠支出400万元，超过扣除限额，应调增应纳税所得额＝400－360＝40万元。选项E，被投资企业发生的经营亏损，由被投资企业按规定结转弥补；投资企业不得调整减少其投资成本，也不得将其确认为投资损失。所以采取权益法核算确认的投资损失300万元不得税前扣除。

【答案】 ABCD

5. 甲企业2024年企业所得税应纳税所得额（　　）万元。
   A. 1954　　　　　B. 2254　　　　　C. 2314　　　　　D. 2454

🔍 **解析**　应纳税所得额＝3000［会计利润总额］－20［残疾人工资加计扣除］＋30［职工福利费和职工教育经费］＋32［补充养老保险和补充医疗保险］－1028［广告费、业务招待费和研究开发费用］＋40［公益性捐赠］－100［国债利息］＋300［权益法核算的投资损失］＝2254万元。

【答案】 B

6. 甲企业2024年应缴纳企业所得税（　　）万元。
   A. 169.05　　　　B. 225.40　　　　C. 281.75　　　　D. 289.25

🔍 **解析**　甲企业经税务机关确认的获利年度是2022年，享受"两免三减半"企业所得税优惠待遇。所以2024年应减半征收企业所得税，甲企业2024年应缴纳企业所得税＝2254×25%×50%＝281.75万元。

【答案】 C

（二）

2022年注册成立的某机械制造企业，为国家重点支持的高新技术企业。2024年企业职工总人数280人（其中从事研发的科技人员40人，大专以上学历职工140人），营业收入7200万元（其中高新技术产品销售收入4800万元），销售成本3100万元，税金及附加70万元，销售费用1850万元，管理费用730万元，财务费用280万元，营业外收入200万元，企业自行核算的会计利润总额为1370万元，拟以此为基础申报缴纳企业所得税。

2025年3月，经聘请的税务师事务所审核，发现2024年度企业核算中存在以下情况，该企业未作企业所得税纳税调整：

（1）营业收入中含单独计算的转让5年全球独占许可使用权特许收入1280万元（其中包括该独占许可使用权相关原材料转让收入20万元）。经确认准予扣除的与转让独占许可使用权收入相关的成本为270万元，相关税金及附加为30万元，与转让原材料收入相关的成本为10万元。

（2）10月购置新燃油商用车一辆，支付不含税购置金额24万元，缴纳车辆购置税2.4万元，当月取得机动车销售统一发票并投入使用。该商用车2024年度既未计提折旧也未申报缴纳车船税。

（3）销售费用中含全年支付的广告费1200万元，以及支付给合法中介机构高新技术产品推销佣金240万元（其中转账支付200万元，现金支付40万元），依据服务协议确认高新技术产品推销收入金额共计3000万元。

（4）管理费用中含业务招待费80万元，符合企业所得税加计扣除规定的新产品境内研发费用430万元。

（5）计入成本费用中合理的实发工资总额450万元，拨缴职工工会经费8万元（已取得相关凭证），发放职工福利费75万元，职工教育经费46万元。

（其他相关资料：燃油车用直线法折旧，年限4年，无残值，车船税年税额1200元。）

要求：根据上述资料，回答下列问题。

1. 下列判断符合高新技术企业认定条件的有（　　）。
A. 科技人员40人
B. 注册成立时间3年
C. 新产品研发费用430万元
D. 大专以上学历职工140人
E. 高新技术产品收入4800万元

解析 认定为高新技术企业须同时满足以下条件：

（1）企业申请认定时须注册成立1年以上（选项B）。

（2）企业通过自主研发、受让、受赠、并购等方式，获得对其主要产品（服务）在技术上发挥核心支持作用的知识产权的所有权。

（3）对企业主要产品（服务）发挥核心支持作用的技术属于《国家重点支持的高新技术领域（2016年修订）》规定的范围。

（4）企业从事研发和相关技术创新活动的科技人员占企业当年职工总数的比例不低于10%（选项A）。

（5）企业近三个会计年度（实际经营期不满3年的按实际经营时间计算，下同）的研究开发费用总额（选项C）占同期销售收入总额的比例符合如下要求：

① 最近一年销售收入小于5000万元（含）的企业，比例不低于5%。
② 最近一年销售收入在5000万元至2亿元（含）的企业，比例不低于4%。
③ 最近一年销售收入在2亿元以上的企业，比例不低于3%。

其中，企业在中国境内发生的研究开发费用总额占全部研究开发费用总额的比例不低于60%。

（6）近一年高新技术产品（服务）收入占企业同期总收入的比例不低于60%（选项E）。

（7）企业创新能力评价应达到相应要求。

（8）企业申请认定前一年内未发生重大安全、重大质量事故或严重环境违法行为。

选项D，对职工学历无要求。

【答案】ABCE

2. 该企业转让许可使用权业务，符合税法规定享有企业所得税优惠政策的技术转让所得是（　　）万元。
A. 950　　　　B. 960　　　　C. 970　　　　D. 980

解析 技术转让收入是指当事人履行技术转让合同后获得的价款，不包括销售或转让设备、仪器、零部件、原材料等非技术性收入。所以，本题技术转让收入 = 1280 - 20 = 1260 万元,技术转让所得=技术转让收入-技术转让成本-相关税费=1260-270-30=960万元。

【答案】 B

3. 燃油车按规定计提折旧和申报缴纳车船税后,应调减应纳税所得额（　　）万元。

　　A.1.02　　　　　　B.1.03　　　　　　C.1.12　　　　　　D.1.13

解析　（1）企业购置燃油车缴纳的车辆购置税应计入固定资产成本中,于投入使用次月（11月）起计提折旧。燃油车应计提折旧金额=(24+2.4)÷4×2/12=1.1万元

（2）车船税纳税义务发生时间为取得车船所有权或者管理权的当月,即为购买车船的发票或者其他证明文件所载日期的当月（10月份）。应缴纳车船税金额=1200÷12×3÷10000=0.03万元。

（3）合计应调减应纳税所得额=1.1+0.03=1.13万元。

【答案】 D

4. 该企业实际支出的广告费和佣金应调增应纳税所得额（　　）万元。

　　A.140　　　　　　B.170　　　　　　C.180　　　　　　D.210

解析　（1）广告费扣除限额=7200×15%=1080万元,实际发生广告费支出1200万元,应调增应纳税所得额=1200-1080=120万元。

（2）佣金扣除限额=3000×5%=150万元,实际发生佣金支出240万元,现金转账部分40万元不得税前扣除,转账支付部分200万元超过扣除限额,只能扣除150万元,所以佣金支出应调增应纳税所得额=40+（200-150）=90万元。

（3）该企业实际支出的广告费和佣金应调增应纳税所得额=120+90=210万元。

【答案】 D

5. 该企业实际支出的业务招待费、研发费用、职工教育经费、职工福利费、工会经费应调整应纳税所得额（　　）万元。

　　A.-364　　　　　B.-365　　　　　C.-374　　　　　D.-376

解析　（1）业务招待费扣除限额1=80×60%=48万元,扣除限额2=7200×5‰=36万元,按照孰小扣除原则,扣除限额为36万元,实际发生支出80万元,业务招待费应调增应纳税所得额=80-36=44万元。

（2）研发费用可以加计100%扣除,故研发费用应调减应纳税所得额=430×100%=430万元。

（3）职工教育经费扣除限额=450×8%=36万元,实际发生职工教育经费支出46万元,应调增应纳税所得额=46-36=10万元。

（4）职工福利费扣除限额=450×14%=63万元,实际发生职工福利费支出75万元,应调增应纳税所得额=75-63=12万元。

（5）工会经费扣除限额=450×2%=9万元,实际拨缴工会经费8万元,未超过扣除限额,无需纳税调整。

该企业实际支出的业务招待费、研发费用、职工教育经费、职工福利费、工会经费应调

整应纳税所得额 = 44 - 430 + 10 + 12 = -364 万元

【答案】A

6. 该企业 2024 年应缴纳企业所得税（　　）万元。
A. 72.73　　　　B. 95.73　　　　C. 107.4　　　　D. 107.23

🔍 **解析**　一个纳税年度内，居民企业转让技术所得不超过 500 万元的部分，免征企业所得税；超过 500 万元的部分，减半征收企业所得税，考生需注意这里应按照 25% 的税率计算企业所得税。

技术转让所得应调减应纳税所得额 = 500 + （960 - 500）×50% = 730 万元

该企业 2024 年应纳税所得额 = 1370［自算会计利润总额］- 730［技术转让所得］- 1.13［折旧和车船税］+ 210［广告费和佣金］- 364［业务招待费、研发费、三项经费］= 484.87 万元

该企业 2024 年应缴纳企业所得税 = 484.87 × 15% + （960 - 500）×50% ×（25% - 15%）= 95.73 万元

或者，单独计算技术转让所得应纳税额，即该企业 2024 年应缴纳企业所得税 =（1370 - 1.13 + 210 - 364 - 960）×15% +（960 - 500）×50% ×25% = 95.73 万元。

【答案】B

（三）

某科技型中小企业为增值税一般纳税人，2020 年被认定为技术先进型服务企业。2024 年取得主营业务收入 6000 万元，其他业务收入 600 万元，营业外收入 80 万元，投资收益 60 万元，发生成本费用及营业外支出共 6060 万元，缴纳税金及附加 200 万元，企业自行计算的会计利润为 480 万元。2025 年 3 月经聘请的税务师事务所审核发现 2024 年度业务处理存在以下情况：

（1）6 月购置列入环保专用设备企业所得税优惠目录的废气处理设备并于当月投入使用，设备不含税价款 200 万元，增值税额 26 万元。企业按 10 年直线法折旧，不考虑残值，经事务所建议企业选择了一次性税前扣除政策。

（2）11 月购入新建办公楼，占地面积 1000 平方米，支付不含税金额 5000 万元，增值税 450 万元，已在当月底办齐权属登记并对外出租。年底取得本年不含税租金收入 10 万元，收入已入账。该办公楼已按规定计提折旧，但未缴纳房产税和城镇土地使用税。

（3）计入成本费用中合理的实发工资 1000 万元，发生职工福利费支出 160 万元，职工教育经费支出 60 万元，拨缴工会经费 20 万元并取得专用收据。为全体员工支付补充养老保险 70 万元，补充医疗保险 30 万元。

（4）企业自主研发活动发生支出 120 万元，未形成无形资产，委托境内科研机构研发支付 100 万元。

（5）管理费用中发生业务招待费 60 万元，销售费用中发生广告费 670 万元，以前年度累计结转至本年的未扣除广告费 30 万元。

（6）营业外支出中通过县级人民政府向某老年大学捐赠 60 万元，直接向贫困地区捐赠

30万元。非广告性质的赞助支出10万元。

（7）投资收益中含地方政府债券利息收入30万元，投资于A股上市公司股票取得的股息20万元，该股票持有6个月时卖出。

（其他相关资料：该企业计算房产余值的扣除比例为30%，城镇土地使用税年税额为24元/平方米。）

要求：根据上述资料，回答下列问题。

1. 该企业2024年购置办公楼合计应缴纳房产税和城镇土地使用税是（ ）万元。
A. 0.3　　　　　B. 1.4　　　　　C. 3.6　　　　　D. 3.8

解析　（1）出租、出借房产，自交付出租、出借房产之次月起缴纳房产税，本题为11月底交付出租，则从12月起缴纳房产税，所以购置办公楼应缴纳的房产税=10×12%=1.2万元。

考生需要注意的是，本题的特殊之处为11月购入新建办公楼，其纳税义务发生时间为房屋交付使用之次月，根据题干"已在当月底办齐权属登记并对外出租"判断出，当月底交付使用同时对外出租，所以从12月份开始应从租计征房产税。

（2）购置新建商品房以及出租、出借房产，城镇土地使用税纳税义务发生时间和房产税规定一致（本题都是12月份开始纳税），而由于城镇土地使用税不存在从租计征的情形，故购置办公楼应缴纳的城镇土地使用税=1000×24×1/12÷10000=0.2万元。

（3）该企业2024年购置办公楼合计应缴纳房产税和城镇土地使用税=1.2+0.2=1.4万元。

【答案】　B

2. 该企业2024年度发生的三项经费、补充养老保险、补充医疗保险应调整的应纳税所得额是（ ）万元。
A. 0　　　　　B. 20　　　　　C. 40　　　　　D. 75

解析　（1）职工福利费扣除限额=1000×14%=140万元，实际发生福利费支出160万元，应调增应纳税所得额=160-140=20万元。

（2）职工教育经费扣除限额=1000×8%=80万元，实际发生职工教育经费支出60万元，未超标，无需纳税调整。

（3）工会经费扣除限额=1000×2%=20万元，实际拨缴20万元，未超标，无需纳税调整。

（4）补充养老保险的扣除限额=1000×5%=50万元，实际支出70万元，应调增应纳税所得额=70-50=20万元。

（5）补充医疗保险的扣除限额=1000×5%=50万元，实际支出30万元，未超标，无需纳税调整。

（6）该企业2024年度发生的三项经费、补充养老保险、补充医疗保险应调整的应纳税所得额=20+20=40万元。

【答案】　C

3. 该企业2024年下列各项支出的纳税调整事项，符合企业所得税法相关规定的是（ ）。
A. 业务招待费调增应纳税所得额24万元
B. 广告费和业务宣传费调减应纳税所得额30万元

C. 自主进行研发活动的研发费用加计扣除金额为100万元

D. 委托境内机构进行的研发活动研发费用加计扣除金额为100万元

解析 选项A，业务招待费扣除限额1＝60×60%＝36万元，扣除限额2＝(6000＋600)×5‰＝33万元，按照孰小扣除原则，业务招待费可税前扣除金额为33万元，应调增应纳税所得额＝60－33＝27万元。

选项B，广告费和业务宣传费扣除限额＝(6000＋600)×15%＝990万元，当年实际发生额为670万元，可以据实扣除，还可以扣除以前年度累计结转至本年未扣除的广告费30万元，广告费和业务宣传费应调减应纳税所得额30万元。

选项C，自主进行研发活动的研发费用加计扣除金额＝120×100%＝120万元。

选项D，委托境内机构进行的研发活动研发费用加计扣除金额＝100×80%×100%＝80万元。

【答案】 B

4. 该企业2024年的下列纳税调整事项，符合企业所得税法相关规定的有（   ）。

A. 捐赠支出应调增应纳税所得额32.57万元

B. 企业购置的环保专用设备应调减应纳税所得额188.33万元

C. 非广告性质的赞助支出，应调增应纳税所得额10万元

D. 从居民企业取得的股息收入为免税收入，应调减应纳税所得额20万元

E. 取得地方政府债券利息收入为免税收入，应调减应纳税所得额30万元

解析 选项A，直接向贫困地区捐赠支出，不得税前扣除，应调增应纳税所得额30万元；其他公益性捐赠支出扣除限额＝(480－1.4)×12%＝57.43万元，通过县级人民政府向某老年大学捐赠应调增应纳税所得额＝60－57.43＝2.57万元，捐赠支出合计应调增应纳税所得额＝30＋2.57＝32.57万元。

选项B，企业购置环保专用设备在会计上计提折旧＝200÷10×6/12＝10万元，企业选择一次性税前扣除，应调减应纳税所得额＝200－10＝190万元。

选项C，非广告性质的赞助支出，不得税前扣除，应调增应纳税所得额10万元。

选项D，从A股上市公司取得的股息红利，由于持股时间不足12个月，所以取得的股息收入不属于免税收入，无需纳税调整。

选项E，企业取得的地方政府债券利息所得，免征企业所得税，应调减应纳税所得额30万元。

【答案】 ACE

5. 该企业2024年应纳税所得额是（   ）万元。

A. 138.17　　　　B. 168.17　　　　C. 188.17　　　　D. 218.17

解析 该企业2024年应纳税所得额＝(480－1.4)[利润总额]－190[环保设备一次性扣除]＋40[三项经费、补充养老保险、补充医疗保险]－120[自主研发]－80[委托研发]＋27[业务招待费]－30[广宣费]＋32.57[捐赠合计]＋10[赞助支出]－30[地方政府债券利息]＝138.17万元。

【答案】 A

6. 该企业 2024 年应缴纳的企业所得税是（　　）万元。
A. 0.73　　　　　B. 5.23　　　　　C. 8.23　　　　　D. 12.73

解析　该企业 2024 年应缴纳企业所得税 = 138.17 × 15% − 200 × 10% = 0.73 万元
【答案】 A

（四）

某市一家高新技术企业为增值税一般纳税人，车间和仓库共占地 8 万平方米，车间年初原值 2600 万元，仓库年初原值 100 万元。该企业主要生产销售打印纸，该产品以《资源综合利用企业所得税优惠目录（2021 年版）》规定的资源为主要原材料。2024 年企业自行核算的会计利润 1304.9 万元。经聘请的税务师事务所审核，发现如下事项：

（1）销售打印纸取得不含税销售收入 6000 万元。

（2）6 月 30 日将仓库出租，合同约定租期为 7 月 1 日~12 月 31 日，取得不含税租金收入 20 万元。

（3）9 月购买《节能节水专用设备企业所得税优惠目录》规定的节能节水专用设备，于当月投入使用，该设备不含税金额 60 万元，税额 7.8 万元。企业在会计处理上按 5 年直线法折旧，残值为 0，在税法上选择一次性扣除。

（4）管理费用中含业务招待费 60 万元；销售费用中含广告性赞助支出 350 万元、业务宣传支出 50 万元；财务费用中含向独立非金融企业支付的年利息 42 万元，借款本金 600 万元。

（5）营业外支出中含固定资产毁损损失 11.3 万元，行政监管部门罚款 3 万元，向客户单位支付的违约金 5 万元。

（6）转让一项专利技术所有权给 100% 控股的子公司，取得转让收入 600 万元，相关的成本费用 100 万元。

（其他相关资料：金融企业同期同类贷款年利率为 5%，当地省人民政府规定计算房产余值的扣除比例为 30%，城镇土地使用税年额 6 元/平方米，房产税和城镇土地使用税均已计入税金及附加。）

要求：根据上述资料，回答下列问题。

1. 该企业 2024 年应缴纳房产税和城镇土地使用税（　　）万元。
A. 70.68　　　　　B. 71.59　　　　　C. 72.24　　　　　D. 72.66

解析　该企业 2024 年应缴纳房产税 = 2600 × (1 − 30%) × 1.2%[车间全年从价计征] + 100 × (1 − 30%) × 1.2% × 6/12[仓库前 6 个月从价计征] + 20 × 12%[仓库后 6 个月从租计征] = 24.66 万元

考生需注意题干表述"取得不含税租金收入 20 万元"，根据上下文可以得知是 7~12 月共计 6 个月的租金，而不是每月租金，亦不是每年租金，而有些题目表述则有所不同，一定要注意仔细审题。

该企业 2024 年应缴纳城镇土地使用税 = 8 × 6 = 48 万元
该企业 2024 年应缴纳房产税和城镇土地使用税 = 24.66 + 48 = 72.66 万元
【答案】 D

2. 下列关于该企业2024年应纳税所得额的调整数额，说法错误的是（   ）。

A. 利息支出应调增应纳税所得额12万元
B. 广告性赞助支出无需调整应纳税所得额
C. 业务招待费应调增应纳税所得额29.9万元
D. 业务宣传费应调增应纳税所得额50万元

解析　（1）"独立非金融企业"，意味着非关联企业之间的借款，只需要考虑利率标准。利息支出扣除限额 = 600 × 5% = 30万元，实际发生利息支出42万元，应调增应纳税所得额 = 42 - 30 = 12万元，选项A正确。

（2）销售（营业）收入 = 6000 [主营业务收入] + 20 [其他业务收入] = 6020万元。

（3）广宣费扣除限额 = 6020 × 15% = 903万元，实际发生广宣费支出 = 350 + 50 = 400万元，未超过扣除限额，无需纳税调整，选项B正确、选项D错误。

（4）业务招待费扣除限额1 = 60 × 60% = 36万元，扣除限额2 = 6020 × 5‰ = 30.1万元，按照孰小扣除原则，税前可扣除的业务招待费为30.1万元，应调增应纳税所得额 = 60 - 30.1 = 29.9万元，所以选项C正确。

【提示】 这里提醒考生需注意两点：一是企业发生的与生产经营活动无关的各种非广告性质的赞助支出，不得在企业所得税前税扣除，但此题为广告性赞助支出，按广告费处理，正所谓一字之差，谬以千里；二是广告费和业务宣传费不单独计算税前扣除限额，而是按照销售（营业）收入的15%或者30%计算合计扣除限额，再与实际发生的广告费和业务宣传费合计数比较确定税前扣除金额。

【答案】 D

3. 该企业允许在企业所得税税前扣除的营业外支出是（   ）万元。

A. 5　　　　　B. 11.3　　　　　C. 16.3　　　　　D. 19.3

解析　固定资产毁损损失11.3万元可以据实扣除，向客户单位支付的违约金5万元可以据实扣除，行政监管部门罚款3万元不能扣除，所以该企业允许在企业所得税税前扣除的营业外支出 = 11.3 + 5 = 16.3万元。

【答案】 C

4. 该企业2024年应纳税所得额是（   ）万元。

A. 182.4　　　　B. 192.8　　　　C. 692.8　　　　D. 735.8

解析　（1）企业以《资源综合利用企业所得税优惠目录》规定的资源作为主要原材料，生产国家非限制和禁止并符合国家和行业相关标准的产品取得的收入，减按90%计入收入总额，该企业收入方面可减按90%计入收入总额，应调减应纳税所得额 = 6000 × 10% = 600万元。

（2）企业9月购买的节能节水专用设备会计上应计提折旧 = 60 ÷ 5 × 3/12 = 3万元，税法上选择一次性扣除，所以应调减应纳税所得额 = 60 - 3 = 57万元，此处适用的税收政策为：企业在2018年1月1日至2027年12月31日期间新购进的设备、器具，单位价值不超过500万元的，允许一次性计入当期成本费用在计算应纳税所得额时扣除，不再分年度计算折旧。

（3）居民企业从直接或间接持有股权之和达到100%的关联方取得的技术转让所得，不享受技术转让减免企业所得税优惠政策。

(4) 该企业 2024 年应纳税所得额 =1304.9［利润总额］-600［减计收入］-57［设备一次性扣除］+29.9［业务招待费］+12［利息支出］+3［行政部门罚款］=692.8 万元。

【答案】C

5. 该企业 2024 年应缴纳企业所得税（　　）万元。

　　A. 85.65　　　　　B. 94.35　　　　　C. 95.62　　　　　D. 97.92

解析　该企业 2024 年度应缴纳企业所得税 =692.8×15%-60×10%=97.92 万元。

【答案】D

6. 该企业在享受高新技术企业优惠时，应妥善保管的资料有（　　）。

　　A. 知识产权相关材料　　　　　B. 高新技术企业认定资料
　　C. 高新技术企业资格认定证书　　D. 前三个会计年度研发费用总额
　　E. 年度计划和科技人员情况说明

解析　享受税收优惠的高新技术企业，应妥善保管以下资料留存备查：

(1) 高新技术企业资格证书（选项 C）。
(2) 高新技术企业认定资料（选项 B）。
(3) 知识产权相关材料（选项 A）。
(4) 年度主要产品（服务）发挥核心支持作用的技术属于《国家重点支持的高新技术领域（2016 年修订）》规定范围的说明，高新技术产品（服务）及对应收入资料。
(5) 年度职工和科技人员情况证明材料。
(6) 当年和前两个会计年度研发费用总额及占同期销售收入比例、研发费用管理资料以及研发费用辅助账，研发费用结构明细表。
(7) 省税务机关规定的其他资料。

【答案】ABC

（五）

位于市区的灯具制造企业甲企业为增值税一般纳税人，适用企业所得税税率 25%。2024 年取得产品销售收入 13200 万元，仓库出租收入 300 万元，债务重组利得 50 万元，营业外收入 200 万元，投资收益 400 万元；扣除的成本、费用、税金及营业外支出共计 12460 万元，自行核算会计利润总额 1690 万元。2025 年 3 月聘请税务师对 2024 年企业所得税进行汇算清缴，发现如下事项：

(1) 将一批灯具用于股息分配，灯具成本为 100 万元，市场不含税售价为 120 万元，未申报相关增值税，直接以成本价计入应付股利。

(2) 以 2300 万元对乙公司进行投资，取得 30% 股权，乙公司净资产公允价值为 8000 万元，甲企业对该项长期股权投资采用权益法核算，对初始投资成本调整部分已计入营业外收入。撤回对丙公司长期股权投资，投资成本为 400 万元，撤回投资收回资金 700 万元，包含按照投资比例计算的属于甲企业的未分配利润80万元。

(3) 购买一台环保设备用于污水治理,取得增值税专用发票注明金额540万元、税额70.2万元,该设备符合《环境保护专用设备企业所得税优惠目录》规定,进项税额已抵扣。市级财政部门因此给予甲企业20万元环保配套资金,该资金符合不征税收入条件,甲企业已将其计入利润总额。

(4) 营业外支出包含甲企业直接向贫困地区捐款18万元,因延迟执行合同支付违约金20万元,缴纳税收滞纳金6万元。

(5) 发生业务招待费80万元,发生广告费2400万元,广告已经播映。

(其他相关资料:2024年末"应交税费-应交增值税"科目无借方余额。)

要求:根据上述资料,回答下列问题。

1. 事项(1)考虑城市维护建设税、教育费附加、地方教育附加,应调增企业所得税应纳税所得额( )万元。

A. 18.13　　　　　B. 19.68　　　　　C. 20.00　　　　　D. 33.00

🔍 **解析** 将自产产品用于分配股息,会计上应确认收入(同时结转成本),增值税应计算销项税额,企业所得税应视同销售确认收入。甲企业这笔业务应确认增值税销项税额=120×13%=15.6万元,由于甲企业2024年末"应交税费-应交增值税"科目无借方余额,所以应补缴增值税税额=15.6-0=15.6万元,应补缴城建税及附加=15.6×(7%+3%+2%)=1.87万元。

事项(1)应调增应纳税所得额=120(调增收入)-100(调减成本)-1.87(调减税金及附加)=18.13万元

关于将自产或外购产品用于销售以外的用途,会计和税务处理较易混淆难辨,为考生总结如下:

用途	来源	会计	增值税	企业所得税
投资	自产+外购	√	√	√
分配	自产+外购	√	√	√
赠送	自产+外购	×	√	√
职工个人福利	自产	√	√	√
职工个人福利	外购	×	×	√
集体福利	自产	×	√	×
集体福利	外购	×	×	×

【注】
会计处理(√代表确认收入,×代表不确认收入)
税务处理(√代表视同销售,×代表不视同销售)

【答案】A

2. 事项(2)应调减企业所得税应纳税所得额( )万元。

A. 80　　　　　B. 100　　　　　C. 180　　　　　D. 200

解析 （1）企业会计准则规定：权益法下核算的长期股权投资初始投资成本小于投资时应享有被投资单位可辨认净资产公允价值份额的，其差额应当计入当期损益（营业外收入），同时调整长期股权投资的成本。

本题中会计上计入"营业外收入"的金额＝8000×30%－2300＝100万元，而税法规定：通过支付现金方式取得的投资资产，以购买价款为成本。本题中2300万元均计入投资资产成本中，所以对乙公司投资事项应调减应纳税所得额100万元。

（2）企业撤回或减少投资，其取得的资产中（本题为700万元），相当于初始出资的部分，应确认为投资收回（本题中为400万元）；相当于被投资企业累计未分配利润和累计盈余公积按减少实收资本比例计算的部分，应确认为股息所得［本题为80万元］；其余部分确认为投资资产转让所得。由于甲企业和丙公司都是居民企业，80万元的股息所得免征企业所得税，所以应调减应纳税所得额80万元。

（3）所以事项（2）应合计调减应纳税所得额＝100+80＝180万元。

【答案】C

3. 事项（3）中财政配套资金作为企业不征税收入应满足的条件有（　　）。
   A. 财政部门对该资金有专门的资金管理办法
   B. 企业自取得资金30日内向主管税务机关备案
   C. 企业能够提供规定资金专项用途的资金拨付文件
   D. 县级以下人民政府对该资金有专门的具体管理要求
   E. 企业对该资金及以该资金发生的支出单独进行核算

解析 企业从县级以上各级人民政府财政部门及其他部门（选项D级别不够）取得的应计入收入总额的财政性资金，凡同时符合以下条件的，可以作为不征税收入，在计算应纳税所得额时从收入总额中减除：

（1）企业能够提供规定资金专项用途的资金拨付文件（选项C）；

（2）财政部门或其他拨付资金的政府部门对该资金有专门的资金管理办法或具体管理要求（选项A）；

（3）企业对该资金以及以该资金发生的支出单独进行核算（选项E）。

【答案】ACE

4. 事项（4）应调增企业所得税应纳税所得额（　　）万元。
   A. 6　　　　　　　B. 14　　　　　　　C. 24　　　　　　　D. 44

解析 （1）企业直接向贫困地区捐款18万元不属于公益性捐赠支出，不得税前扣除。

（2）企业支付的罚金、罚款、被没收财物的损失、税收滞纳金不得在税前扣除，而在经营过程中支付的违约金、赔偿金、罚息、诉讼费均可税前扣除。故因延迟执行合同支付违约金20万元可以税前扣除，缴纳税收滞纳金6万元不得税前扣除。

（3）事项（4）应调增应纳税所得额＝18+6＝24万元。

【答案】C

5. 事项（5）应调增企业所得税应纳税所得额（　　）万元。

A. 92　　　　　B. 375　　　　　C. 389　　　　　D. 449

【解析】（1）销售（营业）收入=13200+300+120=13620万元。

（2）业务招待费扣除限额1=80×60%=48万元，扣除限额2=13620×5‰=68.1万元，按照孰小扣除原则，可以税前扣除的业务招待费为48万元，应调增应纳税所得额=80-48=32万元。

（3）广告费扣除限额=13620×15%=2043万元，实际发生广告费支出为2400万元，应调增应纳税所得额=2400-2043=357万元。

（4）事项（5）应调增应纳税所得额=32+357=389万元。

【答案】C

6. 甲企业2024年应缴纳企业所得税（　　）万元。

A. 426.28　　　B. 431.28　　　C. 446.28　　　D. 523.53

【解析】（1）企业购置并实际使用《环境保护专用设备企业所得税优惠目录》《节能节水专用设备企业所得税优惠目录》和《安全生产专用设备企业所得税优惠目录》规定的环境保护、节能节水、安全生产等专用设备的，该专用设备的投资额的10%可以从企业当年的应纳税额中抵免；当年不足抵免的，可以在以后5个纳税年度结转抵免。

本题中甲企业购买的环保设备可以抵免应纳税额=540×10%=54万元

甲企业2024年应纳税所得额=1690［自行计算的利润总额］+18.13［事项（1）分配股息］-180［事项（2）投资和撤资］-20［事项（3）专项用途财政性资金］+24［事项（4）直接捐赠和税收滞纳金］+389［事项（5）业务招待费和广宣费］=1921.13万元

甲企业2024年应缴纳企业所得税=1921.13×25%-54=426.28万元

【答案】A

（六）

某电器生产企业2024年销售电器取得不含税收入15000万元，可扣除的相关成本10000万元；转让技术所有权取得不含税收入2000万元，可扣除的相关成本、费用600万元；从居民企业分回股息200万元；发生期间费用4000万元，上缴的税金及附加300万元；企业自行计算的会计利润总额2300万元。经聘请的税务师对其2024年度企业所得税进行审核，发现如下事项：

（1）投入研发支出1000万元用于研发新产品和新工艺，其中600万元形成了无形资产，2024年4月1日取得专利证书并正式投入使用，该无形资产摊销年限为10年，当年未摊销费用；未形成无形资产的研发支出400万元已计入费用扣除。

（2）期间费用包含广告费2600万元，营业外支出包含因违约向客户单位支付的违约金和赔偿金分别为5万元和15万元。

（3）外购商誉支出100万元，并在成本费用中扣除了摊销费10万元。

（4）6月1日至6月30日对经营租入固定资产进行改建，发生改建支出432万元，一次性计入了当期费用中。该固定资产改建后从 7 月 1 日投入使用，剩余租赁期为三年。

要求：根据上述资料，回答下列问题。

1. 投入使用的研发费用形成的无形资产，2024 年可扣除的摊销费用是（　　）万元。

A. 45.00　　　　　B. 87.50　　　　　C. 90　　　　　D. 105.0

解析　自 2023 年 1 月 1 日起，企业开展研发活动中实际发生的研发费用，未形成无形资产计入当期损益的，在按规定据实扣除的基础上，再按照实际发生额的 100% 在税前加计扣除；形成无形资产的，自 2023 年 1 月 1 日起，按照无形资产成本的 200% 在税前摊销。当月增加的无形资产，当月开始摊销，本题无形资产从 4 月份开始摊销，2024 年共计摊销 9 个月。

2024 年可扣除的摊销费用 = 600 × 200% ÷ 10 × 9/12 = 90 万元

【答案】C

2. 广告费、违约金和赔偿金应调增的应纳税所得额是（　　）万元。

A. 50　　　　　B. 320　　　　　C. 350　　　　　D. 370

解析　（1）广告费扣除限额 = 15000 × 15% = 2250 万元，实际发生广告费支出 2600 万元，应调增应纳税所得额 = 2600 - 2250 = 350 万元。

（2）企业在经营过程中支付的违约金和赔偿金可税前扣除，无需纳税调整。广告费、违约金和赔偿金应调增应纳税所得额 350 万元。

【答案】C

3. 外购商誉和经营性租入固定资产发生的费用，应调增的应纳税所得额是（　　）万元。

A. 360　　　　　B. 370　　　　　C. 372　　　　　D. 382

解析　（1）自创商誉，不得计算摊销费用扣除。外购商誉的支出，在企业整体转让或者清算时，准予扣除。外购商誉应调增应纳税所得额 10 万元。

（2）经营租入的固定资产发生的改建支出应计入长期待摊费用，按照合同约定的剩余租赁期限分期摊销，本题剩余租赁期限为 3 年，按照 3 年摊销。

经营性租入固定资产发生的费用应调增应纳税所得额 = 432 - 432 ÷ 3 × 6/12 = 360 万元。

（3）外购商誉和经营性租入固定资产发生的费用应调增应纳税所得额 = 10 + 360 = 370 万元。

【答案】B

4. 该企业发生下列业务的税务处理，说法正确的有（　　）。

A. 向客户支付的违约金可以据实扣除

B. 从居民企业分回的股息应缴纳企业所得税

C. 外购商誉在企业整体转让或清算时准予扣除

D. 未形成无形资产的研发费用可加计扣除 100%

E. 转让技术所有权所得应调减应纳税所得额 950 万元

解析 选项B，从居民企业分回的股息属于免税收入，免征企业所得税。选项E，一个纳税年度内，居民企业转让技术所得不超过500万元的部分，免征企业所得税。超过500万元的部分，减半征收企业所得税。

转让技术所有权所得应调减应纳税所得额 = 500 + (2000 - 600 - 500) × 50% = 950万元

【答案】 ACDE

5. 该企业2024年应纳税所得额是（　　）万元。
A. 1380.00　　B. 1491.25　　C. 1581.25　　D. 2133.25

解析 该企业2024年应纳税所得额 = 2300[利润总额] - 950[技术转让所得] - 200[居民企业股息] - 400 × 100%[费用化部分研发费用加计扣除] - 90[无形资产摊销] + 350[广告费] + 370[外购商誉和经营性租入固定资产] = 1380万元

【提示】 这里提示考生注意，题干中告知企业当年形成的无形资产当年未摊销费用，所以此处计算应纳税所得额时应减去90万元，如果会计上已摊销计入费用，即600÷10×9/12 = 45万元，那么此处应纳税调减 = 600 × 200% ÷ 10 × 9/12 - 45 = 45万元。

【答案】 A

6. 该企业2024年应缴纳的企业所得税是（　　）万元。
A. 282.81　　B. 345.00　　C. 372.81　　D. 420.81

解析 该企业2024年应缴纳企业所得税 = 1380 × 25% = 345万元

【答案】 B

（七）

位于市区某软件企业为增值税一般纳税人。企业2024年取得主营业务收入1800万元，成本、费用等支出合计1350万元，实现会计利润450万元，年末增值税留抵税额22万元。2025年3月聘请税务师对其2024年度的企业所得税汇算清缴审核时发现以下业务未作纳税调整：

（1）10月赊销产品一批，不含税价款为200万元，合同约定2024年12月20日收款，但实际于2025年1月5日收讫款项。企业于实际收款日确认收入并结转成本160万元。

（2）期间费用包含广告费400万元、业务招待费20万元。

（3）研发费用账户中的研发人员工资及"五险一金"50万元、外聘研发人员劳务费用5万元，直接投入材料费用20万元，支付境外机构的委托研发费用70万元。

（4）11月购进并投入使用设备一台，取得增值税专用发票注明金额240万元，税款31.2万元，会计按直线法计提折旧，期限4年，净残值为0。在企业所得税处理时，企业选择一次性扣除政策。

（5）全年发放工资1000万元，发生职工福利费150万元，税务机关代收工会经费25万元，并取得代收票据，职工教育经费110万元（含职工培训费用90万元）。

（其他相关资料：该企业适用的城市维护建设税税率为7%，教育费附加征收率和地方教育附加征收率分别为3%和2%；该企业已过两免三减半优惠期，适用的企业所得税税率为25%，不考虑软件企业的增值税即征即退政策。）

要求：根据上述资料，回答下列问题。

1. 该企业2024年城市维护建设税、教育费附加和地方教育附加应调减应纳税所得额（　　）万元。

　　A. 0.48　　　　　　B. 1.20　　　　　　C. 1.44　　　　　　D. 3.84

解析　采取赊销和分期收款方式销售货物，增值税的纳税义务发生时间为书面合同约定的收款日期的当天。如果没有签订书面合同或者书面合同没有约定收款日期，则为货物发出的当天。所以业务（1）于2024年12月20日发生增值税纳税义务，应确认增值税销项税额=200×13%=26万元，又由于年末增值税留抵税额22万元，实际应补缴的增值税额=26-22=4万元，应补缴维护建设税、教育费附加和地方教育附加=4×（7%+3%+2%）=0.48万元，所以该企业2024年城市维护建设税、教育费附加和地方教育附加应调减应纳税所得额0.48万元。

【答案】A

2. 该企业2024年广告费和业务招待费应调整应纳税所得额（　　）万元。

　　A. 8　　　　　　　B. 10　　　　　　　C. 108　　　　　　D. 110

解析　（1）针对事项（1），会计上应于2024年12月确认收入200万元，同时结转成本160万元，企业所得税亦如此。故销售（营业）收入=1800+200=2000万元。

（2）广告费扣除限额=2000×15%=300万元，实际发生广告费400万元，应调增应纳税所得额=400-300=100万元。

（3）业务招待费扣除限额1=20×60%=12万元，业务招待费扣除限额2=2000×0.5%=10万元，按照孰小扣除原则，税前可扣除的业务招待费为10万元，所以业务招待费应调增应纳税所得额=20-10=10万元。

（4）该企业2024年广告费和业务招待费应调整应纳税所得额=100+10=110万元。

【提示】考生注意计算业务招待费和广宣费的销售（营业）收入不要漏算赊销销售产品的200万元。

【答案】D

3. 该企业2024年研发费用应调整应纳税所得额（　　）万元。

　　A. -90.00　　　　B. -93.75　　　　C. -98.25　　　　D. -125.00

解析　（1）自主研发的研发费用的内容包括：①人员人工费用。②直接投入费用。③折旧费用。④无形资产摊销费用。⑤新产品设计费、新工艺规程制定费、新药研制的临床试验费、勘探开发技术的现场试验费。⑥其他相关费用等。⑦财政部和国家税务总局规定的其他费用。

其中人员人工费用指直接从事研发活动人员的工资薪金、基本养老保险费、基本医疗保险费、失业保险费、工伤保险费、生育保险费和住房公积金，以及外聘研发人员的劳务费用。

所以，本题境内自主研发的研发费用 = 50[人员人工费用] + 5[人员人工费用] + 20[直接投入费用] = 75 万元。

（2）企业委托境外进行研发活动所发生的费用，按照费用实际发生额的 80% 计入委托方的委托境外研发费用。委托境外研发费用不超过境内符合条件的研发费用 2/3 的部分，可以按规定在企业所得税前加计扣除。

境外委托研发费用 = 费用实际发生额的 80% = 70×80% = 56 万元，境内符合条件的研发费用 2/3 = 75×2/3 = 50 万元，故只能按 50 万元加计扣除。

（3）该企业 2024 年研发费用应调减应纳税所得额 = 75×100% + 50×100% = 125 万元。

【答案】D

4. 下列关于企业新购进设备一次性扣除政策的说法，正确的有（　　）。
   A. 能享受该优惠政策的固定资产包括房屋建筑物等不动产
   B. 固定资产在投入使用月份的次月所属年度一次性税前扣除
   C. 企业当年放弃一次性税前扣除政策，可以在次年选择享受
   D. 企业选择享受一次性税前扣除政策，其资产的税务处理可与会计处理不一致
   E. 以货币形式购进的固定资产，除采取分期付款或赊销方式购进外，按发票开具时间确认购进时点

解析　企业在 2018 年 1 月 1 日至 2027 年 12 月 31 日期间新购进的设备、器具，单位价值不超过 500 万元的，允许一次性计入当期成本费用在计算应纳税所得额时扣除，不再分年度计算折旧。设备、器具是指除房屋、建筑物以外的固定资产，故选项 A 不正确。企业根据自身生产经营核算需要，可自行选择享受一次性税前扣除政策。未选择享受一次性税前扣除政策的，以后年度不得再变更，故选项 C 不正确。关于固定资产购进时点的确认原则，为考生总结如下：

货币形式购进	一般情况	按发票开具时间确认
	分期付款或以赊销方式购进	按固定资产到货时间确认
自行建造		按竣工结算时间确认

【答案】BDE

5. 该企业 2024 年职工福利费、工会经费和职工教育经费应调整应纳税所得额（　　）万元。
   A. 5　　　　　　B. 10　　　　　　C. 15　　　　　　D. 45

解析　（1）职工福利费扣除限额 = 1000×14% = 140 万元，实际发生职工福利费支出 150 万元，应调增应纳税所得额 = 150 - 140 = 10 万元。

（2）工会经费扣除限额 = 1000×2% = 20 万元，实际缴纳工会经费 25 万元，应调增应纳税所得额 = 25 - 20 = 5 万元。

（3）职工教育经费扣除限额 = 1000×8% = 80 万元，集成电路设计企业和符合条件软件

企业的职工培训费用，应单独进行核算并按实际发生额在计算应纳税所得额时扣除，所以本题中90万元职工培训费用可以据实扣除，除此之外的职工教育经费＝110－90＝20万元，未超过扣除限额，无需纳税调整。

（4）该企业2024年职工福利费、工会经费和职工教育经费应调增应纳税所得额＝10＋5＝15万元。

【答案】C

6. 该企业2024年应缴纳企业所得税（　　）万元。

A. 63.63　　　　B. 71.26　　　　C. 71.44　　　　D. 72.51

解析　（1）事项（4）企业购进设备应于次月起（12月）计提折旧，会计上应计提折旧金额＝240÷4×1/12＝5万元，而税法上选择一次性扣除，应调减应纳税所得额＝240－5＝235万元。

（2）该企业2024年应纳税所得额＝450［自算利润总额］＋200［赊销收入］－160［赊销成本］－0.48［城建税及附加］＋110［广告费和业务招待费］－125［研发费用加计扣除］－235［设备一次性扣除］＋15［三项经费］＝254.52万元。

（3）该企业2024年应缴纳企业所得税＝254.52×25%＝63.63万元。

【答案】A

（八）

某电动车生产企业为增值税一般纳税人。2024年企业自行核算的会计利润总额11696万元，已预缴企业所得税1500万元。2025年初，经委托的税务师审核，发现如下事项：

（1）企业2024年初房产原值12300万元，其中幼儿园房产原值300万元，未申报缴纳房产税。

（2）企业2024年成本费用含实际发放合理工资薪金总额4000万元，实际发生的职工工会经费100万元、职工福利费480万元、职工教育经费450万元。

（3）吸收合并某配件厂，合并基准日配件厂全部资产的计税基础和公允价值分别为5000万元和5700万元，全部负债的计税基础和公允价值分别为3600万元和3200万元，可结转以后年度弥补的亏损额670万元。合并方支付本企业股权2300万元、银行存款200万元。合并符合企业重组的特殊性税务处理条件且双方选择采用此方法。

（其他相关资料：当地省人民政府规定计算房产余值的扣除比例为20%，合并当年国家发行最长期限的国债年利率为4.3%。）

要求：根据上述资料，回答下列问题。

1. 该企业2024年应缴纳的房产税为（　　）万元。

A. 115.20　　　　B. 118.08　　　　C. 144.00　　　　D. 147.60

解析　企业办的各类学校、医院、托儿所、幼儿园自用的房产，免征房产税。

该企业2024年应缴纳的房产税＝（12300－300）×（1－20%）×1.2%＝115.20万元。

【答案】A

2. 该企业2024年会计利润总额为（　　）万元。

A. 11270.50 B. 11580.80 C. 11696.00 D. 15296.00

解析 企业应缴而未缴的房产税计入税金及附加，应当从利润总额中减除，所以该企业2024年会计利润总额=11696－115.2=11580.8万元。

【答案】 B

3. 该企业2024年职工福利费、职工教育经费和职工工会经费应调整的应纳税所得额为（　　）万元。

A. 70 B. 150 C. 290 D. 370

解析（1）职工工会经费扣除限额=4000×2%=80万元，实际发生工会经费100万元，应调增应纳税所得额=100－80=20万元。

（2）职工福利费扣除限额=4000×14%=560万元，实际发生职工福利费480万元，未超限额，无需纳税调整。

（3）职工教育经费扣除限额=4000×8%=320万元，实际发生职工教育经费450万元，应调增应纳税所得额=450－320=130万元。

（4）该企业2024年职工福利费、职工教育经费和职工工会经费应调增应纳税所得额=20+130=150万元。

【答案】 B

4. 下列有关企业合并的说法中，符合企业所得税特殊性税务处理规定的有（　　）。

A. 被合并企业合并前的相关所得税事项由合并企业承继
B. 被合并企业未超过法定弥补期限的亏损额不能结转到合并企业
C. 被合并企业股东取得合并企业股权的计税基础以市场公允价值确定
D. 合并企业接受被合并企业资产和负债的计税基础，以被合并企业的原有计税基础确定
E. 可由合并企业弥补的被合并企业亏损的限额=被合并企业净资产公允价值×截至合并业务发生当年年末国家发行的最长期限的国债利率

解析 符合特殊性税务处理的企业合并，企业股东在该企业合并发生时取得的股权支付金额不低于其交易支付总额的85%，以及同一控制下且不需要支付对价的企业合并，可以选择按以下规定处理：

（1）合并企业接受被合并企业资产和负债的计税基础，以被合并企业的原有计税基础确定（选项D正确）。

（2）被合并企业合并前的相关所得税事项由合并企业承继（选项A正确）。

（3）可由合并企业弥补的被合并企业亏损的限额=被合并企业净资产公允价值×截至合并业务发生当年年末国家发行的最长期限的国债利率（选项B错误，选项E正确）。

（4）被合并企业股东取得合并企业股权的计税基础，以其原持有的被合并企业股权的计税基础确定（选项C错误）。

【答案】 ADE

5. 该企业2024年应纳税所得额为（　　）万元。

A. 11562.50　　　　B. 11623.30　　　　C. 11909.80　　　　D. 11942.50

解析　采用特殊性税务处理时，可由合并企业弥补的被合并企业亏损的限额=被合并企业净资产公允价值×截至合并业务发生当年年末国家发行的最长期限的国债利率，所以本题该企业可以弥补的配件厂的亏损限额=（5700－3200）×4.3%=107.5万元，配件厂实际亏损670万元，当年只能弥补亏损107.5万元。

该企业2024年应纳税所得额=11580.8［修正的会计利润总额］+150［三项经费］－107.5［弥补亏损］=11623.3万元

【提示】考生需注意公式里的要素为"被合并企业净资产公允价值"，不是"计税基础"，亦不是"账面价值"。

【答案】B

6. 该企业2024年应补缴的企业所得税为（　　）万元。

A. 1250.00　　　　B. 1402.45　　　　C. 1405.83　　　　D. 1410.63

解析　该企业2024年应补缴企业所得税=11623.3×25%－1500=1405.83万元

【答案】C

（九）

位于某县城国家重点扶持的高新技术企业为增值税一般纳税人，2024年销售产品取得不含税收入6500万元，取得投资收益320万元，全年发生产品销售成本和相关费用共计5300万元。缴纳的税金及附加339万元，发生的营业外支出420万元，12月末企业自行计算的全年会计利润总额761万元，企业已预缴企业所得税96万元，年末无增值税留抵税额。2025年3月，聘请的税务师对其2024年度企业所得税进行审核时，发现如下事项：

（1）8月中旬以预收款方式销售一批产品，收到预收款226万元，并收存银行。12月下旬将该批产品发出，但未将预收款转作收入。

（2）9月上旬接受客户捐赠原材料一批，取得增值税专用发票，发票上注明金额10万元，税额1.3万元，企业将捐赠收入直接计入"资本公积"账户核算。

（3）10月购买《安全生产专用设备企业所得税优惠目录》规定的安全生产专用设备一台并于当月投入使用，取得增值税专用发票，发票上注明金额18万元，税额2.34万元，企业在账务处理上将该专用设备一次性计入了成本费用。假定该设备会计折旧期限为10年，不考虑残值，企业选择一次性扣除政策。

（4）成本费用中包含业务招待费62万元，新产品研究开发费用80万元。

（5）投资收益中有12.6万元为从其他居民企业分回的股息，其余为股权转让收益，营业外支出中含通过公益性社会团体向贫困山区捐款130万元，直接捐款10万元。

（6）计入成本费用中的实发工资总额800万元，拨缴职工工会经费20万元（取得工会组织开具的《工会经费收入专用收据》）。职工福利费实际支出131万元，职工教育经费实际支出32万元。

（其他相关资料：该企业适用的城市维护建设税税率为5%，教育费附加征收率和地方教育附加征收率分别为3%和2%。）

要求：根据上述资料，回答下列问题。

1. 该企业2024年应补缴的增值税及附加税费是（　　）万元。
A. 28.60　　　　B. 29.12　　　　C. 32.32　　　　D. 32.91

解析　事项（1）以预收款方式销售商品，已于12月下旬发出商品，会计上应确认收入，同时结转成本（本题未告知，无需考虑），增值税亦发生纳税义务，应确认增值税销项税额。由于年末无增值税留抵税额，所以应补缴的增值税应纳税额=应确认的销项税额−0＝226÷（1＋13%）×13%−0＝26万元。

应补缴城建税及附加＝26×（5%＋3%＋2%）＝2.6万元

该企业2024年应补缴的增值税及附加税费＝26＋2.6＝28.6万元。

【答案】A

2. 该企业2024年度经审核后的会计利润总额是（　　）万元。
A. 983.09　　　B. 983.68　　　C. 986.88　　　D. 987.40

解析　（1）事项（1）会计上应确认收入＝226÷（1＋13%）＝200万元，相应调增会计利润总额，另事项（1）应补缴城建税及附加2.6万元，相应调减会计利润总额。

（2）事项（2）接受客户捐赠原材料应计入"营业外收入"而非"资本公积"，应计入"营业外收入"的金额＝10＋1.3＝11.3万元，相应调增会计利润总额；考生同时注意企业所得税的规定：企业接受捐赠的非货币性资产，计入应纳税所得额的金额包括受赠资产价值和由捐赠企业负担的增值税，不包括受赠企业另外支付或应付的相关税费。

（3）企业在2018年1月1日至2027年12月31日期间新购进的设备、器具，单位价值不超过500万元的，允许一次性计入当期成本费用在计算应纳税所得额时扣除，不再分年度计算折旧。事项（3）企业购买并投入使用的安全生产专用设备，税法规定可以一次性扣除，但会计上不能一次性计入成本费用，应按会计准则规定计提折旧扣除。

会计上当年应计提折旧金额＝18÷10×2/12＝0.3万元，企业因此需调增会计利润＝18−0.3＝17.7万元。又因为按照税法规定可以一次性扣除，且企业选择了一次性扣除，所以调整折旧后，再调减应纳税所得额＝18−0.3＝17.7万元。

（4）该企业2024年度经审核后会计利润总额＝761［自算会计利润总额］＋200［事项（1）发货应确认收入］−2.6［事项（1）补缴城建税及附加］＋11.3［接受捐赠收入］＋17.7［事项（3）折旧调整］＝987.4万元。

【答案】D

3. 该企业2024年营业外支出中的两笔捐款合计应调整的应纳税所得额是（　　）万元。
A. 10　　　　　B. 21.51　　　　C. 21.58　　　　D. 21.96

解析　公益性捐赠扣除限额＝987.4×12%＝118.49万元，实际发生的公益性捐赠支出为130万元，超过扣除限额，应调增应纳税所得额＝130−118.49＝11.51万元，直接捐款10万元不属于税法意义上的公益性捐赠，不能在税前扣除，所以应纳税调增。该企业2024

年营业外支出中的两笔捐款合计应调增应纳税所得额=11.51+10=21.51万元

【答案】B

4. 该企业2024年下列各项纳税调整事项，符合企业所得税法相关规定的有（　　）。

A. 职工教育经费调增应纳税所得额12万元

B. 业务招待费调增应纳税所得额28.5万元

C. 新产品研究开发费用调减应纳税所得额80万元

D. 职工工会经费、职工福利费和职工教育经费合计调增应纳税所得额35万元

E. 投资收益中从其他居民企业分回的股息应调减应纳税所得额12.6万元

解析　（1）工会经费扣除限额=800×2%=16万元，实际拨缴工会经费20万元，应调增应纳税所得额=20-16=4万元。

（2）职工福利费扣除限额=800×14%=112万元，实际发生职工福利费支出131万元，应调增应纳税所得额=131-112=19万元。

（3）职工教育经费扣除限额=800×8%=64万元，实际发生职工教育经费支出32万元，未超过扣除限额，无需纳税调整（选项A错误）。

（4）职工工会经费、职工福利费、职工教育经费合计应调增应纳税所得额=4+19=23万元（选项D错误）。

（5）业务招待费扣除限额1=62×60%=37.2万元，业务招待费扣除限额2=（6500+200）×0.5%=33.5万元，按照孰小扣除原则，可税前扣除业务招待费为33.5万元。所以应调增应纳税所得额=62-33.5=28.5万元（选项B正确）。

（6）新产品研究开发费用可加计100%扣除，所以应调减应纳税所得额=80×100%=80万元（选项C正确）。

（7）符合条件的居民企业之间的股息、红利等权益性投资收益免征企业所得税，因此从其他居民企业分回的股息12.6万元应纳税调减（选项E正确）。

【答案】BCE

5. 该企业2024年应纳税所得额是（　　）万元。

A. 946.39　　　　B. 949.59　　　　C. 950.11　　　　D. 967.81

解析　该企业2024年应纳税所得额=987.40［调整后利润总额］-17.7［设备一次性扣除］+28.5［业务招待费］-80［研发费用加计扣除］-12.6［分回股息］+21.51［两笔捐款］+23［三项经费］=950.11万元

【答案】C

6. 该企业2024年应补缴的企业所得税是（　　）万元。

A. 44.16　　　　B. 44.72　　　　C. 138.80　　　　D. 139.73

解析　企业购买并投入使用的安全生产专用设备可以抵免当年企业所得税应纳税额=18×10%=1.8万元

该企业2024年应补缴企业所得税=950.11×15%-1.8-96=44.72万元

【答案】B

第二章 个人所得税

知识点 · 征税对象

【单选题】 个人取得的下列收入，按"劳务报酬所得"项目缴纳个人所得税的是（　　）。
A. 个人受托翻译商事合同取得的收入
B. 遗作继承人取得文学遗作的出版收入
C. 个人拍卖自己的文学作品手稿取得的收入
D. 专业记者在本单位报刊发表文学作品取得的收入

解析 选项B，作者去世后，财产继承人取得的遗作稿酬，按照"稿酬所得"项目征收个人所得税。选项C，按"特许权使用费所得"项目缴纳个人所得税。选项D，按"工资、薪金所得"项目缴纳个人所得税。

【答案】 A

【多选题】 个人从任职单位取得的下列收入，应并入综合所得计征个人所得税的有（　　）。
A. 午餐补贴　　　B. 劳动分红　　　C. 差旅费津贴
D. 监事费收入　　E. 科技成果转化现金奖励

解析 （1）不征个人所得税的项目有：①独生子女补贴；②执行公务员工资制度未纳入基本工资总额的补贴、津贴差额和家属成员的副食品补贴；③托儿补助费；④差旅费津贴、误餐补助，其中，误餐补助是指按照财政部门规定，个人因公在城区、郊区工作，不能在工作单位或返回就餐，确实需要在外就餐的，根据实际误餐顿数，按规定的标准领取的误餐费。一些单位以误餐补助名义发给职工的补助、津贴不包括在内。

所以选项C差旅费津贴不征收个人所得税。

（2）个人担任董事职务所取得的董事费收入分两种情形：个人担任公司董事、监事，且不在公司任职、受雇的情形，属于劳务报酬性质，按照"劳务报酬所得"项目征收个人所得税；个人在公司（包括关联公司）任职、受雇，同时兼任董事、监事的，应将董事费、监事费与个人工资收入合并，统一按照"工资、薪金所得"项目征收个人所得税。

所以选项D个人从任职单位取得的监事费收入按照"工资、薪金所得"项目征收个人所得税。

（3）自2018年7月1日起，依法批准设立的非营利性研究开发机构和高等学校根据《中华人民共和国促进科技成果转化法》规定，从职务科技成果转化收入中给予科技人员的现金奖励，可减按50%计入科技人员当月"工资、薪金所得"，依法缴纳个人所得税。

选项E，如属上述特定主体科技人员，可减按50%计入科技人员当月"工资、薪金所得"；如属其他主体科技人员，全额计入当月"工资、薪金所得"。

【提示】该解析写得比较细致，以便考生再次强化相关知识点，为避免冗余，后续如遇相同考点，将不再如此详述。

【答案】ABDE

【单选题】出租车驾驶员取得的下列收入，属于"工资、薪金所得"的是（　　）。

A. 从事个体出租车运营取得的收入

B. 从出租车经营单位承租出租车，从事运营取得的收入

C. 从出租车经营单位购买出租车，从事运营取得的收入

D. 以缴纳管理费的方式将本人出租车挂靠在出租车经营单位，从事运营取得的收入

解析　（1）以下按照"经营所得"计征个人所得税：

① 从事个体出租车运营的出租车驾驶员取得的收入（选项A）；

② 出租车属个人所有，但挂靠出租汽车经营单位或企事业单位，驾驶员向挂靠单位缴纳管理费的（选项D），或出租汽车经营单位将出租车所有权转移给驾驶员（选项C），出租车驾驶员从事客货运营取得的收入。

（2）出租汽车经营单位对出租车驾驶员采取单车承包或承租方式运营，出租车驾驶员从事客货营运取得的收入，按照"工资、薪金所得"项目计征个人所得税（选项B）。

【提示】这里可以结合车的所有权属判定所得项目，车的所有权是司机自己的，是自己做生意——"经营所得"；车的所有权是单位的，是为单位工作——"工资、薪金所得"。

【答案】B

【单选题】居民个人按规定一次性领取税收递延型商业养老保险的养老金收入20000元。保险机构应扣缴个人所得税（　　）元。

A. 450　　　　　　B. 500　　　　　　C. 1500　　　　　　D. 1800

解析　个人领取的税收递延型商业养老保险的养老金收入，其中25%部分予以免税，其余75%部分按照10%的比例税率计算缴纳个人所得税。

保险机构应扣缴个人所得税 = 20000 × (1 - 25%) × 10% = 1500元

【答案】C

【单选题】个体工商户专营下列行业取得的所得，应汇总缴纳个人所得税的是（　　）。

A. 服务业　　　　　B. 饲养业　　　　　C. 养殖业　　　　　D. 种植业

解析　个体工商户或个人专营种植业、养殖业、饲养业、捕捞业，不征收个人所得税。

【答案】A

【多选题】个人取得的下列收入，应按照"经营所得"缴纳个人所得税的有（　　）。

A. 从事咨询取得的收入

B. 从事办学取得的收入

C. 从事医疗工作取得的收入

D. 专营种植业取得的收入

E. 从事个体出租车运营取得的收入

解析 选项ABC，个人依法从事办学、医疗、咨询，以及其他有偿服务活动取得的所得，按照经营所得缴纳个人所得税。选项D，个体工商户或个人专营种植业、养殖业、饲养业、捕捞业，不征收个人所得税。选项E，从事个体出租车运营的出租车驾驶员取得的收入，按照经营所得缴纳个人所得税。

【答案】 ABCE

【单选题】个人取得的下列收入，按照"工资、薪金所得"项目缴纳个人所得税的是（   ）。

A. 记者在任职单位报纸上发表报道取得的收入

B. 编剧从电视剧制作单位取得的剧本使用费收入

C. 专业作者在任职单位出版社出版专著取得的收入

D. 财务人员在任职单位杂志上发表论文取得的收入

解析 任职、受雇于报纸、杂志等单位的记者、编辑等专业人员，因在本单位的报纸、杂志上发表作品取得的所得，属于因任职、受雇而取得的所得，应与其当月工资收入合并，按"工资、薪金所得"项目征收个人所得税（选项A）。除上述专业人员以外，其他人员在本单位的报纸、杂志上发表作品取得的所得，应按"稿酬所得"项目征收个人所得税（选项D）。出版社专业作者撰写、编写或翻译的作品，由本社以图书形式出版而取得的稿费收入按照"稿酬所得"项目征收个人所得税（选项C）。选项B，按照"特许权使用费所得"项目缴纳个人所得税。

【答案】 A

【多选题】下列情形中，应按照"利息、股息、红利所得"缴纳个人所得税的有（   ）。

A. 个人从任职的上市公司取得股票期权

B. 个体工商户对外投资取得的股息红利

C. 股份制企业用盈余公积对个人派发红股

D. 私营企业购买汽车并将其所有权办理到股东名下

E. 合伙企业以企业资金支付合伙人的消费性支出

解析 选项A，应按照"工资、薪金所得"缴纳个人所得税。选项E，按照"经营所得"缴纳个人所得税。

【提示】（1）个体工商户对外投资取得的股息、红利所得，应按"利息、股息、红利"项目的规定单独计征个人所得税。

（2）个人独资企业对外投资分回的股息、红利，不并入企业的收入，而应单独作为投资者个人取得的利息、股息、红利所得，按"利息、股息、红利所得"项目计征个人所得税。

（3）以合伙企业名义对外投资分回股息、红利的，应按比例确定各个投资者的利息、股息、红利所得，分别按"利息、股息、红利"所得项目计征个人所得税。

【答案】 BCD

【多选题】个人取得的下列收入中，应按照"劳务报酬所得"项目缴纳个人所得税的有（   ）。

A. 个人兼职取得的收入
B. 个人工作室取得的收入
C. 学生勤工俭学取得的收入
D. 演员参加综艺活动取得的收入
E. 教师参加校外社会讲座取得的收入

解析 选项 B，按照"经营所得"缴纳个人所得税。

【答案】 ACDE

【多选题】个人取得的下列所得，应按照"特许权使用费所得"项目缴纳个人所得税的有（   ）。

A. 财产继承人取得的遗作稿酬收入
B. 摄影爱好者在任职杂志上发表摄影作品取得的收入
C. 作者将自己文学作品手稿原件公开拍卖取得的所得
D. 作者将自己文学作品手稿复印件公开拍卖取得的所得
E. 作者将自己文学作品著作权提供他人使用取得的所得

解析 选项 A，作者去世后，财产继承人取得的遗作稿酬，按照"稿酬所得"项目征收个人所得税。选项 B，按照"工资、薪金所得"项目征收个人所得税。选项 CD，作者将自己的文字作品手稿原件或复印件公开拍卖（竞价）取得的所得，属于提供著作权的使用所得，应按照"特许权使用费所得"项目征收个人所得税。

【答案】 CDE

【单选题】个人取得的下列所得，按"经营所得"项目计征个人所得税的是（   ）。

A. 个人独资企业对外投资分得的股息、红利
B. 合伙企业的个人投资者对外投资分得的股息、红利
C. 个人合伙人获得合伙企业购买且所有权办理在个人合伙人名下的住房
D. 个人股东获得居民企业购买且所有权办理在股东个人名下的车辆

解析 选项 ABD，按"利息、股息、红利所得"项目计征个人所得税。

【答案】 C

【多选题】下列情形中，按照"利息、股息、红利所得"项目缴纳个人所得税的有（   ）。

A. 个体工商户对外投资取得的股息红利
B. 个人从所任职的上市公司取得的股票期权
C. 股份制企业用盈余公积金对个人派发的红股
D. 股份有限公司购买并将其所有权办理到股东个人名下的车辆
E. 个人独资企业的个人投资者以企业资金为其家庭购买的住房

解析 选项 B，按照"工资、薪金所得"项目缴纳个人所得税。选项 E，按照"经营所得"项目缴纳个人所得税。

【答案】 ACD

【多选题】个人取得的下列收入中,应按"特许权使用费所得"项目计征个人所得税的有(　　)。

A. 个人取得著作权的经济赔偿收入
B. 作者去世后,财产继承人取得的遗作稿酬收入
C. 编剧从电视剧的制作单位取得的剧本使用费收入
D. 摄影记者在本单位杂志上发表摄影作品取得的收入
E. 作者将自己的文字作品手稿原件公开拍卖取得的收入

【解析】　选项B,应按"稿酬所得"项目计征个人所得税。选项D,应按"工资、薪金所得"项目计征个人所得税。

【答案】　ACE

【多选题】个人取得的下列所得,按照"偶然所得"项目计征个人所得税的有(　　)。

A. 为他人提供担保取得的收入
B. 无偿获得房产公司赠予的住房
C. 参加本单位的年会活动,获得的有奖竞猜奖品
D. 参加客户单位的业务宣传活动,随机获得客户单位赠送的礼品
E. 参加客户单位的周年庆典活动,收到客户单位随机赠送的网络红包

【解析】　选项CDE,企业在业务宣传、广告等活动中,随机向"本单位以外的个人"赠送礼品(包括网络红包),以及企业在年会、座谈会、庆典及其他活动中向本单位以外的个人赠送礼品,个人取得的礼品收入,按照"偶然所得"项目计算缴纳个人所得税,但企业赠送的具有价格折扣或折让性质的消费券、代金券、抵用券、优惠券等礼品除外。而参加本单位的年会活动,获得的有奖竞猜奖品,应按照"工资、薪金所得"项目计征个人所得税。

【答案】　ABDE

【单选题】居民个人取得的下列所得,应并入综合所得计算个人所得税的是(　　)。

A. 个人取得的财产转让所得　　　B. 个体工商户取得的经营所得
C. 证券经纪人取得的佣金收入　　D. 个人按规定领取的企业年金

【解析】　综合所得具体包括工资薪金所得、劳务报酬所得、稿酬所得、特许权使用费所得。证券经纪人取得的佣金收入属于"劳务报酬所得"。选项A,财产转让所得属于分类所得。选项B,属于经营所得。选项D,个人领取的企业年金不并入综合所得,全额单独计算个人所得税。

【答案】　C

【单选题】居民个人取得的下列所得,不并入综合所得计税的是(　　)。

A. 稿酬所得　　B. 劳务报酬所得　　C. 财产租赁所得　　D. 工资薪金所得

【解析】　综合所得包含工资薪金所得、劳务报酬所得、稿酬所得、特许权使用费所得。

【答案】　C

【单选题】下列各项所得,应缴纳个人所得税的是(　　)。

A. 托儿补助费

B. 差旅费津贴

C. 工伤赔偿金

D. 单位以误餐补助名义发给职工的补助

解析 单位以误餐补助名义发给职工的补助、津贴,不属于免征个人所得税范围,应按"工资、薪金所得"项目计征缴纳个人所得税。选项AB,均不征收个人所得税。选项C,免征个人所得税。

【答案】 D

【多选题】下列各项中,应按照"工资、薪金所得"项目征收个人所得税的有(　　)。

A. 个体工商户业主的工资

B. 企业支付给职工的过节费

C. 企业支付给营销人员的年终奖

D. 企业支付给在本企业任职董事长的董事费

E. 电视剧制作单位支付给本单位编剧的剧本使用费

解析 选项A,应计入个体工商户的生产、经营所得,按照"经营所得"项目计征个人所得税。选项E,按照"特许权使用费所得"项目征收个人所得税。

【答案】 BCD

【单选题】个人取得的下列所得,应按"稿酬所得"项目缴纳个人所得税的是(　　)。

A. 高校教授为某杂志社审稿取得的所得

B. 杂志社记者在本社刊物发表文章取得的所得

C. 演员在企业的广告制作过程中提供形象取得的所得

D. 出版社的专业作者翻译的小说由该出版社出版取得的所得

解析 选项AC,均应按"劳务报酬所得"项目缴纳个人所得税。选项B,应按"工资、薪金所得"项目缴纳个人所得税。

【答案】 D

【单选题】个人取得的下列所得,应按"工资、薪金所得"项目缴纳个人所得税的是(　　)。

A. 员工因拥有股权而参与企业税后利润分配取得的所得

B. 杂志社财务人员在本单位的报刊上发表作品取得的所得

C. 因公务用车制度改革个人以现金、报销等形式取得的所得

D. 股东取得股份制公司为其购买并登记在该股东名下的小轿车

解析 选项AD,均应按照"利息、股息、红利所得"项目征收个人所得税。选项B,应按照"稿酬所得"项目征收个人所得税。

【答案】 C

【多选题】下列行为中，企业应按照"工资、薪金所得"项目扣缴个人所得税的有（   ）。

A. 支付给职工的差旅费津贴
B. 支付给职工的过节费和旅游费
C. 支付给在本公司任职董事的董事费
D. 个人独资企业支付给业主本人的工资
E. 支付给本单位销售人员的年度考核奖金

解析　选项A，差旅费津贴不征收个人所得税。选项D，应按照"经营所得"项目缴纳个人所得税。

【答案】 BCE

【单选题】下列各项所得，按"工资、薪金所得"项目计算缴纳个人所得税的是（   ）。

A. 个人合伙人从合伙企业按月取得的劳动所得
B. 律师以个人名义聘请的其他人员从律师处获得的报酬
C. 任职于杂志社的记者在本杂志社上发表作品取得的稿费
D. 出版社的专业作者的作品，由本社以图书形式出版而取得的稿费

解析　选项A，按照"经营所得"项目缴纳个人所得税。选项B，按照"劳务报酬所得"项目缴纳个人所得税。选项D，按照"稿酬所得"项目缴纳个人所得税。

【答案】 C

【多选题】下列各项所得，应按"经营所得"项目征收个人所得税的有（   ）。

A. 个体工商户专营种植业所取得的收入
B. 个人从事彩票代销业务而取得的所得
C. 个人因任上市公司兼职董事取得的董事费收入
D. 从事个体出租车运营的出租车驾驶员取得的收入
E. 合伙企业的个人投资者以企业资金为家庭成员购买汽车的支出

解析　选项A，个体工商户或个人专营种植业、养殖业、饲养业、捕捞业，不征收个人所得税。选项C按"劳务报酬所得"项目征收个人所得税。

【答案】 BDE

知识点・纳税人

【单选题】除国务院财政、税务主管部门另有规定外，居民个人的下列所得中，属于来源于中国境内所得的是（   ）。

A. 从境外企业取得的投资分红所得
B. 境内单位普通员工在境外提供劳务取得的所得
C. 将财产出租给境外企业在境内分公司使用取得的所得
D. 将特许权使用权让渡给境外企业在境外使用取得的所得

解析 选项A，从中国境内的企业、事业单位、其他经济组织及居民个人取得的利息、股息、红利所得，为来源于境内的所得；从中国境外企业、其他组织以及非居民个人取得的利息、股息、红利所得为来源于境外的所得。选项B，因任职、受雇、履约等在中国境内提供劳务取得的所得为来源于境内的所得；因任职、受雇、履约等在中国境外提供劳务取得的所得为来源于境外的所得。选项D，许可各种特许权在中国境内使用而取得的所得为来源于境内的所得；许可各种特许权在中国境外使用而取得的所得，为来源于境外的所得。

【答案】 C

【单选题】 下列在中国境内无住所且不居住的个人中，应向我国缴纳个人所得税的是（　　）。

A. 为境内单位的境外派出机构修理机器设备的个人
B. 从境内的外商投资企业取得特许权使用费的个人
C. 将住房出租给境内公司在境外分支机构使用的个人
D. 担任境外企业的董事、监事或者高级管理人员的个人

解析 无住所且不居住的个人为非居民个人，仅就来源于境内的所得缴纳个人所得税。故这道题最终是需从四个选项中选择"来源于境内的所得"这一项。选项AD，因任职、受雇、履约等在中国境外提供劳务取得的所得为来源于境外的所得，不需要缴纳个人所得税。选项B，许可各种特许权在中国境内使用而取得的所得为来源于境内的所得，应缴纳个人所得税。选项C，将财产出租给承租人在中国境外使用而取得的所得为来源于境外的所得，不需要缴纳个人所得税。

【答案】 B

【单选题】 下列个人，属于我国个人所得税居民个人的是（　　）。

A. 2024年3月1日至10月31日在境内履职的外籍个人
B. 在中国境内无住所且不居住，但有来自境内所得的外籍个人
C. 2024年1月1日至5月30日在境内居住之后再未入境的外籍个人
D. 在中国境内无住所且居住不满90天，但有来自境内所得的外籍个人

解析 在中国境内有住所，或者无住所而一个纳税年度内在中国境内居住累计满183天的个人为居民个人（选项A）；在中国境内无住所又不居住（选项B），或者无住所而一个纳税年度内在中国境内居住累计不满183天的个人（选项CD）为非居民个人。

【答案】 A

【多选题】 非居民个人取得的下列所得中，属于来源于中国境内所得的有（　　）。

A. 持有中国境内公司债券取得的利息
B. 转让其在中国境内的房产而取得的所得
C. 将施工机械出租给中国公民在美国使用而取得的租金
D. 将专利权许可给中国境内公司使用取得的特许使用费
E. 在中国境内提供技术指导服务获得境内机构支付的报酬

解析 除国务院财政、税务主管部门另有规定外,下列所得,不论支付地点是否在中国境内,均为来源于中国境内的所得:

(1) 因任职、受雇、履约等在中国境内提供劳务取得的所得(选项 E)。

(2) 将财产出租给承租人在中国境内使用而取得的所得(选项 C 在美国使用,不属于来源于境内的所得)。

(3) 许可各种特许权在中国境内使用而取得的所得(选项 D)。

(4) 转让中国境内的不动产等财产(选项 B)或者在中国境内转让其他财产取得的所得。

(5) 从中国境内企业、事业单位、其他组织,以及居民个人取得的利息、股息、红利所得(选项 A)。

【答案】ABDE

知识点·减免税优惠

【单选题】下列外籍个人从任职单位取得的补贴,应缴纳个人所得税的是( )。

A. 现金形式取得的住房补贴
B. 非现金形式取得的搬迁补贴
C. 实报实销形式取得的伙食补贴
D. 合理标准内取得的境内、境外出差补贴

解析 对个人下列所得免征或暂免征收个人所得税:

(1) 外籍个人以非现金形式或实报实销形式取得的住房补贴(选项 A 现金形式不免税)、伙食补贴(选项 C 免税)、搬迁费(选项 B 免税)、洗衣费。

(2) 外籍个人按合理标准取得的境内、境外出差补贴(选项 D 免税)。

(3) 外籍个人取得的探亲费、语言训练费、子女教育费等,经当地税务机关审核批准为合理的部分。

2019 年 1 月 1 日~2027 年 12 月 31 日,外籍个人符合居民个人条件的,可以选择享受个人所得税专项附加扣除,也可以选择享受津补贴免税优惠政策,但不得同时享受。一经选择,在一个纳税年度内不得变更。

【答案】A

【单选题】对个人转让"新三板"挂牌公司原始股取得的所得,征收个人所得税的项目为( )。

A. 财产转让所得
B. 财产租赁所得
C. 工资、薪金所得
D. 利息、股息、红利所得

解析 自 2018 年 11 月 1 日起,对个人转让全国中小企业股份转让系统(简称"新三板")挂牌公司非原始股取得的所得,暂免征收个人所得税,对个人转让"新三板"挂牌公司原始股取得的所得,按照"财产转让所得",适用 20% 的比例税率征收个人所得税。

【答案】A

【单选题】符合居民条件的外籍个人,从境内任职单位取得的下列所得中免征个人所得税的是( )。

A. 现金形式的伙食补贴 B. 定额包干形式的搬迁费
C. 实报实销形式的住房补贴 D. 定额包干形式的出差补贴

解析 外籍个人以非现金形式或实报实销形式取得的住房补贴、伙食补贴、搬迁费、洗衣费免征个人所得税,选项 A 现金形式、选项 B 定额包干形式均不能免税,选项 C 实报实销形式免税。选项 D,外籍个人按合理标准取得的境内、外出差补贴,免征个人所得税。国税发〔1997〕54 号规定:"对外籍个人按合理标准取得的境内、外出差补贴免征个人所得税,应由纳税人提供出差的交通费、住宿费凭证(复印件)或企业安排出差的有关计划,由主管税务机关确认免税"。由此可判定,定额包干形式的出差补贴是无法获得税法上的免税支持的。

【答案】 C

【单选题】个人取得的下列奖金中,应计算缴纳个人所得税的是( )。

A. 大学生获得的国家奖学金
B. 运动员获得的省政府颁发的奖金
C. 个人举报企业排污行为获得的奖金
D. 个人见义勇为获得的任职单位发放的奖金

解析 选项 AB,省级人民政府、国务院部委和中国人民解放军军以上单位,以及外国组织、国际组织颁发的科学、教育、技术、文化、卫生、体育、环境保护等方面的奖金(奖学金),免征个人所得税。选项 C,个人举报、协查各种违法、犯罪行为而获得的奖金,免征个人所得税。选项 D,对乡、镇(含乡、镇)以上人民政府或经县(含县)以上人民政府主管部门批准成立的有机构、有章程的见义勇为基金或者类似性质组织,奖励见义勇为者的奖金或奖品,经主管税务机关核准,免征个人所得税。但从任职单位获得的奖金,应按照"工资、薪金所得"项目缴纳个人所得税。

【答案】 D

【多选题】个人取得下列收入或所得中,应计算缴纳个人所得税的有( )。

A. 参加商场有奖销售活动取得的 1000 元现金
B. 为其他公司提供担保,取得的 6000 元担保收入
C. 参加客户单位的年会取得的 500 元网络红包
D. 购买体育彩票,一次性取得的 6000 元中奖收入
E. 购买社会福利有奖募捐奖券,一次性取得的 15000 元中奖收入

解析 对个人购买社会福利有奖募捐奖券、体育彩票,一次中奖收入在 1 万元以下(含)的暂免征收个人所得税,超过 1 万元的,全额征收个人所得税,故选项 D 免征个人所得税。选项 E,按照"偶然所得"项目全额征收个人所得税。选项 ABC,均按照"偶然所得"项目征收个人所得税。

【答案】 ABCE

【多选题】个人取得的下列收入或所得中，应计算缴纳个人所得税的有（　　）。

A. 个人退休后再任职取得的收入
B. 个人提前退休取得的一次性补贴收入
C. 个人达到国家规定退休年龄后领取的年金
D. 个人退休后按照国家统一规定领取的退休金
E. 享受国务院政府特殊津贴专家在延迟退休期间取得的工资薪金

解析　选项DE，免征个人所得税。选项E，达到离休、退休年龄，但确因工作需要，适当延长离休退休年龄的高级专家（指享受国家发放的政府特殊津贴的专家、学者），其在延长离休退休期间的工资、薪金所得，视同退休工资、离休工资免征个人所得税。

【答案】 ABC

【多选题】2024年个人取得的下列股票转让所得，可暂免征收个人所得税的有（　　）。

A. 个人转让境内上市公司限售股取得的所得
B. 个人转让"新三板"挂牌公司原始股取得的所得
C. 我国内地个人投资者转让境内上市公司自由流通股取得的所得
D. 中国香港市场投资者通过沪港通投资上交所上市A股取得的转让差价所得
E. 内地个人投资者通过沪港通投资中国香港联交所上市股票取得的转让差价所得

解析　选项A，个人转让限售股，以每次限售股转让收入，减除股票原值和合理费用后的余额为应纳税所得额，按照"财产转让所得"适用20%的税率缴纳个人所得税。选项B，自2018年11月1日起，对个人转让全国中小企业股份转让系统（简称"新三板"）挂牌公司非原始股取得的所得，暂免征收个人所得税，对个人转让"新三板"挂牌公司原始股取得的所得，按照"财产转让所得"，适用20%的税率征收个人所得税。

【答案】 CDE

【多选题】个人取得的下列利息收入中，免征个人所得税的有（　　）。

A. 国债利息收入　　　　　　　　B. 企业债券利息收入
C. 国家金融债券利息收入　　　　D. 教育储蓄存款利息收入
E. 个人股票账户闲置资金孳生的利息收入

解析　选项B，没有免税规定，应按照"利息、股息、红利所得"适用20%的税率缴纳个人所得税。

【答案】 ACDE

【单选题】个人取得的下列财产转让所得，应按规定计算缴纳个人所得税的是（　　）。

A. 转让"新三板"挂牌公司原始股取得的所得
B. 转让创新企业境内发行存托凭证（创新企业CDR）取得的所得
C. 中国香港个人投资者通过沪港通转让上海证交所上市A股取得的所得
D. 我国内地个人投资者通过沪港通转让中国香港联交所上市H股取得的所得

解析　选项A，个人转让"新三板"挂牌公司原始股取得的所得，按照"财产转让所得"项目征收个人所得税。选项 B，2025 年 12 月 31 日前，对个人投资者转让创新企业 CDR 取得的差价所得，暂免征收个人所得税。选项 C，中国香港市场个人投资者通过沪港通投资上交所上市 A 股取得的转让差价所得，暂免征收个人所得税。选项 D，我国内地个人投资者通过沪港通投资中国香港联交所上市股票取得的转让差价所得，2027 年 12 月 31 日前，暂免征收个人所得税。

【答案】A

【单选题】下列各项所得，免征个人所得税的是（　　）。
A. 年终加薪
B. 劳动分红
C. 个人为单位提供担保获得的收入
D. 国债和国家发行的金融债券利息

解析　选项 AB，均按照"工资、薪金所得"项目缴纳个人所得税。选项 C，按照"偶然所得"项目缴纳个人所得税。

【答案】D

【单选题】个人领取原缴存的下列社会保险和企业年金，应缴纳个人所得税的是（　　）。
A. 企业年金
B. 失业保险金
C. 医疗保险金
D. 基本养老保险金

解析　个人达到国家规定的退休年龄，领取的企业年金、职业年金，符合《财政部人力资源社会保障部国家税务总局关于企业年金职业年金个人所得税有关问题的通知》（财税〔2013〕103 号）规定的，不并入综合所得，全额单独计算应纳税款。其中：按月领取的，适用月度税率表计算纳税；按季领取的，平均分摊计入各月，按每月领取额适用月度税率表计算纳税；按年领取的，适用综合所得税率表计算纳税。选项 BCD，均免征个人所得税。

【答案】A

【单选题】个人取得的下列所得，免征个人所得税的是（　　）。
A. 转让国债的所得
B. 提前退休发放的一次性补贴
C. 县级人民政府颁发的教育方面奖金
D. 按国家统一规定发放的补贴、津贴

解析　选项 A，国债利息免征个人所得税，转让国债的所得不免税。选项 B，提前退休发放的一次性补贴，不属于免税的离退休工资收入，应按照"工资、薪金所得"项目征收个人所得税。选项 C，省级人民政府颁发的教育方面的奖金，免征个人所得税，县级人民政府颁发的奖金不免税。

【答案】D

【多选题】下列收入，免征个人所得税的有（　　）。
A. 取得国家发行的金融债券利息
B. 个人因检举犯罪行为而取得的奖金
C. 外国个人以现金形式取得的住房补贴

D. 按照国家统一规定发给职工的安家费

E. 个人转让自用 3 年且为唯一家庭生活用房取得的收入

解析 选项 A，国债和国家发行的金融债券利息免征个人所得税。选项 B，个人举报、协查各种违法、犯罪行为而获得的奖金免征个人所得税。选项 C，外籍个人以非现金形式或实报实销形式取得的住房补贴、伙食补贴、搬迁费、洗衣费免征个人所得税，现金形式不能免税。选项 D，按照国家统一规定发给干部、职工的安家费、退职费、基本养老金或者退休费、离休费、离休生活补助费免征个人所得税。选项 E，个人转让自用达 5 年以上，并且是唯一的家庭生活用房取得的所得免征个人所得税。

【答案】 ABD

知识点 · 应纳税额的计算

【单选题】 中国居民陈某为境内上市公司核心技术骨干，2022 年取得任职公司授予的不可公开交易的股票期权 10000 股，每股施权价 5 元，授予日该公司股票收盘价为每股 8 元。2025 年 5 月陈某将其中 7000 股股票期权行权，当日该公司股票收盘价为每股 10 元，陈某股票期权行权应缴纳个人所得税（　　）元。

A. 420　　　　B. 840　　　　C. 1050　　　　D. 4480

解析 股票期权形式的工资、薪金应纳税所得额 =（行权股票的每股市场价 - 员工取得该股票期权支付的每股施权价）× 股票数量 =（10 - 5）× 7000 = 35000 元，在 2027 年 12 月 31 日前，不并入当年综合所得，全额单独适用综合所得税率表，计算纳税。陈某股票期权行权应缴纳个人所得税 = 35000 × 3% = 1050 元

【答案】 C

【单选题】 在计算个体工商户应税经营所得时，下列支出准予在税前扣除的是（　　）。

A. 个体工商户缴纳的个人所得税税款

B. 个体工商户代其从业人员负担的税额

C. 个体工商户业主为家人购买的商业保险

D. 生产经营活动中发生的固定资产报废损失

解析 选项 A，个体工商户缴纳的个人所得税税款不得税前扣除。选项 B，个体工商户代其从业人员或者他人负担的税款不得税前扣除。选项 C，个体工商户用于个人和家庭的支出不得税前扣除。

【答案】 D

【单选题】 个人投资者兴办两个以上的个人独资企业，其经营所得按个人所得税处理，正确的是（　　）。

A. 投资者在每个企业分摊扣除本人的 6 万元费用

B. 投资者在每个企业均可以扣除本人的 6 万元费用

C. 投资者可自行选择并固定向其中一处企业所在地主管税务机关申报纳税

D. 年度汇缴清缴时，先汇总各企业的经营所得计算全年应纳税额，再根据各企业经营所得占比，计算各企业应纳税额

解析 选项 AB，投资者兴办两个或两个以上企业的，其费用扣除标准由投资者选择在其中一个企业的生产经营所得中扣除。选项 C，投资者兴办两个或两个以上企业的，应分别向企业实际经营管理所在地主管税务机关预缴税款，选择向其中一处经营管理所在地主管税务机关办理年度汇总申报，还需要报送《个人所得税经营所得纳税申报表（C 表）》。

【答案】 D

【单选题】 2024 年居民个人王某向符合全额税前扣除规定的某公益组织捐赠原值 200 万元，市场价格 350 万元的房产一套，以及原值 19 万元，市场价格 10 万元的小汽车一辆。按照个人所得税的相关规定，王某的公益捐赠支出金额为（　　）万元。

A. 210　　　　　　B. 219　　　　　　C. 369　　　　　　D. 360

解析 个人发生的公益捐赠支出金额，按照以下规定确定：

（1）捐赠货币性资产的，按照实际捐赠金额确定。

（2）捐赠股权、房产的，按照个人持有股权、房产的财产原值确定（房产原值 200 万元）。

（3）捐赠除股权、房产以外的其他非货币性资产，按照非货币性资产的市场价格确定（小汽车市场价格 10 万元）。

王某的公益性捐赠支出金额 = 200 + 10 = 210 万元

【答案】 A

【单选题】 个人取得上市公司（股份制企业）以股票发行溢价的资本公积转增的股本，下列符合个人所得税相关规定的是（　　）。

A. 不征收个人所得税

B. 全额计入个人应税所得缴纳个人所得税

C. 在不超过 12 个月内分期缴纳个人所得税

D. 减按 50% 计入个人应税所得缴纳个人所得税

解析 股份制企业用股票溢价发行收入所形成的资本公积金转增股本，不属于股息、红利性质的分配，对个人取得的转增股本数额，不作为个人所得，不征收个人所得税。

【答案】 A

【单选题】 下列关于拍卖物品原值的表述中，正确的是（　　）。

A. 通过祖传收藏的物品，其原值为收藏该拍卖品市场售价及缴纳的相关税费

B. 通过赠送取得的物品，其原值为其市场售价及受赠该拍卖品时发生的相关税费

C. 从拍卖行拍得的物品，其原值为拍得该拍卖品实际支付的价款及缴纳的相关税费

D. 通过商店购买的物品，其原值为购买该拍卖品时实际支付的价款及缴纳的相关税费

解析 财产原值，是指售出方个人取得该拍卖品的价格（以合法有效凭证为准）。具体为：

（1）通过商店、画廊等途径购买的，为购买该拍卖品时实际支付的价款（选项 D 错误）。

(2) 通过拍卖行拍得的，为拍得该拍卖品实际支付的价款及缴纳的相关税费（选项 C 正确）。

(3) 通过祖传收藏的，为其收藏该拍卖品而发生的费用（选项 A 错误）。

(4) 通过赠送取得的，为其受赠该拍卖品时发生的相关税费（选项 B 错误）。

(5) 通过其他形式取得的，参照以上原则确定财产原值。

【答案】C

【单选题】李某及配偶在工作的省会城市无自有住房。2024 年 2 月签订的住房租赁合同约定每月租金 2000 元，租期为 2024 年 3 月至 2025 年 2 月，其女儿 2023 年 6 月大学毕业后，一直在备考研究生，并于 2024 年 9 月入学读研，2024 年李某专项附加扣除的最高金额是（　　）元。

　　A. 23000　　　　　B. 24500　　　　　C. 28000　　　　　D. 39000

解析　(1) 纳税人在主要工作城市没有自有住房而发生的住房租金支出，可以按照以下标准定额扣除：

① 直辖市、省会（首府）城市、计划单列市，以及国务院确定的其他城市，扣除标准为每月 1500 元。

② 除上述①所列城市以外，市辖区户籍人口超过 100 万的城市，扣除标准为每月 1100 元；市辖区户籍人口不超过 100 万的城市，扣除标准为每月 800 元。

李某及配偶的住房位于省会城市，2024 年可扣除的住房租金 = 1500 × 10 = 15000 元。

(2) 自 2023 年 1 月 1 日起，纳税人的子女接受全日制学历教育（小、初、高、技工、专、本、硕、博）的相关支出，按照每个子女每月 2000 元的标准定额扣除。父母可以选择由其中一方按扣除标准的 100% 扣除，也可以选择由双方分别按扣除标准的 50% 扣除，具体扣除方式在一个纳税年度内不能变更。

因为题目问的是李某可扣除最高金额，只有这里李某 100% 扣除，才可能"最高"。所以子女教育可以扣除 = 2000 × 4 = 8000 元。

(3) 2024 年李某专项附加扣除的最高金额 = 15000 + 8000 = 23000 元。

【答案】A

【多选题】居民个人以自有专利技术投资入股境内居民企业，其专利技术转让所得符合个人所得税规定的有（　　）。

A. 递延至股权转让时缴纳个人所得税

B. 纳税人一次性缴税有困难的，可合理确定分期缴纳计划并报主管税务机关备案后，自发生应税行为之日起不超过 12 个月分期缴纳个人所得税

C. 纳税人一次性缴税有困难的，可合理确定分期缴纳计划并报主管税务机关备案后，自发生应税行为之日起不超过 2 个公历年度内（含）分期缴纳个人所得税

D. 纳税人一次性缴税有困难的，可合理确定分期缴纳计划并报主管税务机关备案后，自发生应税行为之日起不超过 5 个公历年度内（含）分期缴纳个人所得税

E. 纳税人一次性缴税有困难的，可合理确定分期缴纳计划并报主管税务机关备案后，自发生应税行为之日起不超过 8 个公历年度内（含）分期缴纳个人所得税

解析 （1）对个人转让非货币性资产的所得，应按照"财产转让所得"项目，依法计算缴纳个人所得税。个人以非货币性资产投资，属于个人转让非货币性资产和投资同时发生。个人应在发生上述应税行为的次月15日内向主管税务机关申报纳税。纳税人一次性缴税有困难的，可合理确定分期缴纳计划并报主管税务机关备案后，自发生上述应税行为之日起不超过5个公历年度内（含）分期缴纳个人所得税（选项D）。

（2）企业或个人以技术成果投资入股到境内居民企业，被投资企业支付的对价全部为股票（权）的，企业或个人可选择继续按现行有关税收政策（不超过5个公历年度内分期缴税）执行，也可选择适用递延纳税优惠政策。选择技术成果投资入股递延纳税政策的，经向主管税务机关备案，投资入股当期可暂不纳税，允许递延至转让股权时，按股权转让收入减去技术成果原值和合理税费后的差额计算缴纳个人所得税（选项A）。

【答案】AD

【单选题】个人参加非任职企业举办的促销活动，取得主办方赠送的外购商品，其缴纳个人所得税的计税依据是（　　）。

A. 外购商品的实际购置价格

B. 主管税务机关核定的价格

C. 外购商品同期同类市场销售价格

D. 促销活动宣传海报上载明的赠品价格

解析 企业赠送的礼品是自产产品（服务）的，按该产品（服务）的市场销售价格确定个人的应税所得；是外购商品（服务）的，按该商品（服务）的实际购置价格确定个人的应税所得。

【答案】A

【多选题】下列各项所得，按照月度税率表计算缴纳个人所得税的有（　　）。

A. 非居民个人的工资、薪金所得

B. 居民个人提前退休一次性领取的补贴

C. 居民个人单独计税的全年一次性奖金

D. 居民个人退休后按月领取的企业年金

E. 非居民个人劳务报酬所得、稿酬所得和特许权使用费所得

解析 选项B，个人办理提前退休手续而取得的一次性补贴收入，应按照办理提前退休手续至法定退休年龄之间实际年度数平均分摊，确定适用税率和速算扣除数，单独适用综合所得税率表计算纳税，不需并入综合所得进行年度汇算。

【答案】ACDE

【单选题】2024年4月，马某出售一套购置3年的商品房，不含税交易价格为260万元，该商品房不含税购置价格为200万元，已按照1%税率缴纳契税，取得合理票据的房屋装修费25万元，则马某应缴纳个人所得税（　　）万元。

A. 5.54　　　　B. 6.60　　　　C. 7.56　　　　D. 8.00

解析 支付的住房装修费用，纳税人能提供实际支付装修费用的税务统一发票，并且发票上所列付款人姓名与转让房屋产权人一致的，经税务机关审核，其转让的住房在转让前实际发生的装修费用，可在以下规定比例内扣除：已购公有住房、经济适用房，最高扣除限额为房屋原值的15%；商品房及其他住房，最高扣除限额为房屋原值的10%。纳税人原购房为装修房，即合同注明房价款中含有装修费（铺装了地板，装配了洁具、厨具等）的，不得再重复扣除装修费用。

房屋原值 = 200 × (1 + 1%) = 202万元

装修费用最高扣除限额 = 202 × 10% = 20.2 万元，实际发生装修费用25 万元，超过限额，只能按照限额20.2 万元扣除。

马某应缴纳个人所得税 = (收入额 – 财产原值 – 合理税费) × 20% = (260 – 202 – 20.2) × 20% = 7.56万元

【答案】C

【单选题】徐某达到法定退休年龄，按季度领取企业年金9300 元，应缴纳个人所得税（　　）元。

A. 27.9　　　　　　B. 129.0　　　　　　C. 300.0　　　　　　D. 720.0

解析 自2019 年1 月1 日起，个人达到国家规定的退休年龄，领取的企业年金、职业年金，符合规定的，并不入综合所得，全额单独计算应纳税款。其中：按月领取的，适用月度税率表计算纳税；按季领取的，平均分摊计入各月，按每月领取额适用月度税率表计算纳税；按年领取的，适用综合所得税率表计算纳税。

个人因出境定居而一次性领取的年金个人账户资金，或个人死亡后，其指定的受益人或法定继承人一次性领取的年金个人账户余额，适用综合所得税率表计算纳税。对个人除上述特殊原因外一次性领取年金个人账户资金或余额的，适用月度税率表计算纳税。

应缴纳个人所得税 = (9300 ÷ 3 × 10% – 210) × 3 = 300 元

【答案】C

【单选题】下列关于个人公益捐赠支出金额的说法，符合个人所得税相关规定的是（　　）。

A. 捐赠的车辆，按照该车辆的净值确定
B. 捐赠的房产，按照该房产的市场价格确定
C. 捐赠的股权，按照个人持有该股权的原值确定
D. 捐赠的专利技术，按照合同约定的捐赠金额确定

解析 个人发生的公益捐赠支出金额，按照以下规定确定：
(1) 捐赠货币性资产的，按照实际捐赠金额确定。
(2) 捐赠股权、房产的，按照个人持有股权、房产的财产原值确定（选项B 错误，选项C 正确）。
(3) 捐赠除股权、房产以外的其他非货币性资产，按照非货币性资产的市场价格确定（选项AD 错误）。

【答案】C

【多选题】关于居民个人发生公益捐赠支出税前扣除时间和方式的说法，符合个人所得税相关规定的有（ ）。

A. 可选择在捐赠发生当月计算分类所得应纳税所得额时扣除
B. 可选择在捐赠发生当月计算稿酬所得预扣预缴税款时扣除
C. 可选择在计算个人经营所得预缴税款或年度汇算清缴时扣除
D. 可选择在计算工资、薪金所得预扣预缴税款或年度汇算清缴时扣除
E. 同时发生按限额扣除和全额扣除的，应按先全额扣除后限额扣除的顺序扣除

解析 选项 B，居民个人取得劳务报酬所得、稿酬所得、特许权使用费所得的，预扣预缴时不扣除公益捐赠支出，统一在汇算清缴时扣除。选项 E，同时发生按 30% 限额扣除和全额扣除的公益捐赠支出，自行选择扣除次序。

【答案】 ACD

【单选题】居民个人同时从中国境内外取得的下列同类所得中合并计算个人所得税的是（ ）。

A. 财产转让所得　　　　　　B. 财产租赁所得
C. 劳务报酬所得　　　　　　D. 利息、股息、红利所得

解析 居民个人来源于中国境外的综合所得，应当与境内综合所得合并计算应纳税额（选项 C）。居民个人来源于中国境外的经营所得，应当与境内经营所得合并计算应纳税额；分类所得，不与境内所得合并，应当分别单独计算应纳税额（选项 ABD）。

【答案】 C

【单选题】律师张某在 A 律师事务所任职，2025 年 1 月收入情况如下：当月应税工资 10000 元、业务分成收入 30000 元，其中分成业务发生成本 4000 元和人员开支 4500 元，所在省税务局规定的分成收入对应的成本扣除比例为 30%，A 律师事务所 2025 年 1 月应预扣预缴张某的个人所得税是（ ）元。

A. 525　　　　　B. 645　　　　　C. 780　　　　　D. 930

解析 作为律师事务所雇员的律师与律师事务所按规定的比例对收入分成，律师事务所不负担律师办理案件支出的费用（如交通费、资料费、通信费及聘请人员等费用），律师当月的分成收入按规定扣除办理案件支出的费用后，余额与律师事务所发给的工资合并，按"工资、薪金所得"项目征收个人所得税。律师从其分成收入中扣除办理案件支出费用的标准，由各省税务局根据当地律师办理案件费用支出的一般情况、律师与律师事务所之间的收入分成比例及其他相关参考因素，在律师当月分成收入的 30% 比例内确定（本题为 30%）。

A 律师事务所 2025 年 1 月应预扣预缴张某的个人所得税 =（10000 + 30000 − 30000 × 30% − 5000）× 3% = 780 元

【提示】 做此类题目时，注意业务分成收入对应的成本是按照收入的分成比例扣除，而不是按照实际发生额（成本 4000 元和人员开支 4500 元）扣除。

【答案】 C

【单选题】关于财产拍卖的个人所得税处理，下列说法正确的是（　　）。
A. 各种财产拍卖均按照"特许权使用费所得"项目征收个人所得税
B. 个人拍卖所得应缴纳的个人所得税，由买方在支付款项时代扣代缴
C. 无法准确计算海外回流文物财产原值的，按转让收入额的3%征收率计税
D. 能准确计算拍卖物品财产原值，但不能提供有关税费凭证的不得按征收率计税

解析　选项A，个人拍卖除文字作品原稿及复印件外的其他财产，应以其转让收入额减除财产原值和合理费用后的余额为应纳税所得额，按照"财产转让所得"项目适用20%税率缴纳个人所得税。选项B，个人财产拍卖所得应缴纳的个人所得税税款，由拍卖单位负责代扣代缴，并按规定向拍卖单位所在地主管税务机关办理纳税申报。选项C，纳税人如不能提供合法、完整、准确的财产原值凭证，不能正确计算财产原值的，按转让收入额的3%征收率计算缴纳个人所得税。拍卖品经文物部门认定是海外回流文物的，按转让收入额的2%征收率计算缴纳个人所得税。纳税人能够提供合法、完整、准确的财产原值凭证，但不能提供有关税费凭证的，不得按征收率计算纳税，应当就财产原值凭证上注明的金额据实扣除，并按照税法规定计算缴纳个人所得税，选项D正确。

【答案】D

【单选题】居民陶先生及70岁父亲于2024年发生的医药费支出，在扣除医保报销后个人负担金额分别为16000元和92000元，陶先生综合所得年度汇算清缴时，税前扣除的大病医疗的最高数额是（　　）。
A. 1000　　　　B. 78000　　　　C. 80000　　　　D. 16000

解析　在一个纳税年度内，纳税人发生的与基本医保相关的医药费用支出，扣除医保报销后个人负担（指医保目录范围内的自付部分）累计超过15000元的部分，由纳税人在办理年度汇算清缴时，在80000元限额内据实扣除。本人医药费支出可以选择由本人或者其配偶扣除，未成年子女医药费支出可以选择由其父母一方扣除。

本题中陶先生只能按税法规定扣除自己的医药费，不能扣除父亲的医药费，超过起付线的部分＝16000－15000＝1000元，未超过最高扣除限额80000元，均能扣除，所以陶先生税前扣除的大病医疗的最高数额是1000元。

【答案】A

【单选题】2021年7月1日，赵某从任职的上市公司取得股票期权2万股。2024年11月1日，赵某行权购买股票2万股，行权价为4元/股，当日的股票收盘价为9元/股。赵某股票期权行权应缴纳个人所得税（　　）元。
A. 7480　　　　B. 10480　　　　C. 19080　　　　D. 29840

解析　应纳税所得额＝（9－4）×2×10000＝100000元
在2027年12月31日前，不并入当年综合所得，全额单独适用综合所得税率表，计算纳税。
赵某股票期权行权应缴纳个人所得税＝100000×10%－2520＝7480元

【答案】A

【多选题】个人通过符合条件的非营利社会团体发生的下列捐赠支出，可以在计算应纳税所得额时全额扣除的有（　　）。

A. 捐赠住房作为公共租赁住房　　　　B. 捐赠图书用于农村义务教育
C. 捐赠食物用于5·12地震受灾地区　　D. 捐赠衣物用于非营利性的老年服务机构
E. 捐赠写字楼作为公益性青少年活动场所

解析　全额扣除的捐赠包括对特定事项的捐赠和对特定公益组织的捐赠。

（1）对特定事项的捐赠包括：

① 对公益性青少年活动场所的捐赠（选项E）；

② 对福利性、非营利性老年服务机构的捐赠（选项D）；

③ 对农村义务教育的捐赠（选项B）；

④ 对红十字事业的捐赠；

⑤ 对教育事业的捐赠；

⑥ 对地震灾区的捐赠（选项C）。

（2）对特定公益组织的捐赠包括中华健康快车基金会、孙冶方经济科学基金会、中华慈善总会、中国法律援助基金会、中华见义勇为基金会、宋庆龄基金会、中国福利会、中国残疾人福利基金会、中国扶贫基金会、中国煤矿尘肺病治疗基金会、中华环境保护基金会、中国老龄事业发展基金会、中国华文教育基金会、中国绿化基金会、中国妇女发展基金会、中国关心下一代健康体育基金会、中国生物多样性保护基金会、中国儿童少年基金会、中国光彩事业基金会、中国医药卫生事业发展基金会、中国教育发展基金会等21家单位。

选项A，个人捐赠住房作为公共租赁住房，符合税收法律法规规定的，对其公益性捐赠支出未超过其申报的应纳税所得额30%的部分，准予从其应纳税所得额中扣除。

【答案】 BCDE

【单选题】2024年3月份张某和李某合作的教材发布，出版社支付的不含税稿酬是10000元，分别支付给张某7000元和李某3000元。出版社合计应扣缴个人所得税（　　）元。

A. 1092　　　　B. 1120　　　　C. 1560　　　　D. 1600

解析　劳务报酬所得、稿酬所得、特许权使用费所得以收入减除费用后的余额为收入额。其中，稿酬所得的收入额减按70%计算。每次收入不超过4000元的，减除费用按800元计算；每次收入4000元以上的，减除费用按收入的20%计算。

出版社应扣缴张某个人所得税 = 7000 × (1 − 20%) × 70% × 20% = 784元

出版社应扣缴李某个人所得税 = (3000 − 800) × 70% × 20% = 308元

出版社合计应扣缴个人所得税 = 784 + 308 = 1092元

【答案】 A

【单选题】邹某和10岁的儿子2024年扣除医保报销后个人负担的医疗费分别是18000元和23000元，邹某实施综合所得汇算时，税前可扣除的大病医疗的最高数额是（　　）元。

A. 3000　　　　B. 11000　　　　C. 26000　　　　D. 41000

解析　在一个纳税年度内，纳税人发生的与基本医保相关的医药费用支出，扣除医保报销后个人负担（指医保目录范围内的自付部分）累计超过15000元的部分，由纳税人在办理年度汇算清缴时，在80000元限额内据实扣除。本人医药费支出可以选择由本人或者其配偶扣除，未成年子女医药费支出可以选择由其父母一方扣除。

邹某税前扣除的大病医疗的最高数额=（18000-15000)+(23000-15000)=11000元

【答案】B

【单选题】依据个人所得税相关规定，个体工商户业主本人缴纳的补充养老保险费执行税前限额扣除政策，相关税前扣除限额的计算基数是（   ）。

A. 从业人员当年平均工资的2倍　　　B. 业主个人当年的年度工资总额

C. 当地上年度社会平均工资的3倍　　D. 当地本年度社会平均工资的4倍

【解析】个体工商户业主本人缴纳的补充养老保险费、补充医疗保险费，以当地（地级市）上年度社会平均工资的3倍为计算基数，分别在不超过该计算基数5%标准内的部分据实扣除；超过部分，不得扣除。

【答案】C

【多选题】依据个人所得税相关规定，在计算应纳税所得额时，可以从一些所得中扣除个人购买符合规定的商业健康保险产品的支出。个人的下列所得中可以享受商业健康保险这种税前扣除优惠待遇的有（   ）。

A. 工资薪金所得　　　　　　　　　　B. 生产经营所得

C. 财产转让所得　　　　　　　　　　D. 利息股息红利所得

E. 连续性劳务报酬所得

【解析】适用商业健康保险税收优惠政策的纳税人，是指取得工资薪金所得、连续性劳务报酬所得的个人，以及取得个体工商户生产经营所得、对企事业单位的承包承租经营所得的个体工商户业主、个人独资企业投资者、合伙企业合伙人和承包承租经营者。

【答案】ABE

【单选题】居民个人从事下列活动取得的佣金收入，可以适用累计预扣法预扣预缴个人所得税的是（   ）。

A. 从事证券经纪业务取得的佣金收入　　B. 从事房地产经营业务取得的佣金收入

C. 从事电话入网卡业务取得的佣金收入　D. 从事农产品推销业务取得的佣金收入

【解析】工资、薪金和连续性劳务报酬按照累计预扣法预扣预缴个人所得税，连续性劳务报酬包括保险营销员、证券经纪人的佣金收入和在校实习生实习收入。

【答案】A

【单选题】下列关于3岁以下婴幼儿照护专项附加扣除的说法，符合个人所得税相关规定的是（   ）。

A. 父母选择具体扣除方法3年内不得变更

B. 每个婴幼儿每月定额扣除标准为2000元

C. 父母自婴幼儿出生的次月起享受优惠政策

D. 父母可选择由其中一方按标准比例100%扣除，也可约定其他的扣除比例

解析 纳税人照护3岁以下婴幼儿子女的相关支出，按照每个婴幼儿每月2000元的标准定额扣除（选项B正确）。父母可以选择由其中一方按扣除标准的100%扣除，也可以选择由双方分别按扣除标准的50%扣除（选项D错误）。具体扣除方式在一个纳税年度内不能变更（选项A错误）。选项C，扣除时间为婴幼儿出生的当月至年满3周岁的前一个月。

【答案】 B

【单选题】2027年12月31日前，创投企业选择按年度所得整体核算的，其个人合伙人应从创投企业取得的所得，适用的应税所得项目是（　　）。

A. 经营所得　　　　　　　　　B. 资产转让所得
C. 劳务报酬所得　　　　　　　D. 利息、股息、股利所得

解析 创投企业选择按单一投资基金核算的，其个人合伙人从该基金应分得的股权转让所得和股息红利所得，按照20%税率计算缴纳个人所得税。创投企业选择按年度所得整体核算的，其个人合伙人应从创投企业取得的所得，按照经营所得项目、以5%~35%的超额累进税率计算缴纳个人所得税。

【答案】 A

【单选题】张某因生了一场大病，花费医疗费用合计21.5万元，其中医保报销12万元，其余为医保目录中的个人自费部分，张某大病医疗个人所得税汇算清缴时抵扣的金额为（　　）万元。

A. 1.5　　　　　B. 6.5　　　　　C. 8.0　　　　　D. 9.5

解析 在一个纳税年度内，纳税人发生的与基本医保相关的医药费用支出，扣除医保报销后个人负担（指医保目录范围内的自付部分）累计超过15000元的部分，由纳税人在办理年度汇算清缴时，在80000元限额内据实扣除。

张某个人负担的部分 = 21.5 - 12 = 9.5万元

超过起付线的部分 = 9.5 - 1.5 = 8万元，未超过扣除限额，均可以扣除。

【答案】 C

【单选题】居民个人陶某为自由职业者，2024年从中国境内取得不含税劳务报酬140000元，从境外取得稿酬折合人民币20000元。陶某无专项扣除、专项附加扣除和依法确定的其他扣除，2024年应缴纳个人所得税（　　）元。

A. 2760　　　　　B. 3800　　　　　C. 4280　　　　　D. 9800

解析 居民个人来源于中国境外的综合所得，应当与境内综合所得合并计算应纳税额。

陶某2024年应缴纳个人所得税 = [140000 × (1 - 20%) + 20000 × (1 - 20%) × 70% - 60000] × 10% - 2520 = 3800元

【答案】 B

【单选题】一个纳税年度内仅取得经营所得的个人，计算个人所得税应纳税额时，只能在办理汇算清缴时扣除的是（   ）。

A. 专项扣除　　　　　　　　　　　B. 费用扣除

C. 专项附加扣除　　　　　　　　　D. 符合国家规定的商业健康保险

【解析】 选项 ABD，可以在预缴时扣除，也可以在汇算清缴时扣除。

【提示】

税目	具体所得项目	专项附加扣除项目	扣除阶段
综合所得	取得工资、薪金所得	大病医疗	只能汇算清缴时
		其他 6 项	可预扣预缴时，可汇算清缴时
	未取得工资、薪金所得，仅取得劳务报酬所得、稿酬所得、特许权使用费所得	全部 7 项	只能汇算清缴时
经营所得		全部 7 项	只能汇算清缴时

【答案】 C

【单选题】个人捐赠下列非货币性资产，应按财产原值确认个人捐赠支出额的是（   ）。

A. 房产　　　　B. 机器设备　　　　C. 土地使用权　　　　D. 专利使用权

【解析】 个人发生的公益捐赠支出金额，按照以下规定确定：

(1) 捐赠货币性资产的，按照实际捐赠金额确定。

(2) 捐赠股权、房产的，按照个人持有股权、房产的财产原值确定（选项 A）。

(3) 捐赠除股权、房产以外的其他非货币性资产，按照非货币性资产的市场价格确定（选项 BCD）。

【答案】 A

【单选题】居民个人方某 2021 年 1 月开始持有上市公司 50 万份限售股，限售期间取得股息红利 20 万元。2024 年 2 月 28 日转让该限售股，取得转让收入 600 万元。由于历史原因，该限售股成本原值无法准确计量，方某应缴纳个人所得税（   ）万元。

A. 20　　　　B. 22　　　　C. 104　　　　D. 106

【解析】 (1) 企业未能提供完整、真实的限售股原值凭证，不能准确计算该限售股原值的，主管税务机关一律按照限售股转让收入的 15%，核定为该限售股原值和合理税费。所以，转让限售股应缴纳个人所得税 =600×(1−15%)×20% =102 万元。

(2) 对个人持有的上市公司限售股，解禁后取得的股息、红利，按照规定计算纳税，持股时间自解禁日起计算；解禁前取得的股息、红利继续暂减按 50% 计入应纳税所得额，适用 20% 的税率计征个人所得税。所以，股息红利应缴纳个人所得税 =20×50%×20% =2 万元。

(3) 方某应缴纳个人所得税 =102+2 =104 万元。

【答案】 C

【单选题】个人取得的下列所得，按"月"计征个人所得税的是（　　）。
A. 利息所得
B. 经营所得
C. 财产租赁所得
D. 特许权使用费所得

解析　财产租赁所得，以一个月内取得的收入为一次。
【答案】C

【多选题】居民个人取得的下列收入，可以按照累计预扣法预扣预缴个人所得税的有（　　）。
A. 员工取得的工资薪金收入
B. 保险营销员取得的佣金收入
C. 证券经纪人取得的佣金收入
D. 正在接受全日制教育的学生因实习取得的劳务报酬收入
E. 在职博士研究生参加导师课题研究取得的劳务报酬收入

解析　工资、薪金和连续性劳务报酬按照累计预扣法预扣预缴个人所得税，连续性劳务报酬包括保险营销员、证券经纪人的佣金收入和在校实习生实习收入。
【答案】ABCD

【单选题】对个人多次取得同一被投资企业股权的，计算股权转让应纳税所得额时，股权原值的计量方法是（　　）。
A. 后进先出法
B. 先进先出法
C. 加权平均法
D. 移动加权平均法

解析　对个人多次取得同一被投资企业股权的，转让部分股权时，采用"加权平均法"确定其股权原值。
【答案】C

【多选题】依据个人所得税相关规定，下列关于"每次收入"确定的说法，正确的是（　　）。
A. 偶然所得，以取得该项收入为一次
B. 一次性劳务报酬所得，以取得该项收入为一次
C. 财产租赁所得，以一个月内取得的收入为一次
D. 连载作品稿酬所得，以一个月内取得的收入为一次
E. 利息所得，以合同约定的应取得利息收入的时间为一次

解析　（1）劳务报酬所得、稿酬所得、特许权使用费所得，属于一次性收入的，以取得该项收入为一次（选项B正确），属于同一项目连续性收入的，以一个月内取得的收入为一次。
（2）财产租赁所得，以一个月内取得的收入为一次（选项C正确）。
（3）利息、股息、红利所得，以支付利息、股息、红利时取得的收入为一次（选项E错误）。

(4) 偶然所得，以每次取得该项收入为一次（选项 A 正确）。同一作品在报刊上连载取得收入，以连载完成后取得的所有收入合并为一次，选项 D 错误。

【答案】ABC

【单选题】按公司减员增效政策，曲某在距法定退休年龄还有 4 年的 2025 年 3 月办理内部退养手续。当月领取工资 4500 元及一次性补贴 120000 元。曲某当月领取的一次性补贴应缴纳个人所得税（　　）元。

A. 2880　　　　　B. 3600　　　　　C. 3735　　　　　D. 3585

解析　个人在办理内部退养手续后从原任职单位取得的一次性收入，应按办理内部退养手续后至法定退休年龄之间的所属月份进行平均，并与领取当月的"工资、薪金"所得合并后减除当月费用扣除标准，以余额为基数确定适用税率，再将当月工资、薪金加上取得的一次性收入，减去费用扣除标准，按适用税率计算合计应纳税额，再减除当月工资收入应缴的税额，即为该项补贴收入应纳税额。

$120000 \div 48 + 4500 - 5000 = 2000$ 元，适用 3% 税率，应缴纳个人所得税 = （4500 + 120000 - 5000）× 3% = 3585 元。模拟计算单月工资应纳税所得额 = 4500 - 5000 < 0，不需要缴纳个人所得税，所以曲某当月一次性补贴应缴纳个人所得税 3585 元。

【答案】D

【单选题】张某兄妹 2 人均为居民个人，父母均年满 60 周岁。同时张某还赡养其祖父母，2024 年张某综合所得申报缴纳个人所得税时，赡养老人最多可以扣除的金额是（　　）元。

A. 12000　　　　　B. 18000　　　　　C. 24000　　　　　D. 36000

解析　纳税人赡养一位及以上被赡养人的赡养支出，纳税人为独生子女的，按照每月 3000 元（每年 36000 元）的标准定额扣除，纳税人为非独生子女的，由其与兄弟姐妹分摊每月 3000 元（每年 36000 元）的扣除额度，每人分摊的额度最高不得超过每月 1500 元（每年 18000 元）。被赡养人是指年满 60 岁的父母，以及子女均已去世的年满 60 岁的祖父母、外祖父母，本题张某赡养其祖父母不能享受赡养老人专项附加扣除。

张某赡养父母可分摊的最高金额 = 1500 × 12 = 18000 元

【答案】B

【单选题】个人股权转让价格明显偏低且无正当理由的，主管税务机关对其股权转让收入进行核定征收时首选的方法是（　　）。

A. 参照法　　　B. 类比法　　　C. 加权平均法　　　D. 净资产核定法

解析　主管税务机关应依次按照下列方法核定股权转让收入：
(1) 净资产核定法；
(2) 类比法；
(3) 其他合理方法。

【答案】D

【单选题】周某持有 2024 年 9 月 1 日解禁的某上市公司的股票,分别于 2024 年 7 月 6 日,2024 年 11 月 1 日取得股息红利 800 万元和 200 万元,2024 年 11 月 3 日将解禁后的某上市公司的股票全部售出。两次股息所得合计应缴纳个人所得税（　　）万元。

  A. 80   B. 100   C. 120   D. 200

解析 个人持有的上市公司限售股,解禁后取得的股息、红利,持股时间自解禁日起计算；解禁前取得的股息、红利继续暂减按 50% 计入应纳税所得额,适用 20% 的税率计征个人所得税。

解禁前的股息应缴纳个人所得税 = 800 × 50% × 20% = 80 万元

解禁后的股息红利,持股期限在 1 个月以上至 1 年（含 1 年）的,暂减按 50% 计入应纳税所得额,因此应缴纳个人所得税 = 200 × 50% × 20% = 20 万元。

两次股息所得合计应缴纳个人所得税 = 80 + 20 = 100 万元

【答案】 B

【单选题】非居民个人约翰 2024 年 9 月在我国某出版社出版一部长篇小说,取得稿酬收入 100000 元,该出版社应扣缴个人所得税（　　）元。

  A. 10040   B. 12440   C. 15400   D. 20840

解析 非居民个人劳务报酬所得、稿酬所得、特许权使用费所得以收入减除 20% 的费用后的余额为收入额,稿酬所得的收入额再减按 70% 计算,适用月度税率表计算应纳税额。

该出版社应扣缴个人所得税 = 100000 × (1 - 20%) × 70% × 35% - 7160 = 12440 元

【答案】 B

【单选题】个体工商户业主的下列支出,在计算经营所得应纳税所得额时可以扣除的是（　　）。

  A. 支付给业主的工资   B. 用于家庭的费用支出
  C. 为业主购买的商业保险   D. 为业主缴纳的基本养老保险

解析 选项 A,个体工商户业主的工资、薪金支出不得税前扣除。选项 B,个体工商户应当分别核算生产经营费用和个人、家庭费用,用于个人和家庭的支出,不得税前扣除,但对于混用难以分清的费用,其 40% 视为与生产经营有关费用,准予扣除。选项 C,为业主购买的商业保险,不得税前扣除。

【答案】 D

【单选题】徐某的 3 个子女在中学就读,依据个人所得税相关规定,徐某每月最高可享受的税前扣除金额是（　　）元。

  A. 1000   B. 2000   C. 3000   D. 6000

解析 纳税人的子女接受全日制学历教育的相关支出,按照每个子女每月 2000 元的标准定额扣除,父母可以选择由其中一方按扣除标准的 100% 扣除,也可以选择由双方分别按扣除标准的 50% 扣除,具体扣除方式在一个纳税年度内不能变更。

均由徐某 100% 扣除,则可获得最高扣除金额。所以,徐某每月最高可享受的税前扣除金额=2000×3=6000元。

【答案】D

【单选题】2024年3月高先生办理提前退休手续时,距离法定退休年龄还差2年,公司按照规定给予高先生一次性补贴收入16万元,高先生领取的补贴应缴纳个人所得税( )元。

A. 1200   B. 1248   C. 2590   D. 5180

解析 个人办理提前退休手续而取得的一次性补贴收入,应按照办理提前退休手续至法定退休年龄之间实际年度数平均分摊,确定适用税率和速算扣除数,单独适用综合所得税率表,计算纳税,不需并入综合所得进行年度汇算。

应纳税额={[(一次性补贴收入÷办理提前退休手续至法定退休年龄的实际年度数)-费用扣除标准]×适用税率-速算扣除数}×办理提前退休手续至法定退休年龄的实际年度数

高先生应缴纳个人所得税=(16×10000÷2-60000)×3%×2=1200元

【答案】A

【单选题】关于财产拍卖的个人所得税处理,下列说法正确的是( )。

A. 个人财产拍卖的应纳税所得额,减按10%税率计算缴纳个人所得税
B. 个人拍卖自己的文字作品复印件所得,按"财产转让所得"项目计算缴纳个人所得税
C. 经认定的海外回流文物的财产原值无法确定的,按转让收入额的3%征收率计算缴纳个人所得税
D. 个人财产拍卖所得应缴纳的个人所得税税款,由拍卖单位负责代扣代缴,并按规定向拍卖单位所在地主管税务机关办理纳税申报

解析 选项A,个人财产拍卖的应纳税所得额适用20%的个人所得税税率。选项B,作者将自己的文字作品手稿原件或复印件公开拍卖(竞价)取得的所得,属于提供著作权的使用所得,按"特许权使用费所得"项目征收个人所得税。选项C,纳税人如不能提供合法、完整、准确的财产原值凭证,不能正确计算财产原值的,按转让收入额的3%征收率计算缴纳个人所得税。拍卖品经文物部门认定是海外回流文物的,按转让收入额的2%征收率计算缴纳个人所得税。

【答案】D

【单选题】居民个人方某取得一次性稿酬收入20000元,按现行个人所得税的相关规定,其预扣预缴个人所得税的应纳税所得额是( )元。

A. 10000   B. 11200   C. 16000   D. 20000

解析 扣缴义务人支付稿酬时,按以下方法按次或按月预扣预缴税款:
(1)每次收入不超过4000元的,预扣预缴税额=(收入-800)×70%×20%;
(2)每次收入4000元以上的,预扣预缴税额=收入×(1-20%)×70%×20%。
预扣预缴个人所得税的应纳税所得额=20000×(1-20%)×70%=11200元

【答案】B

【单选题】某保险营销员 2024 年取得不含税佣金收入 37.5 万元，不考虑相关税费，该营销员 2024 年应计入综合所得的金额是（　　）元。

A. 9480　　　　　　　B. 75000　　　　　　　C. 225000　　　　　　　D. 300000

解析　保险营销员、证券经纪人取得的佣金收入，属于劳务报酬所得，以不含增值税的收入减除 20% 的费用后的余额为收入额，收入额减去展业成本以及附加税费后，并入当年综合所得，计算缴纳个人所得税。保险营销员、证券经纪人展业成本按照收入额的 25% 计算。

收入额 = 37.5 × (1 − 20%) = 30 万元

展业成本 = 30 × 25% = 7.5 万元

应计入综合所得的金额 = (30 − 7.5) × 10000 = 225000 元

【答案】 C

【单选题】在 2027 年 12 月 31 日前，居民个人取得股票期权、股权激励的个人所得税处理正确的是（　　）。

A. 并入当年综合所得计算纳税

B. 不作为应税所得征收个人所得税

C. 不并入当年所得，全额单独适用综合所得税率计算纳税

D. 不并入当年所得，单独适用综合所得税率按月份数分摊计算纳税

解析　居民个人取得股票期权、股票增值权、限制性股票、股权奖励等股权激励，符合规定的相关条件的，在 2027 年 12 月 31 日前，不并入当年综合所得，全额单独适用综合所得税率表，计算纳税。

【答案】 C

【单选题】计算个人所得税综合所得应纳税所得额时，下列支出不得扣除的是（　　）。

A. 个人购买的互助型医疗保险支出

B. 个人缴付符合国家规定的企业年金支出

C. 个人购买的税收递延型商业养老保险支出

D. 个人购买符合国家规定的商业健康保险支出

解析　选项 BCD，属于依法确定的其他扣除，可以在计算个人所得税综合所得应纳税所得额时按规定扣除。其他扣除，包括个人缴付符合国家规定的企业年金、职业年金，个人购买符合国家规定的商业健康保险、税收递延型商业养老保险、个人养老金，以及国务院规定可以扣除的其他项目。

【答案】 A

【单选题】依据个人所得税的相关规定，个人转让股权所得的主管税务机关是（　　）。

A. 交易行为发生地税务机关

B. 新股东户籍所在地税务机关

C. 原股东经常居住地税务机关

D. 被投资企业所在地税务机关

解析 选项 D，个人股权转让所得个人所得税以被投资企业所在地税务机关为主管税务机关。

【答案】D

【单选题】自 2016 年 1 月 1 日起，全国范围内的中小高新技术企业以未分配利润、盈余公积、资本公积向个人股东转增股本时，个人股东一次缴纳个人所得税确有困难的，可根据实际情况自行制定分期缴税计划，在不超过（　　）个公历年度内（含）分期缴纳，并将有关资料报主管税务机关备案。

　　A. 2　　　　　　　　B. 3　　　　　　　　C. 5　　　　　　　　D. 10

解析 自 2016 年 1 月 1 日起，全国范围内的中小高新技术企业以未分配利润、盈余公积、资本公积向个人股东转增股本时，个人股东一次缴纳个人所得税确有困难的，可根据实际情况自行制定分期缴税计划，在不超过 5 个公历年度内（含）分期缴纳，并将有关资料报主管税务机关备案。

【答案】C

【单选题】自 2016 年 9 月 1 日起，非上市公司员工获得本公司符合条件的股票期权、限制性股票等奖励，可享受的税收优惠政策是（　　）。

　　A. 减税政策　　　　B. 免税政策　　　　C. 递延纳税政策　　　　D. 先征后退政策

解析 非上市公司授予本公司员工的股票期权、股权期权、限制性股票和股权奖励，符合规定条件的，经向主管税务机关备案，可实行递延纳税政策。

【答案】C

【多选题】下列关于专项附加扣除的说法，符合个人所得税相关规定的有（　　）。

　　A. 同一学历的继续教育扣除期限不得超过 36 个月
　　B. 直辖市住房租金支出的扣除标准是每月 1500 元
　　C. 住房贷款利息扣除的期限最长不得超过 240 个月
　　D. 赡养老人专项附加扣除的起始时间为被赡养人年满 60 周岁的当月
　　E. 职业资格继续教育在取得相关证书的当年，按照 3600 元标准定额扣除

解析 选项 A，同一学历（学位）继续教育的扣除期限不能超过 48 个月。

【答案】BCDE

【单选题】非居民个人取得"工资、薪金所得"的征收管理，下列说法正确的是（　　）。

　　A. 依据综合所得税率表，按月代扣代缴税款
　　B. 由扣缴义务人按月代扣代缴税款，不办理汇算清缴
　　C. 扣缴义务人可将同期的工资薪金和股息红利所得合并代扣代缴税款
　　D. 向扣缴义务人提供专项附加扣除信息的，可按扣除专项附加后的余额代扣税款

解析 选项 A，依据月度税率表，按月代扣代缴税款。选项 C，扣缴义务人应将同期的工资薪金、股息红利所得分别代扣代缴税款，前者按照"工资、薪金所得"适用月度税率表

计算扣缴税款,后者按照"利息、股息、红利所得"适用20%税率计算扣缴税款。选项D,非居民个人的工资、薪金所得,以每月收入额减除费用5000元后的余额为应纳税所得额,不享受专项附加扣除。

【答案】B

【单选题】个人领取年金的下列方式,适用税率错误的是(   )。
A. 年金按月领,适用月度税率表
B. 年金按季领,适用月度税率表
C. 年金按年领,适用综合税率表
D. 因出国定居一次性领取年金的,适用月度税率表

解析 个人因出境定居而一次性领取的年金个人账户资金,或个人死亡后,其指定的受益人或法定继承人一次性领取的年金个人账户余额,适用综合所得税率表计算纳税。对个人除上述特殊原因外一次性领取年金个人账户资金或余额的,适用月度税率表计算纳税。

【答案】D

【多选题】关于个人独资企业和合伙企业所得税核定征收管理的说法,正确的有(   )。
A. 企业经营多业的,根据其主营项目确定其适用的应税所得率
B. 核定征收可采用定额征收、核定应税所得率征收,以及其他合理方式
C. 实行核定征税的合伙企业投资者,不能享受个人所得税的优惠政策
D. 纳税人依照国家有关规定应当设置账簿,但未设置账簿的应采取核定征收
E. 查账征税方式改为核定征税方式后,在查账征税方式下认定的年度经营亏损未弥补完的部分,可以继续弥补

解析 有下列情形之一的,主管税务机关应采取核定征收方式征收个人所得税:
(1) 企业依照国家有关规定应当设置但未设置账簿的;
(2) 企业虽设置账簿,但账目混乱或者成本资料、收入凭证、费用凭证残缺不全,难以查账的;
(3) 纳税人发生纳税义务,未按照规定的期限办理纳税申报,经税务机关责令限期申报,逾期仍不申报的。
而企业所得税核定征税的情形共6条。
选项E,实行查账征税方式的个人独资企业和合伙企业改为核定征税方式后,在查账征税方式下认定的年度经营亏损未弥补完的部分,不得再继续弥补。

【答案】ABCD

【单选题】个人下列公益救济性捐赠,以其申报的应纳税所得额30%为限额扣除的是(   )。
A. 通过县政府对贫困地区的捐赠
B. 对中国教育发展基金会的捐赠
C. 对公益性青少年活动场所的捐赠
D. 对中国老龄事业发展基金会的捐赠

解析 选项 BCD，在计算个人所得税时准予全额扣除。
【答案】A

【多选题】个人投资者收购企业股权后将原盈余积累转增股本，被收购企业应在规定的时间内向主管税务机关报送的资料有（ ）。
A. 转增股本数额
B. 扣缴税款情况
C. 公司章程的变化
D. 股东及股权变化情况
E. 股权交易前原账面记载的盈余积累数额

解析 企业发生股权交易及转增股本等事项后，应在次月 15 日内，将股东及其股权变化情况（选项 D）、股权交易前原账面记载的盈余积累数额（选项 E）、转增股本数额（选项 A）及扣缴税款情况（选项 B）报告主管税务机关。
【答案】ABDE

【单选题】根据个人所得税相关规定，计算合伙企业生产经营所得时准予扣除的是（ ）。
A. 合伙企业留存的利润
B. 分配给合伙人的利润
C. 支付的工商业联合会会费
D. 合伙个人缴纳的个人所得税

解析 合伙企业按照规定缴纳的摊位费、行政性收费、协会会费等，按实际发生数额扣除。
【答案】C

【单选题】李某持有某合伙企业 50% 的份额，合伙协议约定按出资比例分配经营所得。2024 年该企业经营利润 30 万元（未扣投资者费用），无纳税调整项目。企业留存利润 20 万元，李某分得利润 5 万元。李某没有综合所得，不考虑专项扣除，专项附加扣除和依法确定的其他扣除。2024 年李某应缴纳个人所得税（ ）元。
A. 6250
B. 7245
C. 7500
D. 8050

解析 2024 年李某应缴纳个人所得税 =（30×10000×50% − 60000）×10% − 1500 = 7500 元
【答案】C

【单选题】个人再次转让同一公司股权且被投资企业净资产未发生重大变化的，主管税务机关可参照上一次股权转让时被投资企业的资产评估报告核定此次股权转让收入。此办法适用于发生股权转让后（ ）个月内。
A. 1
B. 3
C. 6
D. 12

解析 6 个月内再次发生股权转让且被投资企业净资产未发生重大变化的，主管税务机关可参照上一次股权转让时被投资企业的资产评估报告核定此次股权转让收入。
【答案】C

【单选题】计算商铺租赁所得个人所得税时，不得在税前扣除的是（ ）。
A. 缴纳的印花税
B. 违章租赁的罚款
C. 经核准的修缮费用
D. 缴纳的城市维护建设税

解析 个人出租财产取得的财产租赁收入，在计算缴纳个人所得税时，应依次扣除以下费用：

（1）财产租赁过程中缴纳的税费；

（2）向出租方支付的租金；

（3）由纳税人负担的该出租财产实际开支的修缮费用（以每次800元为限，一次扣不完的，准予在下一次继续扣除，直到扣完为止）；

（4）税法规定的费用扣除标准。

【答案】B

【单选题】根据个人所得税的相关规定，个人独资企业的投资者及其家属发生的生活费用与企业生产经营费用混合在一起且难以划分的，其正确的税务处理方式是（　　）。

A. 实际发生额不得在税前扣除　　　　B. 实际发生额的10%可以在税前扣除

C. 实际发生额的40%可以在税前扣除　　D. 实际发生额的60%可以在税前扣除

解析 个人独资企业的投资者及其家庭发生的生活费用与企业生产经营费用混合在一起，并且难以划分的，全部视为投资者个人及其家庭发生的生活费用，不允许税前扣除。

【答案】A

【单选题】2024年5月公民方某将持有的境内上市公司限售股转让，取得转让收入20万元，假设该限售股原值无法确定，方某转让限售股应缴纳个人所得税（　　）万元。

A. 0　　　　B. 2.0　　　　C. 3.4　　　　D. 4.0

解析 限售股转让收入扣除限售股原值和合理税费后的余额为该限售股转让所得。企业未能提供完整、真实的限售股原值凭证，不能准确计算该限售股原值的，主管税务机关一律按该限售股转让收入的15%，核定为该限售股原值和合理税费。

方某转让限售股应缴纳个人所得税 = 20 × (1 - 15%) × 20% = 3.4万元

【答案】C

【多选题】根据个人所得税核定征收管理的规定，下列说法正确的有（　　）。

A. 实行核定征税的投资者不能享受个人所得税的优惠政策

B. 发生纳税义务而未按规定期限办理纳税申报的，应核定征税

C. 核定征收方式包括定额征收、核定应税所得率征收，以及其他合理征收方式

D. 企业经营多业的，无论其经营项目是否单独核算，均应根据其主营项目确定其适用的应税所得率

E. 征税方式由查账征收改为核定征收后，在原查账征收方式下经认定未弥补完的经营亏损，不得再继续弥补

解析 选项B，纳税人发生纳税义务，未按照规定的期限办理纳税申报，经税务机关责令限期申报，逾期仍不申报的，主管税务机关应采取核定征收方式征收个人所得税。

【答案】ACDE

【单选题】中国公民郑某为某上市公司独立董事，2025年1月取得董事费9万元，当月通过中国教育发展基金会捐款3万元用于公益事业。郑某的董事费应预扣预缴个人所得税（　　）元。

A. 10600　　　　　　B. 16900　　　　　　C. 18520　　　　　　D. 21800

解析　居民个人取得劳务报酬所得、稿酬所得、特许权使用费所得的，预扣预缴时不扣除公益捐赠支出，统一在汇算清缴时扣除。

郑某的董事费应预扣预缴个人所得税 = 9×10000×(1-20%)×40%-7000 = 21800元。

【答案】D

【单选题】依据个人所得税的相关规定，下列关于个体工商户税前扣除的说法，正确的是（　　）。

A. 个体工商户为业主本人支付的商业保险金，可以在税前扣除

B. 个体工商户被税务机关加收的税收滞纳金，可以在税前扣除

C. 个体工商户按照规定缴纳的行政性收费，可按实际发生额在税前扣除

D. 个体工商户发生的经营费用与生活费用划分不清的，可全额在税前扣除

解析　选项A，除个体工商户依照国家有关规定为特殊工种从业人员支付的人身安全保险费和财政部、国家税务总局规定可以扣除的其他商业保险费外，个体工商户业主本人或者为从业人员支付的商业保险费，不得扣除。选项B，税收滞纳金不能扣除。选项D，个体工商户在生产经营活动中，应当分别核算生产经营费用和个人、家庭费用，对于生产经营与个人、家庭生活混用难以分清的费用，其40%视为与生产经营有关费用，准予扣除。

【答案】C

【多选题】下列税务处理中，符合个人独资企业个人所得税相关规定的有（　　）。

A. 个人独资企业用于家庭的支出不得税前扣除

B. 个人独资企业计提的各种准备金不得税前扣除

C. 个人独资企业支付给环保部门的罚款允许税前扣除

D. 个人独资企业发生的与生产经营有关的业务招待费，可按规定扣除

E. 投资者兴办两个或两个以上企业的，其年度经营亏损不可跨企业弥补

解析　选项C，个人独资企业支付给环保部门的罚款，不得税前扣除。考生可能会对选项D有疑问，"按规定扣除"是没有问题的。

【答案】ABDE

【单选题】中国公民李某2024年在A国取得偶然所得8000元，按A国税法规定缴纳了个人所得税2000元，李某当年在中国应补缴个人所得税（　　）元。

A. 0　　　　　　　　　　　　　　　　B. 1000

C. 1600　　　　　　　　　　　　　　D. 2000

解析　抵免限额 = 8000×20% = 1600元，境外所得实际缴纳税额2000元，超过了抵免限额，实际抵免额为1600元。应补税额 = 8000×20%[在境内申报应纳税额]-1600[实际

抵免额]=0,即无需补缴税款。

【答案】 A

【单选题】 2024年度某个人独资企业发生生产经营费用30万元,经主管税务机关审核,与其家庭生活费用无法划分,依据个人所得税的相关规定,该个人独资企业允许税前扣除的生产经营费用为( )万元。

A. 0   B. 12   C. 18   D. 30

解析 个人独资企业投资者及其家庭发生的生活费用不允许在税前扣除。投资者及其家庭发生的生活费用与企业生产经营费用混合在一起,并且难以划分的,全部视为投资者个人及其家庭发生的生活费用,不允许在税前扣除。

【答案】 A

【单选题】 下列关于年金的个人所得税处理,说法正确的是( )。

A. 年金的企业缴费计入个人账户的部分,应视为个人一个月的工资缴纳个人所得税
B. 个人按本人缴费工资计税基数的5%缴纳的年金,在计算个人所得税时可全额扣除
C. 按年缴纳年金的企业缴费部分,应按照全年一次性奖金的计税方法缴纳个人所得税
D. 企业根据国家有关政策规定的办法和标准,为本单位全体职工缴付的企业年金单位缴费部分,在计入个人账户时,暂不缴纳个人所得税

解析 单位根据国家有关政策规定的办法和标准,缴付单位缴费部分,在计入个人账户时,个人暂不缴纳个人所得税,故选项A错误,选项D正确。选项B,个人根据规定缴付个人缴费部分,不超过本人缴费工资计税基数4%标准内的部分,暂从个人当期的应纳税所得额中扣除。选项C,领取年金时才需要缴纳个人所得税,不并入综合所得,全额单独计算应纳税款。

【答案】 D

【单选题】 某个体工商户2024年为其从业人员实际发放工资105万元,2024年该个体工商户允许税前扣除的从业人员补充养老保险限额为( )万元。

A. 1.05   B. 3.15   C. 5.25   D. 7.35

解析 个体工商户为从业人员缴纳的补充养老保险费、补充医疗保险费,分别在不超过从业人员工资总额5%标准内的部分据实扣除,超过部分,不得扣除。

该个体工商户允许税前扣除的从业人员补充养老保险限额=105×5%=5.25万元

【答案】 C

【多选题】 根据个人所得税的相关规定,下列转让行为应被视为股权转让收入明显偏低的有( )。

A. 不具有合理性的无偿转让股权
B. 申报的股权转让收入低于股权对应的净资产份额
C. 申报的股权转让收入低于取得该股权所支付的价款和相关税费

D. 申报的股权转让收入低于相同或类似条件下同类行业的企业股权转让收入

E. 被投资企业拥有土地使用权等资产的个人申报的股权转让收入低于股权对应的净资产公允价值份额 20% 的转让

解析 符合下列情形之一，视为股权转让收入明显偏低：

(1) 申报的股权转让收入低于股权对应的净资产份额的（选项 B）；

(2) 申报的股权转让收入低于初始投资成本或低于取得该股权所支付的价款及相关税费的（选项 C）；

(3) 申报的股权转让收入低于相同或类似条件下同一企业同一股东或其他股东股权转让收入的；

(4) 申报的股权转让收入低于相同或类似条件下同类行业的企业股权转让收入的（选项 D）；

(5) 不具合理性的无偿让渡股权或股份（选项 A）；

(6) 主管税务机关认定的其他情形。

【答案】 ABCD

【多选题】 下列支出，允许从个体工商户生产经营收入中扣除的有（　　）。

A. 参加财产保险支付的保险费

B. 代扣代缴的个人所得税税额

C. 货物出口过程中发生的汇兑损失

D. 个体工商户从业人员的实发工资

E. 为特殊工种从业人员支付的人身安全保险费

解析 选项 B 不得税前扣除。

【答案】 ACDE

【单选题】 孙某 2024 年 11 月份开始筹划设立一家个体工商户，2025 年 1 月申请领取营业执照到开业前发生业务招待费 25000 元。该业务招待费应计入开办费的金额为（　　）元。

A. 15000　　　　B. 17500　　　　C. 20000　　　　D. 25000

解析 个体工商户业主自申请营业执照之日起至开始生产经营之日止所发生的业务招待费，按照实际发生额的 60% 计入个体工商户的开办费。

该业务招待费应计入开办费的金额 = 25000 × 60% = 15000 元

【答案】 A

【单选题】 计算个人独资企业的个人所得税时，下列费用不得税前扣除的是（　　）。

A. 企业计提的坏账准备金

B. 企业缴纳的行政性收费

C. 投资者的亲属就职于该个人独资企业而取得的工资、薪金

D. 企业生产经营和投资者及其家庭生活共用但难以划分的固定资产折旧费

解析 选项 A，企业计提的各种准备金不得扣除。选项 BC 可据实扣除。选项 D，企业

生产经营和投资者及其家庭生活共用的固定资产,难以划分的,由主管税务机关根据企业的生产经营类型、规模等具体情况,核定准予税前扣除的折旧费用数额或比例。

【答案】A

【单选题】中国公民孙某任职于一家外资企业,2023年月平均工资为8000元,2024年月平均工资为7000元。孙某工作所在地2023年月平均工资为4200元,2024年月平均工资为4800元。2024年孙某缴纳个人所得税时,允许税前扣除的企业年金个人缴费部分限额为( )元。

A. 3360　　　　B. 3840　　　　C. 6912　　　　D. 6048

【解析】企业年金个人缴费工资计税基数为本人上一年度月平均工资,月平均工资超过职工工作地所在设区城市上一年度职工月平均工资300%以上的部分,不计入个人缴费工资计税基数。

孙某2023年月平均工资8000元<4200×300%=12600元

允许税前扣除的企业年金个人缴费部分限额=8000×4%×12=3840元

【答案】B

【单选题】2024年2月中国公民赵某买进某公司债券20000份,每份买入价8元,共支付手续费800元;11月份卖出10000份,每份卖出价8.3元,共支付手续费415元;12月底其余债券到期,取得债券利息2700元。赵某2024年应缴纳个人所得税( )元。

A. 437　　　　B. 697　　　　C. 940　　　　D. 977

【解析】(1)赵某11月份卖出10000份债券应按"财产转让所得"项目缴纳个人所得税。

一次卖出某一种类债券允许扣除的买入价和费用=(纳税人购进的该种类债券买入价和买进过程中缴纳的税费总和÷纳税人购进的该种类债券总数量)×一次卖出的该种类债券的数量+卖出的该种类债券过程中缴纳的税费=(20000×8+800)÷20000×10000+415=80815元

应纳税额=(转让收入−原值−合理税费)×20%=[转让收入−(原值+合理税费)]×20%=(10000×8.3−80815)×20%=437元

(2)赵某12月份取得债券利息应按照"利息、股息、红利所得"项目缴纳个人所得税。

应纳税额=2700×20%=540元

(3)赵某2024年应缴纳个人所得税=437+540=977元。

【答案】D

【单选题】2024年8月方某取得好友赠送的房产,赠与合同注明房产价值100万元,方某缴纳相关税费5万元并办理了产权证。方某取得该房产应缴纳个人所得税( )万元。

A. 9.5　　　　B. 10　　　　C. 19　　　　D. 20

【解析】除税法规定不征税的三种情形以外,房屋产权所有人将房屋产权无偿赠与他人的,受赠人因无偿受赠房屋取得的受赠所得,按照"偶然所得"项目缴纳个人所得税,税率为20%。其应纳税所得额为房地产赠与合同上标明的赠与房屋价值减除赠与过程中受赠人支付的相关税费后的余额。

方某取得该房产应缴纳个人所得税=(100-5)×20%=19万元

【答案】C

【多选题】根据个人所得税相关规定，下列属于主管税务机关可以核定股权转让收入的有（   ）。

A. 未按照规定期限办理纳税申报的
B. 申报的股权转让收入明显偏低且无正当理由的
C. 申报的股权转让收入明显偏低但有正当理由的
D. 转让方无法提供或拒不提供股权转让收入的有关资料
E. 未按照规定期限办理纳税申报，经税务机关责令限期申报，逾期仍不申报的

解析 符合下列情形之一的，主管税务机关可以核定股权转让收入：

（1）申报的股权转让收入明显偏低且无正当理由的（选项B要选，选项C不选）；

（2）未按照规定期限办理纳税申报，经税务机关责令限期申报，逾期仍不申报的（选项A不选，选项E要选）；

（3）转让方无法提供或拒不提供股权转让收入的有关资料（选项D要选）；

（4）其他应核定股权转让收入的情形。

【答案】BDE

【多选题】下列关于2024年上市公司员工取得与股票期权有关所得计征个人所得税的表述中，符合税法规定的有（   ）。

A. 员工行权后的股票再转让取得的所得，应按"工资、薪金所得"缴纳个人所得税
B. 员工接受公司授予的股票期权时，以当日收盘价按"工资、薪金所得"缴纳个人所得税
C. 员工行权时的施权价与该股票当日收盘价之间的差额，应按"工资、薪金所得"缴纳个人所得税
D. 员工因拥有股权而参与公司税后利润分配取得的所得，应按"利息、股息、红利所得"缴纳个人所得税
E. 经向主管税务机关备案，个人可自股票期权行权之日起，在不超过6个月的期限内缴纳个人所得税

解析 选项A，员工将行权后的股票再转让时获得的高于购买日公平市场价的差额，是因个人在证券二级市场上转让股票等有价证券而获得的所得，应按照"财产转让所得"适用的征免规定计算缴纳个人所得税，即个人将行权后的境内上市公司股票再行转让而取得的所得，暂免征收个人所得税。个人转让境外上市公司的股票而取得的所得，应按税法的规定计算应纳税所得额和应纳税额，依法缴纳税款。选项B，员工接受实施股票期权计划企业授予的股票期权时，除另有规定外，一般不作为应税所得征税。选项E，境内上市公司授予个人的股票期权、限制性股票和股权奖励，经向主管税务机关备案，个人可自股票期权行权、限制性股票解禁或取得股权奖励之日起，在不超过36个月的期限内缴纳个人所得税。纳税

人在此期间内离职的，应在离职前缴清全部税款。

【答案】CD

【多选题】下列关于个人养老金有关个人所得税政策，说法正确的有（　　）。
A. 在投资环节，对计入个人养老金资金账户的投资收益暂不征收个人所得税
B. 取得经营所得的个人，其缴费可以选择在当年预扣预缴时或次年汇算清缴时在限额标准内据实扣除
C. 个人按规定领取个人养老金时，由开立个人养老金资金账户所在市的商业银行机构代扣代缴其应缴的个人所得税
D. 在缴费环节，个人向个人养老金资金账户的缴费，按照12000元/年的限额标准，在综合所得或经营所得中据实扣除
E. 在领取环节，个人领取的个人养老金不并入综合所得，单独按照综合所得税率表计算缴纳个人所得税，其缴纳的税款计入"工资、薪金所得"项目

解析 选项B，取得工资薪金所得、按累计预扣法预扣预缴个人所得税劳务报酬所得的，其缴费可以选择在当年预扣预缴或次年汇算清缴时在限额标准内据实扣除。取得其他劳务报酬、稿酬、特许权使用费等所得或经营所得的，其缴费在次年汇算清缴时在限额标准内据实扣除。选项E，在领取环节，个人领取的个人养老金不并入综合所得，单独按照3%的税率计算缴纳个人所得税，其缴纳的税款计入"工资、薪金所得"项目。

【答案】ACD

【单选题】自2024年12月27日起，个人转让上市公司限售股所得缴纳个人所得税的纳税地点为（　　）。
A. 个人户籍地　　　　　　　　　　B. 个人经常居住地
C. 证券机构所在地　　　　　　　　D. 发行限售股的上市公司所在地

解析 个人转让上市公司限售股所得缴纳个人所得税时，纳税地点为发行限售股的上市公司所在地。

【答案】D

知识点 · 征收管理

【多选题】依据个人所得税的相关规定，个人的下列应税所得中，实行全员全额扣缴申报的有（　　）。
A. 经营所得　　　　　　　　　　　B. 劳务报酬所得
C. 财产转让所得　　　　　　　　　D. 财产租赁所得
E. 特许权使用费所得

解析 实行个人所得税全员全额扣缴申报的应税所得包括：（1）工资、薪金所得；（2）劳务报酬所得；（3）稿酬所得；（4）特许权使用费所得；（5）利息、股息、红利所得；

（6）财产租赁所得；（7）财产转让所得；（8）偶然所得。

【提示】记忆技巧：除"经营所得"以外的其他所得。

【答案】BCDE

【多选题】关于居民个人工资、薪金所得个人所得税的预扣预缴，雇佣单位及相关个人的税务处理正确的有（　　）。

A. 雇佣单位应在次月 15 日内将预扣员工的税款缴入国库
B. 雇佣单位按累计预扣法计算预扣税款，并按月办理扣缴申报
C. 雇佣单位发现员工提供的涉税信息不准确的，可要求限期修改
D. 雇佣单位应于年度终了后的两个月内向员工提供其扣缴税款信息
E. 雇佣单位相关个人取得税务机关扣缴税款手续费按"偶然所得"计税

【解析】选项 E，个人办理代扣代缴税款手续，按规定取得的扣缴手续费，免征个人所得税。

【答案】ABCD

【多选题】下列所得，实行全员全额扣缴申报个人所得税的有（　　）。

A. 经营所得　　　　　　　　　　B. 稿酬所得
C. 财产租赁所得　　　　　　　　D. 劳务报酬所得
E. 工资、薪金所得

【解析】选项 A 自行申报缴纳个人所得税，不属于全员全额扣缴申报个人所得税的范围。

【答案】BCDE

【综合分析题】

（一）

2024 年 1 月 1 日周某租赁位于省会城市的商铺一间，合同约定，该商铺用于周某拟开业的个体文印社经营使用，租期 3 年，每月支付不含税租金 5000 元，增值税 450 元，租金按季支付，第 1 个月免付租金。1 月 10 日周某的个体文印社正式对外营业，经主管税务机关确认实行查账征收并按季预缴个人所得税。

2024 年文印社共计取得不含税收入 142 万元，相关成本、费用和税费包括：雇员工资 20 万元，按规定标准为雇员缴纳"五险一金"2.5 万元；周某工资 24 万元，为周某缴纳补充养老保险 3.5 万元；其他经营支出及相关税费合计 56 万元。

鉴于文印社经营情况稳定，5 月 31 日周某从原任职公司辞职后专营文印社。2024 年 1～5 月，周某每月从原任职公司领取工资 1 万元，公司按规定为其代扣代缴"三险一金"和预扣预缴个人所得税。

（其他相关资料：该文印社为个体工商户，所在城市 2023 年度的社会平均工资为 10 万元，适用"六税两费"减半优惠政策，周某没有税法规定的专项附加扣除和依法确定的其他扣除。）

要求：根据上述资料，回答下列问题。

1. 周某签订的商铺租赁合同应缴纳的印花税是（ ）元。
   A. 87.50   B. 90.00   C. 95.38   D. 98.10

   解析 （1）周某签订的商铺租赁合同应按照"租赁合同"缴纳印花税，印花税的计税依据为合同所列的金额，不包括列明的增值税税款。合同约定租期3年，第1个月免租，所以合同金额为35个月的租金。
   （2）周某为小规模纳税人，适用"六税两费"减半优惠。
   （3）周某签订的商铺租赁合同应缴纳的印花税=5000×35×0.1%×50%["六税两费"减半]=87.5元。
   【答案】 A

2. 计算周某2024年的应税经营所得时，可税前扣除的补充养老保险费是（ ）万元。
   A. 0.96   B. 1.20   C. 1.50   D. 3.50

   解析 个体工商户业主本人缴纳的补充养老保险、补充医疗保险，以当地（地级市）上年度社会平均工资的3倍为计算基数，分别在不超过该计算基数5%标准内的部分据实扣除；超过部分，不得扣除。故周某补充养老保险税前扣除限额=10×3×5%=1.5万元，周某实际缴纳补充养老保险3.5万元，超过扣除限额，只能按照扣除限额1.5万元扣除。
   【答案】 C

3. 不考虑6万元减除费用的情况下，2024年周某文印社的应税经营所得是（ ）万元。
   A. 36.00   B. 38.30   C. 60.00   D. 62.00

   解析 业主周某工资24万元不得扣除。
   2024年周某文印社的应税经营所得=142[收入]−20[雇员工资]−2.5[雇员五险一金]−1.5[业主补充养老保险]−56[其他经营支出及相关税费]=62万元
   【答案】 D

4. 假如周某选择在经营所得中减除费用6万元，则2024年周某经营所得实际缴纳的个人所得税是（ ）元。
   A. 39500   B. 47550   C. 61750   D. 65250

   解析 （1）自2023年1月1日至2027年12月31日，对个体工商户年应纳税所得额不超过200万元的部分，减半征收个人所得税。个体工商户在享受现行其他个人所得税优惠政策的基础上，可叠加享受本条优惠政策。
   （2）享受减半优惠前的应纳税额=（62×10000−60000）×35%−65500=130500元。
   （3）减免税额=（经营所得应纳税所得额不超过200万元部分的应纳税额−其他政策减免税额×经营所得应纳税所得额不超过200万元部分÷经营所得应纳税所得额）×50%=（130500−0）×50%=65250元。
   （4）2024年周某经营所得实际缴纳的个人所得税=130500−65250=65250元。
   【答案】 D

5. 假如周某选择在综合所得中减除费用 6 万元，则 2024 年周某综合所得和经营所得实际缴纳个人所得税是（　　）元。

A. 67050　　　　B. 71800　　　　C. 75300　　　　D. 75750

🔍 **解析**　周某 1～5 月工资、薪金收入 = 1×5 = 5 万元，假如周某选择在综合所得中减除费用 6 万元，综合所得无需缴纳个人所得税。

经营所得应缴纳个人所得税 =（62×10000×35% − 65500）×50% = 75750 元

所以假如周某选择在综合所得中减除费用 6 万元，则 2024 年周某综合所得和经营所得实际缴纳的个人所得税 = 0 + 75750 = 75750 元。

【提示】此处经营所得应纳税额计算过程简化，如考题最终算出应纳税所得额超过 200 万元，或者还有其他政策减免税额，考生就必须严格按照公式计算，详细计算过程参考上小题，即题 4。另外本题并没有告知公司按规定为周某代扣代缴"三险一金"的数额，则计算时便无需考虑。

【答案】D

6. 计算个人所得税时，对于减除费用 6 万元、专项扣除、专项附加扣除和依法确定的其他扣除等税前减除项目，税务处理正确的有（　　）。

A. 当个人没有经营所得时，上述税前减除项目应在综合所得中扣除
B. 当个人没有综合所得和经营所得时，上述税前项目一律不得扣除
C. 当个人既有综合所得又有经营所得时，6 万元的减除费用可分别在两类所得中分摊扣除
D. 当个人既有综合所得又有经营所得时，上述税前减除项目可选择在综合所得或经营所得中扣除，但不得重复减除扣除
E. 当个人既有综合所得又有经营所得时，上述税前减除项目应首先在综合所得中扣除，未扣除完的余额可在经营所得中继续扣除

🔍 **解析**　取得经营所得的个人，没有综合所得的，计算其每一纳税年度的应纳税所得额时，应当减除费用 60000 元、专项扣除、专项附加扣除，以及依法确定的其他扣除，专项附加扣除在办理汇算清缴时减除。同时取得综合所得和经营所得的纳税人，可在综合所得或经营所得中申报减除费用 6 万元、专项扣除、专项附加扣除以及依法确定的其他扣除，但不得重复申报减除。

【答案】ABD

（二）

张某为某个人独资企业的投资者，该个人独资企业是一合伙企业的合伙人。2024 年张某涉税信息如下：

（1）个人独资企业的主营业务收入 120 万元，主营业务成本 70 万元（其中列支张某工资 10 万元），税金及附加 3 万元，销售费用 18 万元，管理费用 10 万元（其中业务招待费 6 万元），财务费用 8 万元，营业外支出 5 万元，投资收益 80 万元（其中来自持股期限为 8 个

月的新三板公司股息收益为20万元,来自合伙企业的经营所得为60万元)。

(2)9月20日,张某与李某签订租赁合同,将个人名下原值500万元的仓库从10月1日起出租给李某。租期为两年,2024年10~11月为免租期,从10月份开始按季度收取租金,每月不含税租金2万元。

(其他相关资料:仓库所在地计算房产税余值的扣除比例20%,不考虑仓库租赁行为的增值税、城市维护建设税、教育费附加和地方教育附加,考虑"六税两费"减半优惠政策;出租仓库缴纳的印花税一次性在计算个人所得税时扣除;张某没有其他综合所得。)

要求:根据上述资料,回答下列问题。

1. 张某2024年应缴纳仓库的房产税和印花税合计是（   ）元。
   A.23420   B.43460   C.46400   D.46840

解析 自2023年1月1日至2027年12月31日,对增值税小规模纳税人、小型微利企业和个体工商户减半征收资源税(不含水资源税)、城市维护建设税、房产税、城镇土地使用税、印花税(不含证券交易印花税)、耕地占用税和教育费附加、地方教育附加。张某为小规模纳税人,适用"六税两费"减半征税政策。

【提示】 后续题目再次涉及该考点时,解析中将不再详述该政策依据,编者会简要提示"六税两费"。

房屋租赁合同约定有免租期的,免租期内由产权所有人按照房产余值缴纳房产税。张某2024年出租仓库10~11月应按照房产余值适用1.2%从价计征房产税,12月应按照不含税租金收入适用12%的税率[仓库非住房]从租计征房产税。

张某应缴纳房产税=[500×(1-20%)×1.2%×11/12+2×12%]×50%["六税两费"减半]×10000=23200元

租赁合同约定租期两年,但2024年10~11月为免租期,所以合同金额为22个月租金。

张某应缴纳印花税=2×22×1‰×50%["六税两费"减半]×10000=220元

张某2024年应缴纳仓库的房产税和印花税合计=23200+220=23420元

【答案】 A

2. 张某2024年出租仓库应缴纳的个人所得税是（   ）元。
   A.2745.6   B.2816.0   C.2972.8   D.3008.0

解析 2024年只有12月份有租金收入,12月份租金收入=2×10000=20000元

12月份租金收入应缴纳房产税=20000×12%×50%=1200元

财产租赁所得,以1个月内取得的收入为一次。每次(月)收入超过4000元的,应纳个人所得税=[每次(月)收入额-准予扣除项目-修缮费用(800元为限)]×(1-20%)×20%=(20000-1200-220)×(1-20%)×20%=2972.8元。

【答案】 C

3. 张某80万元的投资收益,正确的个人所得税税务处理方式是（   ）。
   A.80万元按"经营所得"计税
   B.80万元按"利息、股息、红利所得"计税

C. 20万元按"利息、股息、红利所得"计税，60万元按"经营所得"计税

D. 20万元按"利息、股息、红利所得"计税，60万元按"财产转让所得"计税

解析 个人独资企业对外投资分回的利息或者股息、红利，不并入企业的收入，而应单独作为投资者个人取得的利息、股息、红利所得，按"利息、股息、红利所得"项目计征个人所得税。所以来自持股期限为8个月的新三板公司股息收益20万元应按"利息、股息、红利所得"项目计征个人所得税。

【提示】个人持有全国中小企业股份转让系统挂牌公司（简称挂牌公司）的股票，持股期限超过1年的，对股息、红利所得暂免征收个人所得税。个人持有挂牌公司的股票，持股期限在1个月以内（含1个月）的，其股息、红利所得全额计入应纳税所得额；持股期限在1个月以上至1年（含1年）的，其股息、红利所得暂减按50%计入应纳税所得额；上述所得统一适用20%的税率计征个人所得税。

个人从境内上市公司取得的公司股息、红利规定同上。

本题持股期限为8个月，减按50%计入应纳税所得额，但题目未要求考生计算应纳税额，只是做定性判断，选项C表述没有问题。

【答案】C

4. 计算张某2024年应税经营所得时，可扣除的主营业务成本和管理费用合计是（　　）万元。

A. 60.6　　　　　B. 64.6　　　　　C. 67.6　　　　　D. 74.6

解析 （1）投资者张某的工资不得在税前扣除，所以可扣除的主营业务成本 = 70 - 10 = 60万元。

（2）业务招待费扣除限额1 = 6 × 60% = 3.6万元，扣除限额2 = 120 × 5‰ = 0.6万元，按照孰小扣除原则，业务招待费可税前扣除0.6万元。

可扣除的管理费用 = 10 - 6 + 0.6 = 4.6万元

（3）可扣除的主营业务成本和管理费用合计 = 60 + 4.6 = 64.6万元。

【答案】B

5. 张某2024年度经营所得应缴纳的个人所得税是（　　）万元。

A. 4.23　　　　　B. 19.84　　　　C. 21.94　　　　D. 27.89

解析 经营所得应纳税所得额 = 120[收入] - 60[主营业务成本] - 3[税金及附加] - 18[销售费用] - 4.6[管理费用] - 8[财务费用] - 5[营业外支出] + 60[合伙企业经营所得] - 6[生计费] = 75.4万元。

张某2024年度经营所得应缴纳个人所得税 = 75.4 × 35% - 65500 ÷ 10000[速扣数换算为万元] = 19.84万元

【提示】考生需注意"应纳税所得额不超过200万元的部分，减半征收个人所得税"的优惠只适用于"个体工商户"，不包括个人独资企业。

【答案】B

6. 关于个人独资企业所得税征收管理，正确的有（　　）。

A. 个人独资企业以投资者为纳税人

B. 实行核定征收的投资者，不得享受个人所得税的优惠政策

C. 投资者兴办两个或两个以上企业的，企业年度经营亏损可相互弥补

D. 持有权益性投资的个人独资企业，一律采用查账征收方式计征个人所得税

E. 投资者兴办两个或两个以上企业的，应分别计算各企业的应纳税所得额，并据此确定适用税率计算缴纳个人所得税

解析 选项C，投资者兴办两个或两个以上企业的，企业的年度经营亏损不能跨企业弥补。选项E，投资者兴办两个或两个以上企业的，并且企业性质全部是独资的，年度终了后汇算清缴时，其应纳税额的具体计算方法为：汇总其投资兴办的所有企业的经营所得作为应纳税所得额，以此确定适用税率，计算出全年经营所得的应纳税额，再根据每个企业的经营所得占所有企业经营所得的比例，分别计算出每个企业的应纳税额和应补缴税额。

【答案】ABD

（三）

中国居民刘某为境内某科技公司研究员，2024年度涉税事项和收入信息如下：

（1）每月从任职公司取得工资收入18500元（含按国家标准缴纳的三险一金3500元）。

（2）将直辖市一套住房出租给当地工作的夏某居住，夏某在当地没有自有住房。双方签订的租赁合同约定，租期一年，每月不含税租金3800元，租金按季度支付，合同签订日和房屋交付日均为6月30日，合同生效日为7月1日。不考虑除房产税、印花税以外的税费。

（3）9月承接境外一项咨询业务，一次性取得咨询费收入折合人民币80000元，已经依法扣缴个人所得税12000元。

（4）12月通过红十字会捐款44400元。

（其他相关资料：刘某每月享受的专项附加扣除金额为3000元，境内工资所得已足额预扣预缴税款5880元，公益慈善捐赠选择在综合所得年度汇算清缴时扣除。不考虑国际税收协定因素。）

要求：根据上述资料，回答下列问题。

1. 关于住房租赁的税务处理，下列说法正确的有（　　）。

A. 夏某可享受住房租赁合同印花税免税优惠

B. 刘某可享受住房租赁合同印花税减半优惠

C. 刘某可按照4%的优惠税率计算缴纳房产税

D. 刘某可按照10%的优惠税率计算缴纳出租住房的个人所得税

E. 夏某在2024年综合所得个人所得税汇算清缴时，可扣除住房租金专项附加扣除9000元

解析 对个人出租、承租住房签订的租赁合同，免征印花税，刘某和夏某均可享受印花税免税优惠，所以选项A正确，选项B错误。纳税人在主要工作城市没有自有住房而发生的住房租金支出，包括直辖市、省会（首府）城市、计划单列市及国务院确定的其他城市，

扣除标准为每月1500元,所以夏某在2024年综合所得个人所得税汇算清缴时,可扣除住房租金专项附加扣除 = 1500×6 = 9000元,选项E正确。

【答案】ACDE

2. 刘某住房租赁所得2024年应缴纳的个人所得税是（　　）元。
A. 1684.8　　　　B. 1708.8　　　　C. 1754.4　　　　D. 1869.6

解析　（1）对个人出租住房,不区分实际用途的,均按4%的税率征收房产税。刘某为小规模纳税人,适用"六税两费"减半征税政策。

刘某出租住房每月应缴纳房产税 = 3800×4%×50%["六税两费"减半] = 76元

（2）财产租赁所得,以1个月内取得的收入为一次。每次（月）收入≤4000元,应纳税所得额 = 每次（月）收入额 - 准予扣除项目 - 修缮费用（800元为限）- 800元。

（3）个人出租住房,减按10%的税率征收个人所得税。

（4）刘某住房租赁所得2024年应缴纳个人所得税 = (3800 - 76 - 800)×10%×6 = 1754.4元。

【答案】C

3. 刘某通过红十字会的捐款可在综合所得税前扣除的金额是（　　）元。
A. 2500　　　　B. 19200　　　　C. 38640　　　　D. 44400

解析　境内外综合所得应纳税所得额 = 18500×12[境内收入额] + 80000×(1 - 20%)[境外收入额] - 60000[生计费] - 3500×12[专项扣除] - 3000×12[专项附加扣除] = 148000元

捐赠扣除限额 = 148000×30% = 44400元,通过红十字会实际捐款支出44400元,未超过扣除限额,可以据实扣除。

【提示】考生注意这里容易混淆,"通过红十字会捐款"为30%限额扣除的捐赠,而"对红十字事业的捐赠"为全额扣除的捐赠。

【答案】D

4. 不考虑境外所得税额抵免的情况下,境内外综合所得应缴纳的个人所得税是（　　）元。
A. 6496　　　　B. 7840　　　　C. 9760　　　　D. 12040

解析　不考虑境外所得税额抵免的情况下,境内外综合所得应缴纳个人所得税 = (148000 - 44400)×10% - 2520 = 7840元。

【答案】B

5. 刘某综合所得年度汇算清缴时,境外所得实际抵免税额是（　　）元。
A. 1294.58　　　　B. 1754.41　　　　C. 2056.39　　　　D. 19509.51

解析　（1）境外综合所得收入额 = 80000×(1 - 20%) = 64000元。
（2）境内综合所得收入额 = 18500×12 = 222000元。

(3) 境内和境外综合所得收入额合计 = 64000 + 222000 = 286000 元。

(4) 来源于一国（地区）综合所得的抵免限额 = 中国境内和境外综合所得应纳税额 × 来源于该国（地区）的综合所得收入额 ÷ 中国境内和境外综合所得收入额合计 = 7840 × 64000 ÷ 286000 = 1754.41 元。

(5) 境外所得在境外实际已纳税额为 12000 元，超过抵免限额，按照孰小原则，只能抵免 1754.41 元。

【答案】 B

6. 刘某综合所得年度汇算清缴应补（退）的个人所得税是（ ）元。

A. 补 205.59　　　　B. 补 4403.08　　　　C. 退 96.39　　　　D. 退 678.58

解析 刘某综合所得年度汇算清缴应补个人所得税 = 7840 − 1754.41 − 5880 = 205.59 元

【答案】 A

（四）

甲有限合伙创投企业由法人企业乙和居民个人张某各自出资 500 万元组建，双方约定按 6∶4 分配经营所得。甲企业采用年度所得整体核算方式，2022 年 9 月 1 日甲企业将 1000 万元以股权投资方式直接投资于丙初创科技型企业，2024 年度甲企业、乙企业和居民张某的经营信息如下：

(1) 甲企业转让对丙企业出资的全部股权，实现所得 400 万元。

(2) 乙企业自身经营行为的应纳税所得额为 500 万元。

(3) 张某设立的个人独资企业不含税收入 2000 万元，主营业务成本 820 万元，期间费用 490 万元（其中业务招待费 80 万元），税金及附加 8 万元，计入成本费用的实发工资总额 400 万元（其中张某工资 36 万元），张某除个人独资企业的经营所得和从甲企业应分配的所得外，当年无其他收入和专项扣除、专项附加扣除和依法确定的其他扣除。

要求：根据上述资料，回答下列问题。

1. 依据税法规定，有限合伙创投企业的合伙人享受创业投资企业税收优惠，需要被投资方初创科技型企业具备一定的条件。下列各项中，属于初创科技型企业应具备的条件有（ ）。

A. 接受投资时设立时间不超过 5 年

B. 接受投资时资产总额和年销售收入均不超过 5000 万元

C. 接受投资当年研发费用总额占成本费用支出比例不低于 20%

D. 接受投资后下一纳税年度研发费用总额占成本费用支出比例需达 30%

E. 境内（不包括港、澳、台地区）注册、实行查账征收的居民企业

解析 初创科技型企业，应同时符合以下条件：

(1) 中国境内（不包括港、澳、台地区）注册成立、实行查账征收的居民企业（选项 E 要选）。

(2) 接受投资时，从业人数不超过 300 人，其中具有大学本科以上学历的从业人数不低于 30%。

（3）资产总额和年销售收入均不超过 5000 万元（选项 B 要选）。
（3）接受投资时设立时间不超过 5 年（60 个月）（选项 A 要选）。
（4）接受投资时以及接受投资后 2 年内未在境内外证券交易所上市。
（5）接受投资当年及下一纳税年度，研发费用总额占成本费用支出的比例不低于 20%（选项 C 要选、选项 D 不选）。

【答案】ABCE

2. 乙企业 2024 年计算应纳税所得额实际抵扣的创业投资额为（　　）万元。
A. 240　　　　　B. 350　　　　　C. 420　　　　　D. 700

解析　合伙创投企业采取股权投资方式直接投资于初创科技型企业满 2 年（24 个月，下同）的，合伙创投企业的法人合伙人可以按照对初创科技型企业投资额的 70% 抵扣法人合伙人从合伙创投企业分得的所得；当年不足抵扣的，可以在以后纳税年度结转抵扣；个人合伙人可以按照对初创科技型企业投资额的 70% 抵扣个人合伙人从合伙创投企业分得的经营所得；当年不足抵扣的，可以在以后纳税年度结转抵扣。

合伙创投企业的合伙人对初创科技型企业的投资额，按照合伙创投企业对初创科技型企业的实缴投资额和合伙协议约定的合伙人占合伙创投企业的出资比例计算确定。本题中甲有限合伙创投企业由乙企业和张某各自出资 500 万元组建，则两个合伙人的出资比例均为 50%。

乙企业可以抵扣的创业投资额 = 1000 × 50% × 70% = 350 万元

乙企业从合伙企业分得的所得 = 400 × 60% = 240 万元，实际只能抵扣创业投资额 240 万元，不足抵扣的部分（350 - 240 = 110 万元）可以在以后纳税年度结转抵扣。

考生需要注意，这里只能抵扣从合伙创投企业分得的所得，而不能抵扣法人合伙人乙企业自身的所得 500 万元。

【答案】A

3. 乙企业 2024 年应缴纳企业所得税（　　）万元。
A. 58.8　　　　　B. 80　　　　　C. 97.5　　　　　D. 125

解析　乙企业 2024 年应缴纳企业所得税 = (500 + 400 × 60% - 240) × 25% = 125 万元

【答案】D

4. 张某的个人独资企业 2024 年应纳税所得额为（　　）万元。
A. 598　　　　　B. 682　　　　　C. 718　　　　　D. 782

解析　（1）业务招待费扣除限额 1 = 80 × 60% = 48 万元，扣除限额 2 = 2000 × 0.5% = 10 万元；按照孰小扣除原则，可以扣除的业务招待费为 10 万元。所以业务招待费应调增应纳税所得额 = 80 - 10 = 70 万元。

（2）投资者张某个人的工资不得扣除，应调增应纳税所得额 36 万元。

（3）2024 年应纳税所得额 = (2000[收入] - 820[成本] - 490[费用] - 8[税金及附加] + 70[招待费调增] + 36[投资者工资调增]) - 6[生计费] = 782 万元。

【答案】D

5. 张某计算个人所得税实际抵扣的投资额为（　　）万元。
   A. 160   B. 350   C. 420   D. 700

   解析　张某可以抵扣的创业投资额 = 1000 × 50% × 70% = 350 万元
   张某从合伙企业分得的所得 = 400 × 40% = 160 万元，实际只能抵扣创业投资额 160 万元，不足抵扣的部分（350 − 160 = 190 万元）可以在以后纳税年度结转抵扣。
   【答案】 A

6. 张某 2024 年经营所得应缴纳个人所得税（　　）万元。
   A. 176.15   B. 200.60   C. 230.05   D. 267.15

   解析　张某 2024 年经营所得应缴纳个人所得税 =（782 + 160 − 160）× 35% − 6.55［换算成"万元"的速扣数］= 267.15 万元
   【答案】 D

（五）

中国居民程某为天使投资人，2024 年收支情况如下：

（1）8 月 13 日，以每股 11.5 元转让初创科技型甲股份有限公司股份 100 万股，该股份是 2022 年 1 月 1 日以现金 500 万元取得，每股成本 2.5 元。

（2）9 月 5 日，取得甲股份有限公司转增股本 80 万元，其中来源于股票溢价发行形成的资本公积 50 万元、未分配利润 30 万元。

（3）从其持股 10% 的境内合伙企业分回经营所得 50 万元。合伙企业当年实现经营所得 800 万元，合伙协议约定按投资份额分配经营所得。

（4）开办境外个人独资企业，当年按我国税法确定的境外所得 48.91 万元。已在境外缴纳个人所得税 2.76 万元。

（5）通过某市教育局向农村义务教育捐赠 300 万元，选择在股份转让所得中扣除。通过某民政部门捐赠现金 52 万元，用于抗洪救灾，选择在经营所得中扣除。

（6）程某每月按照规定标准缴纳三险一金 4400 元，无其他扣除项目。

要求：根据上述资料，回答下列问题。

1. 程某取得该股份转让所得应缴纳的个人所得税是（　　）万元。
   A. 50   B. 56   C. 120   D. 126

   解析　（1）天使投资个人采取股权投资方式直接投资于初创科技型企业满 2 年的，可以按照投资额的 70% 抵扣转让该初创科技型企业股权取得的应纳税所得额。
   股权转让所得应纳税所得额 =（11.5 − 2.5）× 100 − 500 × 70% = 550 万元
   （2）对个人通过非营利的社会团体和国家机关向农村义务教育的捐赠，准予在计算个人所得税时全额扣除。
   程某取得该股份转让所得应缴纳个人所得税 =（550 − 300）× 20% = 50 万元
   【答案】 A

2. 取得的转增股本所得应缴纳的个人所得税是（　　）万元。
A. 6　　　　　　B. 8　　　　　　C. 10　　　　　　D. 16

解析　对股份制企业股票溢价发行收入所形成的资本公积金转增股本不属于股息、红利性质的分配，对个人取得的转增股本数额，不作为个人所得，不征收个人所得税。

取得的转增股本所得应缴纳个人所得税 = 30 × 20% = 6 万元

【答案】A

3. 下列关于个人公益性捐赠税前扣除的说法正确的有（　　）。
A. 在经营所得中扣除的公益性捐赠支出，只能在办理汇算清缴时扣除
B. 居民个人发生的公益性捐赠支出，可以在捐赠当月取得的分类所得中扣除
C. 个人同时发生限额扣除和全额扣除的公益性捐赠支出，可自行选择税前扣除的顺序
D. 居民个人发生的公益性捐赠支出，不可以在取得劳务报酬所得当期预扣预缴税款时扣除
E. 居民个人可以自行选择在综合所得、经营所得、分类所得中，扣除公益性捐赠支出的顺序

解析　选项 A，在经营所得中扣除公益捐赠支出的，可以选择在预缴税款时扣除，也可以选择在汇算清缴时扣除。

【提示】考生需注意公益性捐赠支出在综合所得和经营所得中扣除的时点：
（1）居民个人取得工资、薪金所得的，可以选择在预扣预缴时扣除，也可以选择在年度汇算清缴时扣除；
（2）居民个人取得劳务报酬所得、稿酬所得、特许权使用费所得的，预扣预缴时不扣除公益捐赠支出，统一在汇算清缴时扣除；
（3）在经营所得中扣除公益捐赠支出的，可以选择在预缴税款时扣除，也可以选择在汇算清缴时扣除。

【答案】BCDE

4. 程某取得境内外经营所得的应纳税所得额是（　　）万元。
A. 61.34　　　　B. 69.24　　　　C. 82.34　　　　D. 90.24

解析　计算扣除捐赠额之前的应纳税所得额 = 800 × 10%［境内经营所得］+ 48.91［境外经营所得］- 6［生计费］- 4400 × 12/10000［折算为"万元"的三险一金］= 117.63 万元

捐赠扣除限额 = 117.63 × 30% = 35.29 万元

实际发生的捐赠支出 52 万元，超过扣除限额，只能按照限额 35.29 万元扣除。

程某取得境内外经营所得的应纳税所得额 = 117.63 - 35.29 = 82.34 万元

【提示】"从其持股 10% 的境内合伙企业分回经营所得 50 万元"是个干扰条件，计算时要用 800 × 10% 而不能直接用 50 万元。

【答案】C

5. 程某取得境外经营所得的抵免限额是（　　）万元。

　　A. 11.88　　　　　B. 12.49　　　　　C. 13.23　　　　　D. 13.57

解析　境内外经营所得应纳税额 = 82.34×35% - 6.55 [换算成"万元"的速扣数] = 22.27 万元

来源于一国（地区）经营所得的抵免限额 = 中国境内和境外经营所得应纳税额 × 来源于该国（地区）的经营所得应纳税所得额 ÷ 中国境内和境外经营所得应纳税所得额合计 = 22.27×48.91÷82.34 = 13.23 万元

【答案】 C

6. 程某境内外经营所得应缴纳的个人所得税是（　　）万元。

　　A. 12.15　　　　　B. 14.92　　　　　C. 19.51　　　　　D. 22.27

解析　境外经营所得的抵免限额为 13.23 万元，境外实际缴纳税额为 2.76 万元，按照孰小原则，实际抵免额为 2.76 万元。

程某境内外经营所得应缴纳个人所得税 = 22.27 - 2.76 = 19.51 万元

【答案】 C

（六）

居民刘某投资兴办了甲、乙个人独资企业，甲企业主营餐饮业，乙企业主营建筑业。2024 年相关涉税事项如下：

（1）甲企业不含税营业收入 150 万元，实际发放工资总额 26 万元（其中含刘某工资 8 万元）。由于菜品采购渠道复杂，所以相关成本费用无法准确核算，主管税务机关核定的应税所得率为 20%。

（2）乙企业不含税营业收入 1000 万元，成本费用税金及附加 636 万元，其中广告费用 180 万元，实发工资总额 100 万元（含刘某工资 12 万元）。

（3）乙企业对外投资取得股息所得 10 万元。

要求：根据上述资料，回答下列问题。

1. 甲企业的应税生产经营所得额为（　　）万元。

　　A. 4　　　　　B. 12　　　　　C. 24　　　　　D. 30

解析　甲企业的应税生产经营所得额 = 收入总额 × 应税所得率 = 150×20% = 30 万元

【答案】 D

2. 乙企业的应税生产经营所得额为（　　）万元。

　　A. 358　　　　　B. 364　　　　　C. 400　　　　　D. 406

解析　（1）广告费扣除限额 = 1000×15% = 150 万元，实际发生额为 180 万元，超过扣除限额，应纳税调增，应调增应纳税所得额 = 180 - 150 = 30 万元。

（2）投资者的工资不得在税前扣除，刘某工资应调增应纳税所得额 12 万元。

（3）乙企业的应税生产经营所得额 = 1000 [营业收入] - 636 [成本费用税金] + 30 [广告

费调增]+12[投资者工资]-6[生计费]=400万元。

【答案】C

3. 投资者刘某2024年的经营所得和股息所得合计应缴纳个人所得税（　　）万元。

A. 129.15　　　　B. 139.65　　　　C. 145.95　　　　D. 147.45

解析　（1）经营所得应缴纳个人所得税=（30+400）×35%-6.55[换算成"万元"的速扣数]=143.95万元。

（2）个人独资企业对外投资分回的利息或者股息、红利，不并入企业的收入，而应单独作为投资者个人取得的利息、股息、红利所得，按"利息、股息、红利所得"项目计征个人所得税。

股息所得应缴纳个人所得税=10×20%=2万元

（3）投资者刘某2024年的经营所得和股息所得合计应缴纳个人所得税=143.95+2=145.95万元。

【答案】C

4. 刘某在甲企业的经营所得应缴纳个人所得税（　　）万元。

A. 9.39　　　　B. 10.04　　　　C. 10.15　　　　D. 10.22

解析　投资者兴办两个或两个以上企业的，并且企业性质全部是独资的，年度汇算清缴时，应纳税额的计算方法：

（1）应纳税所得额=Σ各个企业的经营所得。

（2）应纳税额=应纳税所得额×税率-速算扣除数。

（3）本企业应纳税额=应纳税额×本企业的经营所得÷Σ各企业的经营所得。

（4）本企业应补缴的税额=本企业应纳税额-本企业预缴的税额。

刘某在甲企业的经营所得应缴纳个人所得税=143.95×30÷(30+400)=10.04万元

【答案】B

5. 刘某在乙企业的经营所得应缴纳个人所得税（　　）万元。

A. 123.03　　　　B. 127.17　　　　C. 133.91　　　　D. 137.16

解析　刘某在乙企业的经营所得应缴纳个人所得税=143.95×400÷(30+400)=133.91万元

【答案】C

6. 下列与个人独资企业有关个人所得税规定，表述正确的有（　　）。

A. 实行核定征收的个人投资者不得享受个人所得税优惠

B. 投资者兴办两个或两个以上企业的，企业的年度经营亏损不能跨企业弥补

C. 个人独资企业对外投资分回的股息、红利，应并入企业的收入，按照经营所得征税

D. 投资者及其家庭发生的生活费用与企业生产经营费用混合在一起，并且难以划分的，其40%视为与生产经营有关费用，准予扣除

E. 持有股权、股票、合伙企业财产份额等权益性投资的个人独资企业、合伙企业，一律适用查账征收方式计征个人所得税

解析 选项 C，个人独资企业对外投资分回的利息或者股息、红利，不并入企业的收入，而应单独作为投资者个人取得的利息、股息、红利所得，按"利息、股息、红利所得"项目计征个人所得税。选项 D，投资者及其家庭发生的生活费用不允许在税前扣除，投资者及其家庭发生的生活费用与企业生产经营费用混合在一起，并且难以划分的，全部视为投资者个人及其家庭发生的费用，不允许在税前扣除。个体工商户生产经营活动中，用于个人和家庭的支出不得扣除，个体工商户应当分别核算生产经营费用和个人、家庭费用。对于生产经营与个人、家庭生活混用难以分清的费用，其 40% 视为与生产经营有关费用，准予扣除。

【答案】 ABE

（七）

中国居民赵某为某公司高层管理人员，2024 年有关涉税信息和收支情况如下：

（1）每月应发工资薪金 20000 元，公司每月按规定标准为其扣缴"三险一金"合计 4000 元。

（2）2 月签订不动产租赁合同，将原值 400 万元的一套住房按市场价格出租，租期 3 年，约定 2 月 28 日交付使用，3 月 1 日起租，每月租金 5000 元。

（3）3 月取得劳务报酬收入 10000 元，将其中 8000 元通过民政局捐给农村义务教育；5 月取得稿酬收入 5000 元；6 月取得特许权使用费收入 2000 元。

（其他相关资料：赵某无免税收入，每月享受专项附加扣除 3000 元，取得各项综合所得时支付方已预扣预缴个人所得税，出租房产不考虑增值税和附加税费，以上金额均不考虑增值税的影响。）

要求：根据上述资料，回答下列问题。

1. 赵某当年出租住房应缴纳房产税（　　）元。
A. 1000　　　　　　B. 1100　　　　　　C. 3000　　　　　　D. 6000

解析 自 2023 年 1 月 1 日至 2027 年 12 月 31 日，对增值税小规模纳税人、小型微利企业和个体工商户减半征收资源税（不含水资源税）、城市维护建设税、房产税、城镇土地使用税、印花税（不含证券交易印花税）、耕地占用税和教育费附加、地方教育附加。赵某为小规模纳税人，房产税适用"六税两费"减半优惠。

对个人出租住房，不区分实际用途，均按 4% 的税率征收房产税。

赵某当年出租住房应缴纳房产税 = 5000 × 10 × 4% × 50% = 1000 元。

【答案】 A

2. 赵某当年出租住房应缴纳个人所得税（　　）元。
A. 1600　　　　　　B. 3200　　　　　　C. 3840　　　　　　D. 3920

解析 （1）对个人出租、承租住房签订的租赁合同，免征印花税。

（2）每月应缴纳房产税 = 5000 × 4% × 50% = 100 元。

(3) 财产租赁所得，以1个月内取得的收入为一次。每次（月）收入超过4000元的，应纳税所得额=[每次(月)收入额-准予扣除项目-修缮费用(800元为限)]×(1-20%)=(5000-100)×(1-20%)=3920元。

(4) 对个人出租住房取得的所得减按10%的税率征收个人所得税。

(5) 赵某当年出租住房应缴纳个人所得税=3920×10%×10=3920元。

【答案】D

3. 赵某当年综合所得的计税收入额是（　　）元。
A. 246000　　　　B. 252000　　　　C. 252400　　　　D. 253200

解析　劳务报酬所得、稿酬所得、特许权使用费所得，以收入减除20%的费用后的余额为收入额，稿酬所得的收入额减按70%计算。

工资、薪金收入额=收入全额=20000×12=240000元

劳务报酬收入额=10000×(1-20%)=8000元

稿酬收入额=5000×(1-20%)×70%=2800元

特许权使用费收入额=2000×(1-20%)=1600元

赵某当年综合所得的计税收入额=240000+8000+2800+1600=252400元

【答案】C

4. 赵某当年综合所得应预扣预缴个人所得税（　　）元。
A. 8200　　　　B. 9480　　　　C. 9560　　　　D. 9720

解析　(1)预扣预缴时的减除费用，劳务报酬所得、稿酬所得、特许权使用费所得每次收入不超过4000元的，减除费用按800元计算；每次收入4000元以上的，减除费用按收入的20%计算（考生注意这里和汇算清缴时减除费用的确定规则不同）。

(2) 工资、薪金所得应预扣预缴个人所得税=(20000×12-5000×12-4000×12-3000×12)×10%-2520=7080元

(3) 劳务报酬预扣预缴时不扣除公益捐赠支出，统一在汇算清缴时扣除。

劳务报酬所得应预扣预缴个人所得税=10000×(1-20%)×20%=1600元

(4) 稿酬所得应预扣预缴个人所得税=5000×(1-20%)×70%×20%=560元。

(5) 特许权使用费所得应预扣预缴个人所得税=(2000-800)×20%=240元。

赵某当年综合所得应预扣预缴个人所得税=7080+1600+560+240=9480元

【答案】B

5. 赵某当年综合所得应缴纳个人所得税（　　）元。
A. 6880　　　　B. 7480　　　　C. 7520　　　　D. 7580

解析　个人通过非营利的社会团体和国家机关向农村义务教育的捐赠，准予在计算个人所得税时全额扣除。

综合所得应纳税所得额=252400[收入额]-60000[生计费]-4000×12[三险一金专项扣除]-3000×12[专项附加扣除]-8000[捐赠]=100400元

赵某当年综合所得应缴纳个人所得税 = 100400×10% − 2520 = 7520 元
【答案】C

6. 关于赵某当年综合所得汇算清缴相关事项，下列说法正确的有（　　）。
A. 赵某应在 2025 年 3 月 1 日至 6 月 30 日办理 2024 年综合所得汇算清缴
B. 赵某可通过取得工资、薪金或特许权使用费所得的扣缴义务人代办申报
C. 赵某综合所得汇算清缴的相关资料，自汇算清缴期结束之日起留存 5 年
D. 赵某委托扣缴义务人代理年度汇算的，其汇算办理地为扣缴义务人的主管机关
E. 赵某发现扣缴义务人代办申报信息存在错误的，可以要求扣缴义务人办理更正申报

解析　纳税人可自主选择下列办理方式：
(1) 自行办理。
(2) 通过任职受雇单位（含按累计预扣法预扣预缴其劳务报酬所得个人所得税的单位）代为办理。
(3) 委托涉税专业服务机构或其他单位及个人办理，纳税人应当与受托人签订授权书。
选项 B，可通过任职受雇单位（含按累计预扣法预扣预缴其劳务报酬所得个人所得税的单位）代为办理，不包括特许权使用费的扣缴义务人。
【答案】ACDE

（八）

李某于 2023 年底承包甲公司，不改变企业性质，协议约定李某每年向甲公司缴纳 400 万元承包费后，经营成果归李某所有，甲公司适用企业所得税税率 25%。2024 年该公司有关所得税资料和员工王某的收支情况如下：
(1) 甲公司会计利润 667.5 万元，其中包含国债利息收入 10 万元，从居民企业分回的投资收益 40 万元。
(2) 甲公司计算会计利润时扣除了营业外支出 300 万元，系非广告性赞助支出。
(3) 甲公司以前年度亏损 50 万元可以弥补。
(4) 员工王某每月工资 18000 元，每月符合规定的专项扣除 2800 元，专项附加扣除 1500 元，另外王某 2024 年 2 月从其他单位取得劳务报酬收入 35000 元。

要求：根据上述资料，回答下列问题。

1. 甲公司 2024 年纳税调整金额合计是（　　）万元。
A. 250　　　　　　B. 260　　　　　　C. 290　　　　　　D. 300

解析　(1) 国债利息收入 10 万元免征企业所得税，应纳税调减。
(2) 从居民企业分回的投资收益 40 万元免征企业所得税，应纳税调减。
(3) 非广告性赞助支出 300 万元不能在企业所得税税前扣除，应纳税调增。
(4) 弥补亏损不属于纳税调整。
(5) 甲公司 2024 年纳税调整金额合计 = −10 − 40 + 300 = 250 万元。
【答案】A

2. 甲公司2024年应缴纳的企业所得税是（　　）万元。
A. 166.88　　　　B. 216.88　　　　C. 229.38　　　　D. 241.88

解析　甲公司2024年应缴纳企业所得税=（667.5+250-50［弥补亏损］）×25%=216.88万元。

【答案】B

3. 李某承包甲公司2024年应缴纳的个人所得税是（　　）元。
A. 64630　　　　B. 93360　　　　C. 111670　　　　D. 132670

解析　个人对企事业单位承包、承租经营后，市场主体登记仍为企业的，不论其分配方式如何，均应先按照企业所得税的有关规定缴纳企业所得税，然后根据承包、承租经营者按合同（协议）规定取得的所得，依照有关规定缴纳个人所得税。承包、承租人对企业经营成果不拥有所有权，仅按合同（协议）规定取得一定所得的，按"工资、薪金所得"项目征收个人所得税；承包、承租人按合同（协议）规定只向发包方、出租人缴纳一定的费用，缴纳承包、承租费后的企业的经营成果归承包人、承租人所有的，按"经营所得"项目征收个人所得税（本题经营成果归李某所有，属于此类）。

应纳税所得额=（667.5-216.88）［税后经营利润］-400［承包费］-6［生计费］=44.62万元

李某承包甲公司2024年应缴纳个人所得税=44.62×10000×30%-40500=93360元

【答案】B

4. 甲公司2024年2月应预扣预缴王某的个人所得税是（　　）元。
A. 261　　　　B. 522　　　　C. 1410　　　　D. 6661

解析　甲公司2024年1月应预扣预缴王某个人所得税=（18000-5000-2800-1500）×3%=261元

甲公司2024年2月应预扣预缴王某个人所得税=（18000×2-5000×2-2800×2-1500×2）×3%-261=261元

【答案】A

5. 王某的劳务报酬应预扣预缴的个人所得税是（　　）元。
A. 4680　　　　B. 5600　　　　C. 6400　　　　D. 8400

解析　王某劳务报酬应预扣预缴个人所得税=35000×（1-20%）×30%-2000=6400元

【答案】C

6. 王某2024年个人所得税汇算清缴时，应退的个人所得税是（　　）元。
A. 3500　　　　B. 3600　　　　C. 6400　　　　D. 7920

解析　王某2024年汇算清缴应纳个人所得税=［18000×12+35000×（1-20%）-60000-2800×12-1500×12］×10%-2520=10720元

王某2024年工资薪金预扣预缴个人所得税=（18000×12-5000×12-2800×12-1500×

12)×10% −2520 =7920元

王某劳务报酬预扣预缴个人所得税为6400元。

应退个人所得税 =7920 +6400 −10720 =3600元

【答案】B

(九)

张某为一国企员工,该企业实行绩效工资制度,2024年张某收入情况如下:

(1) 每月基本工资15000元、岗位津贴1500元、独生子女补贴100元。

(2) 每月公务交通、通信补贴2000元,所在省规定的公务费用扣除标准为每月1500元。

(3) 4月份取得季度奖6000元。

(4) 将初始投资成本50万元的股权以10万元的价格转让给其女儿,转让时的股权公允价值为120万元。

(5) 10月份取得省政府颁发的科技创新奖10000元,因到临时工作场所执行任务,取得误餐补助300元。此外,取得企业债券利息收入3000元。

(6) 12月份取得年度绩效工资60000元(选择单独计税)、独立董事费50000元、储蓄存款利息2000元、保险赔偿5000元。

(7) 2023年底将家乡的一套两居室出租,年租金24000元,2024年11月份发生修缮费用1000元。

(其他相关资料:张某全年享受的专项扣除为50000元,享受住房贷款利息专项附加扣除,除此之外无其他扣除项目,不考虑其他税费。)

要求:根据上述资料,回答下列问题。

1. 张某取得年度绩效工资应缴纳个人所得税( )元。
A. 1800   B. 2240   C. 3480   D. 5790

解析 一次性奖金也包括年终加薪、实行年薪制和绩效工资办法的单位根据考核情况兑现的年薪和绩效工资,而居民个人取得除全年一次性奖金以外的其他各种名目奖金,如半年奖、季度奖、加班奖、先进奖、考勤奖等,一律与当月工资、薪金收入合并,按税法规定缴纳个人所得税。所以,年底绩效工资60000元按照"全年一次性奖金"计算纳税。而季度奖6000元应与当月工资、薪金收入合并计算,按税法规定缴纳个人所得税。

60000÷12 =5000元,适用税率10%,速算扣除数210,张某取得年度绩效工资应缴纳个人所得税 =60000×10% −210 =5790元。

【答案】D

2. 张某取得董事费应预扣预缴个人所得税( )元。
A. 4445   B. 7590   C. 9000   D. 10000

解析 独立董事,说明不在公司任职,董事费属于"劳务报酬所得"项目。

张某取得董事费应预扣预缴个人所得税 =50000×(1 −20%)×30% −2000 =10000元

【答案】D

3. 张某取得的下列所得免征个人所得税的有（　　）。
A. 保险赔偿
B. 误餐补助
C. 储蓄存款利息
D. 公务交通、通信补贴
E. 省政府颁发的科技创新奖

解析　选项B，误餐补助不属于工资、薪金性质的补贴，不征收个人所得税。选项D，个人因公务用车和通信制度改革而取得的公务用车、通信补贴收入，扣除一定标准的公务费用后，按照"工资、薪金所得"项目计征个人所得税，按月发放的，并入当月"工资、薪金所得"计征个人所得税，不按月发放的，分解到所属月份并与该月"工资、薪金所得"合并后计征个人所得税。公务费用的扣除标准，由省级税务局根据纳税人公务交通、通信费用的实际发生情况调查测算，报经省级人民政府批准后确定，并报国家税务总局备案。

【答案】 ACE

4. 下列关于张某股权转让行为的个人所得税处理，说法正确的有（　　）。
A. 应就其股权转让所得缴纳个人所得税14万元
B. 偏低的股权转让收入可以被视为具有正当理由
C. 该股权转让行为以受让人赵某女儿为纳税义务人
D. 赵某的股权转让价格低于初始投资成本，视为申报的股权转让收入明显偏低
E. 主管税务机关应首选净资产核定法核定赵某的股权转让收入并按规定征收个人所得税

解析　申报的股权转让收入低于初始投资成本或低于取得该股权所支付的价款及相关税费的，属于视为股权转让收入明显偏低的情形之一，故选项D正确。继承或将股权转让给其能提供具有法律效力身份关系证明的配偶、父母、子女、祖父母、外祖父母、孙子女、外孙子女、兄弟姐妹，以及对转让人承担直接抚养或者赡养义务的抚养人或者赡养人，属于股权转让收入虽明显偏低，但视为有正当理由的情形，故选项B正确。申报的股权转让收入明显偏低且无正当理由的，主管税务机关可以核定股权转让收入，赵某的股权转让因其具有正当理由，主管税务机关不能核定其股权转让收入，故选项E错误。赵某的10万元股权转让收入低于初始投资成本，并未产生所得，无需缴纳个人所得税，故选项A错误。个人股权转让所得个人所得税，以股权转让方为纳税人，以受让方为扣缴义务人，以被投资企业所在地税务机关为主管税务机关，故选项C错误。

【答案】 BD

5. 张某出租住房2024年应缴纳个人所得税（　　）元。
A. 1340　　　B. 1840　　　C. 2220　　　D. 2300

解析　（1）财产租赁所得，以1个月内取得的收入为一次。每次（月）收入≤4000元，应纳税所得额=每次（月）收入额－准予扣除项目－修缮费用－800元。
（2）个人出租住房，减按10%的税率征收个人所得税。
（3）修缮费用以每次800元为限，一次扣不完的，准予在下一次继续扣除，直到扣完为止。

张某出租住房2024年应缴纳个人所得税=(24000÷12-800)×10%×10[1~10月]+(2000-800-800)×10%[11月]+(2000-200-800)×10%[12月]=1340元

【答案】A

6. 张某全年各项所得应合计缴纳个人所得税（　　）元。
A. 18010　　　　　　B. 18410　　　　　　C. 158010　　　　　　D. 158410

解析　（1）独生子女补贴、误餐补助不征收个人所得税。

（2）储蓄存款利息、保险赔偿免征个人所得税。

（3）转让股权没有所得，无需缴纳个人所得税。

（4）综合所得应纳税所得额=[15000工资+1500岗位津贴+(2000-1500)公务交通、通信补贴]×12+6000季度奖+50000×(1-20%)董事费-60000生计费-50000专项扣除-12000住房贷款利息专项附加扣除=128000元。

综合所得应纳税额=128000×10%-2520=10280元

（5）取得年度绩效工资应缴纳的个人所得税为5790元。

（6）取得企业债券利息收入，应按照"利息、股息、红利所得"缴纳个人所得税。应纳税额=3000×20%=600元。

（7）出租住房应缴纳的个人所得税为1340元。

张某全年各项所得应缴纳个人所得税合计=10280+5790+600+1340=18010元

【答案】A

第三章 国际税收

知识点 · 国际税收的概念、原则和税收管辖权

【单选题】下列国家中采取注册地标准认定居民企业的是（　　）。
A. 美国　　　　　　B. 德国　　　　　　C. 英国　　　　　　D. 新加坡

解析　判定一个公司（或企业、单位，下同）是否属于一国的法人居民，一般有下列四个标准：

(1) 注册地标准：主要以美国（选项A）、加拿大等国为代表。

(2) 实际管理和控制中心所在地标准：主要以英国（选项C）、爱尔兰、德国（选项B）、意大利、瑞士、阿根廷、埃及、新加坡（选项D）、印度尼西亚、马来西亚、以色列等国为代表。

(3) 总机构所在地标准：主要以日本、法国为代表。

(4) 控股权标准。

【答案】 A

【多选题】在国际税收实践中，判断法人居民身份的标准有（　　）。
A. 控股权标准　　　　　　　　　B. 注册地标准
C. 交易地点标准　　　　　　　　D. 总机构所在地标准
E. 实际管理和控制中心所在地标准

解析　判定一个公司（或企业、单位）是否属于一国的法人居民，一般有下列四个标准：

(1) 注册地标准（选项B）；

(2) 实际管理和控制中心所在地标准（选项E）；

(3) 总机构所在地标准（选项D）；

(4) 控股权标准（选项A）。

【答案】 ABDE

【单选题】根据国际税收相关规定，关于常设机构利润的确定，下列说法正确的是（　　）。
A. 归属法和引力法主要用于常设机构利润的计算
B. 分配法和核定法主要用于常设机构利润范围的确定
C. 分配法要求按照独立核算原则计算常设机构的营业利润
D. 核定法可按常设机构的营业收入额或经费支出额核定利润

解析　选项AB，常设机构的利润确定，可以分为利润范围和利润计算两个方面。利润

范围的确定一般采用归属法和引力法，利润的计算通常采用分配法和核定法。选项C，分配法是按照企业总利润的一定比例确定其设在非居住国的常设机构所得，而归属法应当按照"独立核算原则"计算其营业利润，并按实际取得的营业利润征税。

【答案】D

【单选题】根据国际税收相关规定，国际公认的常设机构利润范围的确定方法是（　　）。
A. 归属法　　　　　B. 分配法　　　　　C. 核定法　　　　　D. 控股法

解析　常设机构的利润确定，可以分为利润范围和利润计算两个方面。利润范围的确定一般采用归属法和引力法，利润的计算通常采用分配法和核定法。

【答案】A

【单选题】根据约束居民管辖权的国际惯例的规定，跨国从事表演的艺术家，其所得来源地税收管辖权判定标准是（　　）。
A. 停留时间标准　　　　　　　　　B. 固定基地标准
C. 所得支付者标准　　　　　　　　D. 演出活动所在地标准

解析　对于跨国从事演出、表演或者参加比赛的演员、艺术家和运动员取得的所得，国际上通行的做法是对此类所得并不按独立劳务所得和非独立劳务所得处理，而是不论该项所得是否归属演员、艺术家和运动员个人，均由活动所在国行使收入来源地管辖权征税。

【答案】D

【单选题】根据国际税收相关规定，关于董事费来源地的判断，国际通行的标准是（　　）。
A. 住所标准　　　　　　　　　　　B. 停留时间标准
C. 所得支付地标准　　　　　　　　D. 劳务发生地标准

解析　对于各种跨国公司的董事或其他高级管理人员，由于其经常在公司所在国境外的其他地点工作（如在分公司所在国或与公司业务有关的国家活动），流动性大，确定这类人员提供劳务活动的地点比较困难。因此，国际上通行的做法是按照所得支付地标准确认，支付董事费的公司所在国有权征税。

【答案】C

【单选题】下列关于来源地税收管辖权的判定标准，可适用于非独立个人劳务所得的是（　　）。
A. 常设机构标准　　　　　　　　　B. 固定基地标准
C. 所得支付者标准　　　　　　　　D. 劳务发生地标准

解析　非独立劳务所得，是指个人从事受聘或受雇于他人的劳动而取得的工资、薪金和其他报酬等。对于跨国自然人受雇于某一国而在该国取得的报酬，其来源地的确定，国际上通常采用以下两种标准：（1）停留期间标准；（2）所得支付者标准。

【答案】C

【单选题】国际税收产生的基础是（　　）。

A. 跨境贸易和投资等活动的出现

B. 不同国家之间税收合作的需要

C. 两个和两个以上国家都对跨境交易征税的结果

D. 国家间对商品服务、所得、财产课税的制度差异

【解析】国家间对商品服务、所得、财产课税的制度差异是国际税收产生的基础。

【答案】D

【多选题】在国际税收中，常设机构利润范围的确定方法有（　　）。

A. 分配法　　　B. 归属法　　　C. 核定法

D. 引力法　　　E. 独立计算法

【解析】常设机构的利润确定，可以分为利润范围和利润计算两个方面。利润范围的确定一般采用归属法和引力法，利润的计算通常采用分配法和核定法。

【答案】BD

【多选题】在国际税收中，自然人居民身份的判定标准有（　　）。

A. 住所标准　　　B. 法律标准　　　C. 停留时间标准

D. 家庭所在地标准　　E. 经济活动中心标准

【解析】自然人居民身份的判定标准有：住所标准、法律标准和停留时间标准。

【答案】ABC

【单选题】下列关于国际税收的表述中，不正确的是（　　）。

A. 国际税收的基本原则分为单一课税原则和受益原则两类

B. 国际税收的实质是国家之间的税收分配关系和税收协调关系

C. 国家间对商品服务、所得、财产课税的制度差异是国际税收产生的基础

D. 国际税收是指对在两个或两个以上国家之间开展跨境交易行为征税的一系列税收法律规范的总称

【解析】选项A，国际税收的基本原则包括单一课税原则、受益原则和国际税收中性原则。

【答案】A

知识点 国际税收协定

【单选题】根据中新协定，新加坡企业通过代理人在我国境内开展经营活动，代理人构成"非独立代理人"的是（　　）。

A. 专门从事代理业务

B. 仅从事信息收集活动

C. 不仅为某一个企业代理业务，也为其他企业提供代理服务

D. 有权代表被代理企业参与企业合同的制定，以该企业名义签订合同

解析 选项AC，缔约国一方企业通过代理人在缔约国另一方进行营业时，如果该代理人是专门从事代理业务的，则不应因此视其代理的企业在缔约国另一方构成常设机构。这类专门从事代理业务的代理人一般称为独立代理人，其不仅为某一个企业代理业务，也为其他企业提供代理服务，经纪人、中间商等一般佣金代理人等属于独立代理人。选项B，如果代理人在缔约国另一方的活动仅限于准备性或辅助性范围（仓储、展览、采购及信息收集等活动），则不构成企业的非独立代理人（或常设机构）。选项D，缔约国一方企业通过代理人在另一方进行活动，如果代理人有权并经常行使这种权利以该企业的名义签订合同，则该企业在缔约国另一方构成常设机构，该代理人为非独立代理人。

【答案】D

【单选题】依据《中新税收协定》，个人在缔约国双方均有永久性居住场所，且无法确定重要经济利益中心所在国，按加比规则，确定居民身份判定的标准是（　　）。

A. 习惯性居处
B. 依据国籍确定
C. 缔约国双方协商确定
D. 缔约国双方居民自行选择

解析 同一人有可能同时为缔约国双方居民，为了解决这种情况下个人最终居民身份的归属，税收协定普遍采取"加比规则"，加比规则的使用是有先后顺序的，只有当使用前一标准无法解决问题时，才使用后一标准：

（1）永久性住所
（2）重要利益中心
（3）习惯性居处

在出现以下两种情况之一时，应采用习惯性居处的标准来判定个人居民身份的归属：一是个人在缔约国双方均有永久性住所且无法确定重要经济利益中心所在国；二是个人的永久性住所不在缔约国任何一方，比如该个人不断地穿梭于缔约国一方和另一方旅馆之间。

（4）国籍

当采用上述标准依次判断仍然无法确定其身份时，可由缔约国双方主管当局按照协定相互协商程序条款规定的程序，通过相互协商解决。

【答案】A

【单选题】新加坡海运企业在中国和新加坡之间开展的国际运输业务，其涉税处理符合《中新税收协定》的是（　　）。

A. 企业以光租形式出租船舶给中国企业，从中国取得收入应在中国纳税
B. 企业从事客运业务，从中国境内取得的收入，按国际运输收入在中国纳税
C. 企业为其他国际运输企业代售客票，从中国境内取得的收入，在中国免予征税
D. 企业从中国企业取得国际运输收入存于中国产生的利息，按利息收入在中国纳税

解析 （1）缔约国一方企业以船舶或飞机从事国际运输业务从缔约国另一方取得的收入，在缔约国另一方免予征税。

(2) 从事国际运输业务取得的收入，是指企业以船舶或飞机经营客运或货运取得的收入，以及以程租、期租形式出租船舶或以湿租形式出租飞机（包括所有设备、人员及供应）取得的租赁收入。

故选项 B，新加坡海运企业从事客运业务，从中国境内取得的收入，按国际运输收入在中国应免予征税。

（3）下列与国际运输业务紧密相关的收入应作为国际运输收入的一部分：①为其他国际运输企业代售客票取得的收入（选项 C）；②从市区至机场运送旅客取得的收入；③通过货车从事货仓至机场、码头或者后者至购货者间的运输，以及直接将货物发送至购货者取得的运输收入；④仅为其承运旅客提供中转住宿而设置的旅馆取得的收入。

故选项 C 属于国际运输收入在中国应免予征税。

（4）企业从事以光租形式出租船舶或以干租形式出租飞机，以及使用、保存或出租用于运输货物或商品的集装箱（包括拖车和运输集装箱的有关设备）等租赁业务取得的收入不属于国际运输收入，但根据《中新税收协定》，附属于国际运输业务的上述租赁业务收入应视同国际运输收入处理。"附属"是指与国际运输业务有关且服务于国际运输业务，属于支持和附带性质。企业就其从事附属于国际运输业务的上述租赁业务取得的收入享受海运和空运条款协定待遇，应满足以下三个条件：①企业工商登记及相关凭证资料能够证明企业主营业务为国际运输；②企业从事的附属业务是其在经营国际运输业务时，从事的对主营业务贡献较小但与主营业务联系非常紧密、不能作为一项单独业务或所得来源的活动；③在一个会计年度内，企业从事附属业务取得的收入占其国际运输业务总收入的比例原则上不超过 10%。

单从题干和选项 A 表述来看，可能不足以得出选项 A 属于"视同国际运输收入"的结论，但是再结合其他选项来看，选项 A 应视同国际运输收入在中国免予征税。这是因为选项 C 毫无疑问表述正确，单选题就是需要考生选择最符合题意的选项。

（5）选项 D，缔约国一方企业从附属于以船舶或飞机经营国际运输业务有关的存款中取得的利息收入，是指缔约国双方从事国际运输业务的海运或空运企业，从对方取得的运输收入存于对方产生的利息。该利息不适用中新税收协定第十一条（利息）的规定，应视为国际运输业务附带发生的收入，在来源国免予征税。

【答案】C

【多选题】与我国签署税收协定的缔约国对方居民在我国境内发生的下列行为中，可以判定其在我国境内设立常设机构的有（　　）。

A. 在中国境内长租开放采矿场
B. 常年委托中国境内某公司代表其签署购销合同
C. 在中国境内提供持续时间 7 个月以上的装配工程
D. 直接在中国境内租用物流园区设立产品营销推广中心
E. 总机构和实际管理机构所在地均在境外的航空公司常年承揽境内货物运输业务

【解析】常设机构是指企业进行全部或部分营业的固定营业场所，通常包括：（1）管理场所；（2）分支机构；（3）办事处；（4）工厂；（5）作业场所；（6）矿场、油井或气井、采石场（选项 A）或者其他开采自然资源的场所。

选项 AD，属于实体型常设机构，也就是教材中的"营业场所常设机构"。选项 B，属于代理型常设机构。选项 C，属于工程型常设机构（持续时间为六个月以上）。选项 E，不符合常设机构的构成条件。

【答案】ABCD

【单选题】内地居民张某是中国香港某公司的实际控制人，经常代表该公司签订合同。2024 年 1 月代表该公司与内地企业签订为期 3 年的采购代理合同，为内地企业提供采购代理服务。合同约定不含税代理费为 600 万元，分 3 年等额收取。不考虑其他税费，2024 年内地企业支付中国香港公司代理费的企业所得税处理，正确的是（　　）。

A. 中国香港公司在内地没有常设机构，内地企业无需履行代扣代缴义务
B. 张某已构成代理型常设机构，应自主申报缴纳企业所得税 50 万元
C. 中国香港公司取得来源于内地的收入，内地企业应代扣代缴企业所得税 6 万元
D. 内地企业应按照劳务报酬所得，代扣代缴张某应缴纳的个人所得税 20.08 万元

解析 非居民企业委托营业代理人在中国境内从事生产经营活动的，包括委托单位或者个人经常代其签订合同，或者储存、交付货物等，该营业代理人被视为非居民企业在中国境内设立的机构、场所。缔约国一方企业通过代理人在另一方进行活动，如果代理人有权并经常行使这种权力以该企业的名义签订合同，则该企业在缔约国另一方构成常设机构。张某构成代理型常设机构，应自主申报缴纳企业所得税，适用 25% 的企业所得税税率。

张某应缴纳企业所得税 = 600 ÷ 3 × 25% = 50 万元

【答案】B

【单选题】境内某居民公司向境外公司（关联企业）支付不含税专利许可费 200 万元，不含税专利指导服务费 50 万元，境外公司为税收协定受益所有人，假定该专利许可费的市场公允价值为不含税 100 万元，税收协定的限制税率为 5%。该境外公司取得上述收入应向我国缴纳企业所得税（　　）万元。

A. 10　　　　　　B. 12.5　　　　　　C. 15　　　　　　D. 20

解析（1）在转让或许可专有技术使用权过程中，如果技术许可方派人员为该项技术的应用提供有关支持、指导等服务，并收取服务费（本题为 50 万元），无论是单独收取还是包括在技术价款中，均应视为特许权使用费。

所以本题中特许权使用费收入 = 200 + 50 = 250 万元

（2）由于支付特许权使用费的人与"受益所有人"之间或他们与其他人之间的特殊关系，就有关使用、权利或情报支付的特许权使用费数额超出支付人与"受益所有人"没有上述关系所能同意的数额时，特许权使用费条款规定的限制税率应仅适用于后来提及的数额。支付额中超过按市场公允价格计算所应支付数额的部分不享受协定的优惠，应按各缔约国的法律征税。

所以本题中市场公允价格 100 万元的部分可以适用 5% 限制税率，超过市场公允价格 100 万元的部分也就是 150 万元（250 - 100）不能享受 5% 限制税率，而应当适用 10% 的一般税率。

该境外公司取得上述收入应向我国缴纳企业所得税 = 100×5% + 150×10% = 20 万元

【答案】D

【多选题】根据国际税收协定管理规定，从中国取得股息所得的下列申请人，可直接判定为"受益所有人"的有（ ）。

　　A. 缔约对方政府

　　B. 缔约对方居民个人

　　C. 缔约对方居民且在缔约对方上市的公司

　　D. 被缔约方居民个人直接持有100%股份的居民申请人

　　E. 被缔约方居民个人间接持有95%股份的居民申请人

解析　下列申请人从中国取得的所得为股息时，可不根据规定的因素进行综合分析，直接判定申请人具有"受益所有人"身份：

（1）缔约对方政府（选项A）；

（2）缔约对方居民且在缔约对方上市的公司（选项C）；

（3）缔约对方居民个人（选项B）；

（4）申请人被第（1）~（3）项中的一人或多人直接或间接持有100%股份，且间接持有股份情形下的中间层为中国居民或缔约对方居民（选项D）。

【答案】ABCD

【多选题】下列所得中，属于《中新税收协定》中的特许权使用费所得的有（ ）。

　　A. 我国居民王某向缔约国一方居民提供咨询服务取得的报酬

　　B. 缔约国一方居民向我国居民企业提供商业情报取得的所得

　　C. 缔约国一方居民向我国居民企业因专利违规使用单独收取的侵权赔偿费

　　D. 缔约国一方居民向我国居民企业提供专有技术使用权而单独收取的指导费

　　E. 我国居民企业向缔约国居民出口设备，在产品保证期内提供售后服务取得的报酬

解析　选项AE，单纯货物贸易项下作为售后服务的报酬，产品保证期内卖方为买方提供服务所取得的报酬，专门从事工程、管理、咨询等专业服务的机构或个人提供的相关服务所取得的所得不是特许权使用费，应作为劳务活动所得适用《中新税收协定》中营业利润的规定。

【答案】BCD

【多选题】根据《中新税收协定》，与国际运输业务密切相关的下列收入中，应作为国际运输收入的有（ ）。

　　A. 从市区至机场运送旅客取得的收入

　　B. 以光租形式出租船舶取得的租赁收入

　　C. 直接将货物发送至购货者取得的运输收入

　　D. 为其他国际运输企业代售客票取得的收入

　　E. 仅为其承运旅客提供中转住宿而设置旅馆取得的收入

解析 下列与国际运输业务紧密相关的收入应作为国际运输收入的一部分：

（1）为其他国际运输企业代售客票取得的收入（选项 D）；

（2）从市区至机场运送旅客取得的收入（选项 A）；

（3）通过货车从事货仓至机场、码头或者后者至购货者间的运输，以及直接将货物发送至购货者取得的运输收入（选项 C）；

（4）企业仅为其承运旅客提供中转住宿而设置的旅馆取得的收入（选项 E）。

选项 B，企业从事以光租形式出租船舶或以干租形式出租飞机，以及使用、保存或出租用于运输货物或商品的集装箱（包括拖车和运输集装箱的有关设备）等租赁业务取得的收入不属于国际运输收入，但根据《中新税收协定》附属于国际运输业务的上述租赁业务收入应视同国际运输收入处理。

【答案】 ACDE

【多选题】根据我国申请人"受益所有人"身份判定的安全港条款，下列从中国取得股息所得的申请人为"受益所有人"的有（ ）。

A. 缔约对方政府

B. 缔约对方居民个人

C. 被缔约对方个人直接持股90%的申请人

D. 缔约对方居民且在缔约对方上市的公司

E. 被缔约对方非上市居民公司间接持股100%的申请人

解析 下列申请人从中国取得的所得为股息时，可不根据规定的因素进行综合分析，直接判定申请人具有"受益所有人"身份：

（1）缔约对方政府（选项 A）；

（2）缔约对方居民且在缔约对方上市的公司（选项 D）；

（3）缔约对方居民个人（选项 B）；

（4）申请人被第（1）～（3）项中的一人或多人直接或间接持有100%股份，且间接持有股份情形下的中间层为中国居民或缔约对方居民。

【答案】 ABD

【多选题】依据中国与新加坡签订的税收协定，贷款人分担债务人公司风险的判定因素有（ ）。

A. 债权人将分享公司的任何利润

B. 债务人支付给债权人高额利息

C. 利息的支付水平取决于公司的利润

D. 所签订的贷款合同对偿还日期做出明确的规定

E. 该贷款的偿还次于其他贷款人的债权或股息的支付

解析 对贷款人是否分担企业风险的判定，通常可考虑如下因素：

（1）该贷款大大超过企业资本中的其他投资形式，并与公司可变现资产严重不符；

（2）债权人将分享公司的任何利润（选项 A）；

（3）该贷款的偿还次于其他贷款人的债权或股息的支付（选项E）；

（4）利息的支付水平取决于公司的利润（选项C）；

（5）所签订的贷款合同没有对具体的偿还日期做出明确的规定。

【答案】ACE

知识点 · 非居民企业税收管理

【单选题】外国企业常驻代表机构采取核定征收方式计算应纳税所得额，其核定利润率的最低标准是（　　）。

A. 5%　　　　　　B. 10%　　　　　　C. 15%　　　　　　D. 20%

解析　外国企业常驻代表机构采取核定征收方式计算应纳税所得额，其核定的利润率不应低于15%。

【答案】C

【多选题】下列关于外国企业常驻代表机构经费支出额确定的说法中，正确的有（　　）。

A. 利息收入不得冲抵经费支出额

B. 交际应酬费按照实际发生额计入经费支出额

C. 用于我国境内的公益性捐赠计入经费支出额

D. 装修费应作为长期待摊费用计入经费支出额

E. 总机构人员来华访问聘用翻译的支出可以计入经费支出额

解析　选项C，以货币形式用于我国境内的公益、救济性质的捐赠、滞纳金、罚款，以及为其总机构垫付的不属于其自身业务活动所发生的费用，不应作为代表机构的经费支出额。选项D，购置固定资产所发生的支出，以及代表机构设立时或者搬迁等原因所发生的装修费支出，应在发生时一次性作为经费支出额换算收入计税。

【答案】ABE

【单选题】关于外国企业常驻代表机构经费支出税务处理，符合企业所得税相关规定的是（　　）。

A. 发生的交际应酬费60%计入经费支出

B. 境内发生的公益性捐款作为经费支出

C. 银行存款利息收入应直接冲减经费支出

D. 购置固定资产支出应一次性计入经费支出

解析　选项A，发生的交际应酬费，以实际发生数额计入经费支出额。选项B，以货币形式用于我国境内的公益、救济性质的捐赠、滞纳金、罚款，以及为其总机构垫付的不属于其自身业务活动所发生的费用，不应作为代表机构的经费支出额。选项C，利息收入不得冲抵经费支出额。

【答案】D

【多选题】甲公司在开曼群岛注册成立，其全资子公司乙在维尔京群岛注册成立，乙公司直接持有丙公司股份，丙公司直接持有境内丁公司的股份，2024年9月，甲公司转让乙公司股份给中国境内居民企业戊公司，获取股权转让收益，下列条件中可以认定甲公司股权转让交易具有合理商业目的可采信的有（　　）。

A. 甲公司间接拥有戊公司85%的股份
B. 甲公司直接拥有戊公司51%的股份
C. 甲公司间接拥有戊公司100%的股份
D. 戊公司以自己的股份作为股权交易对价
E. 戊公司以自己持有的境内关联公司的股份作为股权交易对价

解析 间接转让中国应税财产同时符合以下条件的，应认定为具有合理商业目的：
（1）交易双方的股权关系具有下列情形之一：
① 股权转让方直接或间接拥有股权受让方80%（含）以上的股权（选项AC要选，选项B不选）。
② 股权受让方直接或间接拥有股权转让方80%（含）以上的股权。
③ 股权转让方和股权受让方被同一方直接或间接拥有80%以上的股权。
（2）本次间接转让交易后可能再次发生的间接转让交易相比在未发生本次间接转让交易情况下的相同或类似间接转让交易，其中国所得税负担不会减少。
（3）股权受让方全部以本企业或与其具有控股关系的企业的股权（不含上市企业股权）支付股权交易对价（选项DE要选）。

【答案】 ACDE

【单选题】境外企业未在中国境内设经营机构场所，2024年6月取得含税特许权使用费10.6万元，该外国企业应缴纳企业所得税（　　）万元。

A. 0.5　　　B. 1.0　　　C. 1.25　　　D. 2.5

解析 对于在中国境内未设立机构、场所，或者虽设立机构、场所但取得的所得与其所设机构、场所没有实际联系的非居民企业的所得，按照下列方法计算应纳税所得额：
（1）股息、红利等权益性投资收益和利息、租金、特许权使用费所得，以收入全额为应纳税所得额；
（2）转让财产所得，以收入全额减除财产净值后的余额为应纳税所得额；
（3）其他所得，参照前两项规定的方法计算应纳税所得额。
该外国企业应缴纳企业所得税＝10.6÷(1＋6%)×10%＝1万元

【答案】 B

【单选题】某外国公司实际管理机构不在中国境内，也未在中国境内设立机构、场所，2024年从中国境内某企业取得其专利技术使用权转让收入21.2万元（含增值税），发生成本10万元。该外国公司应在中国缴纳企业所得税（　　）万元。

A. 1.0　　　B. 2.0　　　C. 2.5　　　D. 5.0

解析 对于在中国境内未设立机构、场所，或者虽设立机构、场所但取得的所设机构、场所没有实际联系的非居民企业的所得，按照下列方法计算应纳税所得额：

（1）股息、红利等权益性投资收益和利息、租金、特许权使用费所得，以收入全额为应纳税所得额；

（2）转让财产所得，以收入全额减除财产净值后的余额为应纳税所得额；

（3）其他所得，参照前两项规定的方法计算应纳税所得额。

本题为特许权使用费所得，以不含增值税收入全额为应纳税所得额。

该外国公司应在中国缴纳企业所得税 = 21.2 ÷ （1 + 6%） × 10% = 2 万元

【答案】B

【单选题】下列关于外国企业常驻代表机构经费支出的税务处理方法，符合企业所得税相关规定的是（　　）。

A. 购置固定资产的支出，通过计提折旧分别计入相应各期经费支出
B. 代表机构设立时发生的装修费用，在发生的当期一次性作为经费支出
C. 以货币形式用于我国境内的公益救济性捐赠，发生的当期一次性作为经费支出
D. 代表机构搬迁发生的装修费用，在冲抵搬迁处置收入后分年抵减应纳税所得额

🔍 **解析** 选项ABD，购置固定资产所发生的支出，以及代表机构设立时或者搬迁等原因所发生的装修费支出，应在发生时一次性作为经费支出额换算收入计税。选项C，以货币形式用于我国境内的公益、救济性质的捐赠、滞纳金、罚款，以及为其总机构垫付的不属于其自身业务活动所发生的费用，不应作为代表机构的经费支出额。

【答案】B

【多选题】间接转让中国应税财产的交易双方及被间接转让股权的中国居民企业可以向主管税务机关报告股权转让事宜并提交相关资料。这些资料包括（　　）。

A. 股权转让合同
B. 股权转让前后的企业股权架构图
C. 被间接转让股权的中国居民企业上一年度财务会计报表
D. 境外企业及间接持有中国应税财产的下属企业上两个年度财务会计报表
E. 境外企业及直接持有中国应税财产的下属企业上两个年度财务会计报表

🔍 **解析** 间接转让中国应税财产的交易双方及被间接转让股权的中国居民企业可以向主管税务机关报告股权转让事项，并提交以下资料：

（1）股权转让合同或协议（选项A）；

（2）股权转让前后的企业股权架构图（选项B）；

（3）境外企业及直接或间接持有中国应税财产的下属企业上两个年度财务、会计报表（选项DE）；

（4）间接转让中国应税财产交易，无需确认为直接转让中国应税财产计税的理由。

【答案】ABDE

知识点 · 国际税收抵免制度

【单选题】 中国某银行向 A 国某企业贷款 300 万元，合同约定利率 5%，2024 年该银行收到 A 国企业扣缴预提所得税后利息 13.95 万元，根据中国与 A 国的税收协定，该银行具有"受益所有人"身份，协定规定利息一般税率 10%，优惠税率 7%。已知该笔境外贷款融资成本为本金的 4%，该笔境外利息应纳税所得额是（　　）万元。

A. 1.5　　　　　　B. 2.52　　　　　　C. 3　　　　　　D. 13.95

解析 居民企业应就其来源于境外的股息、红利等权益性投资收益，以及利息、租金、特许权使用费、转让财产等收入，扣除按照《企业所得税法》及其实施条例等规定计算的与取得该项收入有关的各项合理支出后的余额为应纳税所得额。

从境外收到的股息、红利、利息等境外投资性所得一般表现为毛所得，应对在计算企业总所得额时已做统一扣除的成本费用中与境外所得有关的部分，在该境外所得中对应调整扣除后，才能作为计算境外税额抵免限额的境外应纳税所得额。

在就境外所得计算应对应调整扣除的有关成本费用时，应对如下成本费用（但不限于）予以特别注意：

（1）股息、红利，应对应调整扣除与境外投资业务有关的项目研究、融资成本和管理费用。

（2）利息，应对应调整扣除为取得该项利息而发生的相应的融资成本和相关费用。

（3）租金，属于融资租赁业务的，应对应调整扣除其融资成本；属于经营租赁业务的，应对应调整扣除租赁物相应的折旧或折耗。

（4）特许权使用费，应对应调整扣除提供特许使用的资产的研发、摊销等费用。

（5）财产转让，应对应调整扣除被转让财产的成本净值和相关费用。

该笔境外利息应纳税所得额 = 300×5% - 300×4% = 3 万元，或者该笔境外利息应纳税所得额 = 13.95÷(1-7%) - 300×4% = 3 万元。

【答案】 C

【单选题】 关于我国简易办法计算企业所得税抵免限额的说法，正确的是（　　）。

A. 采用简易办法必须遵循"不分国不分项"原则

B. 居民企业从境外取得转让财产所得缴纳的预提所得税应采用简易办法计算抵免

C. 居民企业从境外取得的营业利润在来源国的企业所得税实际税率为 15% 的，可以按营业利润确定的境外应纳税所得额的 10% 计算抵免限额

D. 居民企业从直接持股 25% 的境外子公司分配的股息，如子公司适用的企业所得税法定税率且其实际有效税率明显高于 25%，可直接按 25% 计算抵免限额

解析 选项 A，采用简易办法须遵循"分国不分项"原则。选项 B，居民企业从境外未达到直接持股 20% 条件的境外子公司取得的股息所得，以及取得利息、租金、特许权使用费、转让财产等所得，向所得来源国直接缴纳的预提所得税额，应按直接抵免有关规定正常计算抵免，不适用简易办法计算抵免。选项 C，企业从境外取得营业利润所得，以及符合境

161

外税额间接抵免条件的股息所得,虽有所得来源国(地区)政府机关核发的具有纳税性质的凭证或证明,但因客观原因无法真实、准确地确认应当缴纳并已经实际缴纳的境外所得税税额的,除就该所得直接缴纳及间接负担的税额在所得来源国(地区)的实际有效税率低于我国《企业所得税法》第四条第一款规定税率50%以上的外,可按境外应纳税所得额的12.5%作为抵免限额,企业按该国(地区)税务机关或政府机关核发具有纳税性质凭证或证明的金额,其不超过抵免限额的部分,准予抵免。超过的部分不得抵免,属于"定率计算"简易抵免办法。选项D,企业从境外取得营业利润所得,以及符合境外税额间接抵免条件的股息所得(选项D,25% >20%,符合条件),凡所得来源国(地区)的法定税率且其实际有效税率明显高于25%的,可直接按25%计算抵免限额,属于"白名单"简易抵免办法。

【答案】D

【单选题】某居民企业以人民币为记账本位币,2024年10月10日收到境外子公司2024年10月5日宣布派发的属于2023年的红利,并于当日入账。该红利可抵免境外所得税税额使用的汇率是( )。

A. 2024年10月5日人民币中间汇率
B. 2024年12月31日人民币中间汇率
C. 2023年12月31日人民币中间汇率
D. 2024年10月10日人民币中间汇率

解析 若企业取得的境外所得已直接缴纳和间接负担的税额为人民币以外货币的,在以人民币计算可予抵免的境外税额时,凡企业记账本位币为人民币的,应按企业就该项境外所得记入账内时使用的人民币汇率进行换算(2024年10月10日入账),凡企业以人民币以外其他货币作为记账本位币的,应统一按实现该项境外所得对应的我国纳税年度最后一日的人民币汇率中间价进行换算。

【答案】D

【多选题】依据企业所得税相关规定,下列属于不予抵免境外所得税税额的有( )。

A. 按照税收协定规定不应征收的境外所得税税款
B. 因少缴或迟缴境外所得税而追加的滞纳金或罚款
C. 按境外所得税法律规定属于错缴的境外所得税税款
D. 按境外所得税法律规定应该缴纳并已实际缴纳的所得税税款
E. 境外所得税纳税人从境外征税主体得到实际返还的所得税税款

解析 (1) 可予抵免境外所得税税额,是企业来源于中国境外的所得依照中国境外税收法律以及相关规定应当缴纳并已实际缴纳的企业所得税性质的税款(选项D)。
(2) 不应作为可抵免境外所得税税额的情形:
① 按照境外所得税法律及相关规定属于错缴或错征的境外所得税税款(选项C);
② 按照税收协定规定不应征收的境外所得税税款(选项A);
③ 因少缴或迟缴境外所得税而追加的利息、滞纳金或罚款(选项B);

④ 境外所得税纳税人或者其利害关系人从境外征税主体得到实际返还或补偿的境外所得税税款（选项 E）；

⑤ 按照我国《企业所得税法》及其实施条例规定，已经免征我国企业所得税的境外所得负担的境外所得税税款；

⑥ 按照国务院财政、税务主管部门有关规定已经从企业境外应纳税所得额中扣除的境外所得税税款。

【答案】ABCE

【单选题】下列与境外所得税相关的支出，能作为"可抵免境外所得税税额"的是（　　）。

A. 企业错误适用境外所得税法不应缴纳而实际缴纳的税额
B. 已经免征我国企业所得税的境外所得负担的境外所得税
C. 因少缴或迟缴境外所得税而追加的利息、滞纳金或罚款
D. 企业来源于中国境外所得依照中国境外税收法规计算而缴纳税额

解析　选项 ABC，均为不应作为可抵免境外所得税税额的情形。

【答案】D

【单选题】根据国际税收相关规定，当跨国纳税人的国外经营活动盈亏并存时，对纳税人有利的税额抵免计算方法是（　　）。

A. 分项抵免限额　　　　　　　　B. 综合抵免限额
C. 分国抵免限额　　　　　　　　D. 分国分项抵免限额

解析　当跨国纳税人在国外经营普遍盈利且国外税率与国内税率不一致时（纳税人在高税国与低税国均有投资），采用综合抵免限额对纳税人有利，采用分国抵免限额对居住国有利。当跨国纳税人的国外经营活动盈亏并存时，分国抵免限额对纳税人有利，采用综合抵免限额对居住国有利。

【答案】C

知识点 · 国际税收合作

【单选题】支柱二在计算全球最低税的税基时引入公式化经济实质排除机制，跨国企业集团按照合格会计准则编制的财务报表中的下列指标，可体现实质性经济活动的是（　　）。

A. 货币资金余额　　　　　　　　B. 有形资产折余价值
C. 无形资产摊余价值　　　　　　D. 长期股权投资价值

解析　全球最低税的税基，通过对按合格会计准则编制财务报表上的会计利润进行必要调整（例如：剔除集团内部股息、调整内部重组及相关资本利得、加回税前可抵扣的股票薪酬等），并在税基中对公式化经济实质予以排除后确定。在计算税基时需执行公式化经济实质排除，体现实质性经济活动的指标为有形资产折余价值和人员工资，长期来看，有形资

产折余价值和人员工资可以排除的回报比例为5%。

【答案】B

【多选题】下列税额中，属于支柱二有效税额范围的有（　　）。

A. 对企业股权征收的税额
B. 对企业留存收益征收的税额
C. 对企业取得所得时征收的税额
D. 对企业取得收入时征收的增值税
E. 对企业将所得以股息形式分配给股东时征收的税额

解析 支柱二的有效税额指全球反税基侵蚀规则认可的企业所得税税额，包括对企业净利润征收的各种税费，如取得所得时征收的税额、将所得以股息形式分配给股东时征收的税额、其他所有企业所得税性质的税额，以及对留存收益和公司股权征收的税额等。

【答案】ABCE

【多选题】根据《非居民金融账户涉税信息尽职调查管理办法》的规定，下列新开账户中，无须开展尽职调查的有（　　）。

A. 专为支付税款而开立的账户
B. 为不动产销售而开立的账户
C. 未享受税收优惠的退休金账户
D. 保险公司之间的补偿再保险合同账户
E. 政策性银行为执行政府决定开立的账户

解析 对下列账户无需开展尽职调查。

（1）同时符合下列条件的退休金账户：
① 受政府监管；
② 享受税收优惠（选项C不选）；
③ 向税务机关申报账户相关信息；
④ 达到规定的退休年龄等条件时才可取款；
⑤ 每年缴款不超过五万美元，或者终身缴款不超过一百万美元。

（2）同时符合下列条件的社会保障类账户：
① 受政府监管；
② 享受税收优惠；
③ 取款应当与账户设立的目的相关，包括医疗等；
④ 每年缴款不超过五万美元。

（3）同时符合下列条件的定期人寿保险合同：
① 在合同存续期内或者在被保险人年满九十岁之前（以较短者为准），至少按年度支付保费，且保费不随时间递减；
② 在不终止合同的情况下，任何人均无法获取保险价值；
③ 合同解除或者终止时，应付金额（不包括死亡抚恤金）在扣除合同存续期间相关支出后，不得超过该合同累计支付的保费总额；
④ 合同不得通过有价方式转让。

（4）为下列事项而开立的账户：

① 人民法院裁定或者判决；

② 不动产或者动产的销售（选项B）、交易或者租赁；

③ 不动产抵押贷款情况下，预留部分款项便于支付与不动产相关的税款或者保险；

④ 专为支付税款（选项A）。

（5）同时符合下列条件的存款账户：

① 因信用卡超额还款或者其他还款而形成，且超额款项不会立即返还账户持有人；

② 禁止账户持有人超额还款五万美元以上，或者账户持有人超额还款五万美元以上的款项应当在六十日内返还账户持有人。

（6）上一公历年度余额不超过一千美元的休眠账户。休眠账户是满足下列条件之一的账户（不包括年金合同）：

① 过去三个公历年度中，账户持有人未向金融机构发起任何与账户相关的交易；

② 过去六个公历年度中，账户持有人未与金融机构沟通任何与账户相关的事宜；

③ 对于具有现金价值的保险合同，在过去六个公历年度中，账户持有人未与金融机构沟通任何与账户相关的事宜。

（7）由我国政府机关、事业单位、军队、武警部队、居民委员会、村民委员会、社区委员会、社会团体等单位持有的账户；由军人（武装警察）持军人（武装警察）身份证件开立的账户。

（8）政策性银行为执行政府决定开立的账户（选项E）。

（9）保险公司之间的补偿再保险合同（选项D）。

【答案】ABDE

【多选题】下列适用于支柱二全球反税基侵蚀规则豁免规则的有（　　）。

A. 政府实体的所得
B. 养老基金取得的所得
C. 非营利组织取得的所得
D. 提供国际海运取得的所得
E. 国际航空运输取得的所得

解析　全球反税基侵蚀规则还有以下豁免规则：对政府实体（选项A）、国际组织、非营利组织（选项C）、养老基金（选项B）或投资基金予以豁免；对国际海运所得（选项D）予以豁免；将跨国企业集团收入低于1000万欧元且利润低于100万欧元的辖区排除出适用范围；将初始国际化企业排除出低税支付规则的适用范围。

【答案】ABCD

【单选题】在我国境内设立的下列企业，无需开展非居民金融账户涉税信息尽职调查的金融机构是（　　）。

A. 信托公司
B. 私募基金管理公司
C. 金融资产管理公司
D. 从事私募基金管理业务的合伙企业

解析　不属于需要开展尽职调查的金融机构有：（1）金融资产管理公司（选项C）；（2）财务公司；（3）金融租赁公司；（4）汽车金融公司；（5）消费金融公司；（6）货币经

纪公司；（7）证券登记结算机构；（8）其他不符合条件的机构。

【答案】C

【多选题】根据我国非居民金融账户涉税信息尽职调查管理相关规定，下列账户无需尽职调查的有（　　）。

A. 因不动产租赁而开立的账户
B. 专为支付税款而开立的账户
C. 由军人持军人身份证件开立的账户
D. 终身缴款超过 100 万美元的退休金账户
E. 上一公历年度余额不超过 1000 美元的休眠账户

解析　选项D，同时符合下列条件的退休金账户：
（1）受政府监管；
（2）享受税收优惠；
（3）向税务机关申报账户相关信息；
（4）达到规定的退休年龄等条件时才可取款；
（5）每年缴款不超过 5 万美元，或者终身缴款不超过 100 万美元。

【答案】ABCE

【单选题】根据我国非居民金融账户涉税信息尽职调查管理的相关规定，下列非金融机构属于消极非金融机构的是（　　）。

A. 非营利组织
B. 上市公司及其关联机构
C. 仅为了持有非金融机构股权而设立的控股公司
D. 上一公历年度末，拥有可产生利息的金融资产占总资产比重50%以上的非金融机构

解析　（1）消极非金融机构是指符合下列条件之一的机构：
① 税收居民国不实施金融账户涉税信息自动交换标准的投资机构；
② 上一公历年度内不属于积极经营活动的收入（股息、利息、租金、特许权使用费收入等）占总收入比重50%以上的非金融机构；
③ 产生上述不属于积极经营活动的收入的金融资产的转让收入占总收入比重50%以上的非金融机构；
④ 上一公历年度末，拥有可以产生上述不属于积极经营活动的收入的金融资产占总资产比重50%以上的非金融机构（选项D）。
（2）下列非金融机构不属于消极非金融机构：
① 上市公司及其关联机构（选项B）；
② 政府机构或者履行公共服务职能的机构；
③ 非营利组织（选项A）；
④ 仅与本集团（该集团内机构均为非金融机构）内关联机构开展融资或者对冲交易的企业；
⑤ 仅为了持有非金融机构股权或者向其提供融资和服务而设立的控股公司（选项C）；

⑥ 成立时间不足 24 个月且尚未开展业务的企业；
⑦ 正处于资产清算或者重组过程中的企业。
【答案】D

【单选题】依据非居民金融账户涉税信息尽职调查管理办法的规定，下列非金融机构属于消极非金融机构的是（   ）。

A. 非营利组织
B. 上市公司及其关联机构
C. 正处于重组过程中的企业
D. 上一公历年度内取得股息收入占其总收入 50% 以上的机构

解析　选项 ABC，不属于消极非金融机构。
【答案】D

【单选题】根据《非居民金融账户涉税信息尽职调查管理办法》规定，下列各项中属于消极非金融机构的是（   ）。

A. 上市公司及其关联机构
B. 仅为了持有非金融机构股权而设立的控股公司
C. 上一公历年度内，股息收入占总收入 50% 以上的非金融机构
D. 上一公历年度末，其股票资产占总资产 20% 以上的非金融机构

解析　选项 ABD，不属于消极非金融机构。
【答案】C

【多选题】BEPS 行动计划由 G20 领导人背书，并委托 OECD 推进的国际税改项目，下列各项属于其主要内容的有（   ）。

A. 形成资本弱化
B. 提高税收确定性
C. 跨国企业注册地转移
D. 保持跨境交易相关国内法规的协调一致
E. 突出强调实质经营活动并提高税收透明度

解析　BEPS 行动计划由 G20 领导人背书，并委托 OECD 推进的国际税改项目，主要包括三个方面的内容：一是保持跨境交易相关国内法规的协调一致（选项 D）；二是突出强调实质经营活动并提高税收透明度（选项 E）；三是提高税收确定性（选项 B）。
【答案】BDE

【多选题】OECD 于 2015 年 10 月发布税基侵蚀和利润转移项目全部 15 项产出成果。下列各项中，属于该产出成果的有（   ）。

A.《消除混合错配安排的影响》
B.《防止人为规避构成常设机构》

C. 《防止税收协定优惠的不当授予》
D. 《金融账户涉税信息自动交换标准》
E. 《确保转让定价结果与价值创造相匹配》

解析 税基侵蚀和利润转移项目成果有以下15项：(1)《应对数字经济的税收挑战》；(2)《消除混合错配安排的影响》（选项A）；(3)《制定有效受控外国公司规则》；(4)《对利用利息扣除和其他款项支付实现的税基侵蚀予以限制》；(5)《考虑透明度和实质性因素，更有效地打击有害税收实践》；(6)《防止税收协定优惠的不当授予》（选项C）；(7)《防止人为规避构成常设机构》（选项B）；(8)~(10)《确保转让定价结果与价值创造相匹配》（选项E）；(11)《衡量和监控BEPS》；(12)《强制披露规则》；(13)《转让定价文档和国别报告》；(14)《使争议解决机制更有效》；(15)《开发用于修订双边税收协定的多边工具》。

【答案】 ABCE

【计算题】

（一）

中国某居民企业持有境外子公司40%股权，2024年相关涉税信息如下：

(1) 国内业务实现应纳税所得额500万元。

(2) 取得境外子公司股息90万元，所在国已经征收了预提所得税。

（其他相关资料：子公司所在国企业所得税税率为20%，预提所得税税率为10%，2024年子公司享受减半征收企业所得税优惠，我国与子公司所在国签署税收协定中含有税收饶让条款。）

要求：根据上述资料，回答下列问题。

1. 该企业2024年境外所得的企业所得税应纳税所得额为（　　）万元。
A. 90　　　　　　B. 100　　　　　　C. 111.11　　　　　　D. 125

解析 该企业2024年境外所得的企业所得税应纳税所得额 = 90÷(1-10%)÷(1-20%×50%) = 111.11万元。

【提示】 考生注意，这里要求计算的境外所得应纳税所得额是境外税前所得，编者总结了几个计算公式，考生可根据题目已知条件灵活选用。

方法1：境外税前所得 = 境外纯税后股息 + 直接缴纳的预提所得税 + 间接负担的税额

方法2：境外税前所得 = 境外未扣缴预提所得税前的股息 + 间接负担的税额

方法3：境外税前所得 = 子公司税前利润×持股比×分配比［单层持股适用］

方法4：境外税前所得 = 境外未扣缴预提所得税前的股息÷(1-子公司所得税税率)［单层持股适用］

方法5：境外税前所得 = 境外纯税后股息÷(1-子公司所在国预提所得税税率)÷(1-子公司所得税税率)［单层持股适用］

很显然，本题根据已知条件，选用的是"方法5"，注意它的适用前提是单层持股。

【答案】 C

2. 该企业2024年境外所得间接负担的企业所得税税额为（ ）万元。
   A. 10   B. 11.11   C. 22.22   D. 27.78

   解析　该企业2024年境外所得间接负担的企业所得税税额=111.11×20%×50%=11.11万元

   考生注意，这里是实际间接负担税额，需要×50%。

   【答案】B

3. 该企业2024年境外所得的企业所得税抵免限额是（ ）万元。
   A. 22.5   B. 25   C. 27.78   D. 31.25

   解析　该企业2024年境外所得的企业所得税抵免限额=111.11×25%=27.78万元

   【答案】C

4. 该企业2024年境内境外所得实际应缴纳的企业所得税是（ ）万元。
   A. 120.56   B. 125   C. 127.78   D. 130.56

   解析　（1）该笔境外股息直接缴纳的预提所得税=90÷（1-10%）×10%=10万元。

   （2）居民企业从与我国政府订立税收协定（或安排）的国家（地区）取得的所得，按照该国（地区）税收法律享受了免税或减税待遇，且该免税或减税的数额按照税收协定规定应视同已缴税额在中国的应纳税额中抵免的，该免税或减税数额可作为企业实际缴纳的境外所得税额用于办理税收抵免。

   （3）境外所得可抵免税额=直接缴纳的所得税额+间接负担的所得税额+享受税收饶让抵免税额=10+111.11×20%[间接负担税额+饶让抵免税额]=32.22万元。

   （4）可抵免税额为32.22万元，大于抵免限额27.78万元，按照孰小原则，实际抵免税额为27.78万元。

   （5）该企业2024年境内境外所得实际应缴纳的企业所得税。

   方法一：实际应纳税额=境内所得×税率+境外所得×税率-实际抵免税额=500×25%+111.11×25%-27.78=125万元。

   方法二：实际应纳税额=境内所得×税率+（抵免限额-实际抵免税额）=500×25%+（27.78-27.78）=125万元。

   【答案】B

（二）

新加坡居民企业甲公司，持有中国境内居民企业乙公司15%的股权，投资成本500万元；持有我国境内居民企业丙公司30%股权，投资成本100万元。2024年甲公司发生如下业务：

（1）1月，甲公司取得乙公司分回的股息50万元，取得丙公司分回的股息100万元。

（2）2月，丙公司向甲公司支付使用科学设备的不含税租金80万元。

（3）3月初，甲公司派员工来华为乙公司提供技术服务，合同约定含税服务费106万元,应于服务结束当月付讫。甲公司负责对派遣人员的工作业绩进行考评,服务于10月31日结束,该业务可税前扣除的成本为80万元。

(4) 11月,甲公司转让持有的丙公司全部股权,转让金额400万元,丙公司的股权价值为1000万元,其中不动产价值为300万元。

(其他相关资料:依据《中新税收协定》,甲公司取得乙公司和丙公司的股息在中国适用税率分别为10%和5%,特许权使用费适用税率为6%,甲公司具有"受益所有人"身份,不考虑其他税费。)

要求:根据上述资料,回答下列问题。

1. 甲公司1月取得乙、丙公司分配的股息,在中国应缴纳企业所得税(　　)万元。
A. 7.89　　　　　　B. 10.00　　　　　　C. 10.82　　　　　　D. 15.00

🔍 **解析**　甲公司1月取得乙公司分配的股息,在中国应缴纳企业所得税 = 50÷(1-10%)×10% = 5.56万元。

甲公司1月取得丙公司分配的股息,在中国应缴纳企业所得税 = 100÷(1-5%)×5% = 5.26万元。

甲公司1月取得乙、丙公司分配的股息,在中国应缴纳企业所得税 = 5.56 + 5.26 = 10.82万元。

【答案】C

2. 丙公司2月向甲公司支付租金时,应代扣代缴企业所得税(　　)万元。
A. 2.88　　　　　　B. 3.36　　　　　　C. 4.80　　　　　　D. 8.00

🔍 **解析**　根据《中新税收协定》议定书的规定,对于使用或有权使用工业、商业、科学设备而支付的特许权使用费,按支付特许权使用费总额的60%确定税基。

丙公司2月向甲公司支付租金时,应代扣代缴企业所得税 = 80×60%×6% = 2.88万元。

【答案】A

3. 甲公司10月取得技术服务费时,在中国应缴纳企业所得税(　　)万元。
A. 2　　　　　　B. 5　　　　　　C. 6　　　　　　D. 10

🔍 **解析**　非居民企业(以下统称"派遣企业")派遣人员在中国境内提供劳务,如果派遣企业对被派遣人员工作结果承担部分或全部责任和风险,通常考核评估被派遣人员的工作业绩,应视为派遣企业在中国境内设立机构、场所提供劳务(适用25%企业所得税税率)。如果派遣企业属于税收协定缔约对方企业,且提供劳务的机构、场所具有相对的固定性和持久性,该机构、场所构成在中国境内设立的常设机构。

由于本题题干中已交代《中新税收协定》,意味着需要考虑税收协定,且还需进一步判定是否构成常设机构。

缔约国一方企业派其雇员或其雇佣的其他人员到缔约对方提供劳务,仅以任何12个月内这些人员为从事劳务活动在对方停留连续或累计超过183天的,构成常设机构。

若某新加坡企业为中国境内某项目提供劳务(包括咨询劳务),以该企业派其雇员为实施服务项目第一次抵达中国之日起至完成并交付服务项目的日期止作为计算期间,计算相关人员在中国境内的停留天数。

本题劳务时间为3月初~10月31日,已停留超过183天,故构成常设机构,则该笔业务需要在中国缴纳企业所得税,且适用25%企业所得税税率。

甲公司10月取得技术服务费时,在中国应缴纳企业所得税=[106÷(1+6%)-80]×25%=5万元。

【答案】B

4. 甲公司11月转让丙公司股权,在中国应缴纳企业所得税(　　)万元。
A. 0　　　　　　B. 10　　　　　　C. 30　　　　　　D. 40

解析 新加坡居民转让其在中国居民公司的股份取得的收益,在满足以下任一条件时,中国税务机关有权征税:

(1)被转让公司股份价值50%以上直接或间接由位于中国的不动产组成。本题不动产价值/被转让公司股份价值=300/1000=30%,小于50%,此条不满足在中国征税的条件。

(2)新加坡居民在转让其中国公司股份行为发生前12个月内曾直接或间接参与该中国公司至少25%资本。本题甲公司对丙公司持股比例为30%,大于25%,满足在中国征税条件。

所以甲公司11月转让丙公司股权,在中国应缴纳企业所得税=(400-100)×10%=30万元。

【答案】C

(三)

某外国企业在我国境内未设立机构、场所,2024年在我国境内发生下列业务:

(1)将拥有的境内某处房产自1月1日起出租给境内甲居民企业,租期2年,每月不含税租金10万元,合同约定按季度支付,季初支付当季租金。2024年甲企业实际支付租金90万元,另外30万元租金于2025年2月实际支付,甲企业已将全年租金计入2024年成本费用并在企业所得税税前扣除。

(2)将拥有的境内某处房产自1月1日起出租给境内乙居民企业,每年不含税租金240万元,租期到2025年12月31日,合同约定每年初支付当年租金,但乙企业2024年实际支付两年租金480万元。

(3)3月将拥有的境内某处房产转让给境内丙居民企业,不含税转让价格3400万元,该房产原值2000万元,已按税法规定计提折旧600万元。

(4)5月销售一台设备给境内丁居民企业并提供安装和技术指导服务,合同约定不含税金额共800万元,款项12月已支付,未单独列明服务的收费金额,并无相同或相近业务的计价标准。当地主管税务机关按照税法规定的最低标准核定该劳务的计税收入,核定利润率为20%,并指定丁企业为扣缴义务人。

要求:根据上述资料,回答下列问题。

1. 业务一甲企业2024年应代扣代缴企业所得税（　　）万元。
   A. 9　　　　　　B. 12　　　　　　C. 18　　　　　　D. 24

解析　境内企业和非居民企业签订与利息、租金、特许权使用费等所得有关的合同或协议，如果未按照合同或协议约定的日期支付上述所得款项，或变更或修改合同或协议延期支付，但已计入企业当期成本、费用，并在企业所得税年度纳税申报中作税前扣除的，应在企业所得税年度纳税申报时按照企业所得税法有关规定代扣代缴企业所得税。

所以尽管甲企业2024年只支付90万元租金，有30万元延期到次年支付，但已计入企业2024年成本、费用，所以计算代扣代缴企业所得税时，仍然按照全年租金120万元（10×3×4）计算。

业务一甲企业2024年应代扣代缴企业所得税=120×10%=12万元

【答案】　B

2. 业务二乙企业2024年应代扣代缴企业所得税（　　）万元。
   A. 24　　　　　　B. 33.6　　　　　C. 36　　　　　　D. 48

解析　非居民企业出租位于中国境内的房屋、建筑物等不动产，对未在中国境内设立机构、场所进行日常管理的，以其取得的租金收入全额计算缴纳企业所得税，由中国境内的承租人在每次支付或到期应支付时代扣代缴。

境内企业和非居民企业签订与利息、租金、特许权使用费等所得有关的合同或协议，如果企业在合同或协议约定的支付日期之前支付所得款项的，应在实际支付时代扣代缴企业所得税。

本题中业务二乙企业属于在合同约定的支付日期之前支付租金，应在实际支付时代扣代缴企业所得税。所以，业务二乙企业2024年应代扣代缴企业所得税=480×10%=48万元。

【答案】　D

3. 业务三丙企业2024年应代扣代缴企业所得税（　　）万元。
   A. 140　　　　　B. 200　　　　　C. 280　　　　　D. 340

解析　转让财产所得，以收入全额减除财产净值后的余额为应纳税所得额。

财产净值=2000-600=1400万元

业务三丙企业2024年应代扣代缴企业所得税=(3400-1400)×10%=200万元

【答案】　B

4. 业务四不考虑增值税，丁企业2024年应代扣代缴企业所得税（　　）万元。
   A. 4　　　　　　B. 8　　　　　　C. 12　　　　　　D. 20

解析　非居民企业与中国居民企业签订机器设备或货物销售合同，同时提供设备安装、装配、技术培训、指导、监督服务等劳务，其销售货物合同中未列明提供上述劳务服务收费金额，或者计价不合理的，主管税务机关可以根据实际情况，参照相同或相近业务的计价标准核定劳务收入。无参照标准的，以不低于销售货物合同总价款的10%为原则，确定非居民企业的劳务收入。

业务四不考虑增值税，丁企业 2024 年应代扣代缴企业所得税 = 800 × 10% × 20% × 25% = 4 万元。

【提示】这里劳务场所被动构成非居民企业在中国境内的机构、场所，所以应当适用 25% 的税率，如果题目考虑税收协定，还需要结合劳务时间是否超过 183 天来判定是否构成常设机构，实务中一般这种劳务作业时间比较短暂，小于 183 天，不构成常设机构，则在我国无需缴纳企业所得税。该业务属于典型的"指定扣缴"，而非"法定扣缴"。

【答案】A

（四）

位于海南自由贸易港的某居民企业，对甲国 A 企业持股比例为 100%，对乙国 B 企业持股比例为 50%。发生的相关事项如下：

（1）从甲国 A 企业取得股息所得 200 万元，A 企业适用的企业所得税税率为 12%，预提所得税税率为 10%。

（2）从乙国 B 企业取得股息所得 200 万元，B 企业适用的企业所得税税率为 28%，预提所得税税率为 10%。

（3）该居民企业境内应纳税所得额为 2000 万元，适用的企业所得税税率为 15%。

（其他相关资料：企业选择分国不分项的抵免方式，股息所得均为未扣除预提所得税前的股息。）

要求：根据上述资料，回答下列问题。

1. 居民企业取得来源于甲国 A 企业股息所得的可抵免税额为（　　）万元。
   A. 20　　　　　　B. 27.27　　　　　　C. 47.27　　　　　　D. 50

【解析】直接缴纳的所得税额 = 200 × 10% = 20 万元

间接负担的所得税额 = 200 ÷ （1 − 12%） × 12% = 27.27 万元

可抵免税额 = 直接缴纳的所得税额 + 间接负担的所得税额 + 享受税收饶让抵免税额 [本题不涉及饶让] = 20 + 27.27 = 47.27 万元

【答案】C

2. 居民企业取得来源于乙国 B 企业股息所得的可抵免税额为（　　）万元。
   A. 20　　　　　　B. 77.78　　　　　　C. 97.78　　　　　　D. 105.56

【解析】直接缴纳的所得税额 = 200 × 10% = 20 万元

间接负担的所得税额 = 200 ÷ （1 − 28%） × 28% = 77.78 万元

可抵免税额 = 直接缴纳的所得税额 + 间接负担的所得税额 + 享受税收饶让抵免税额 [本题不涉及饶让] = 20 + 77.78 = 97.78 万元

【答案】C

3. 该居民企业境外所得的抵免限额为（　　）万元。
   A. 60　　　　　　B. 75.76　　　　　　C. 100　　　　　　D. 126.26

解析 （1）计算居民企业来源于甲国A企业股息所得的抵免限额。

方法一：200÷(1-12%)×25%＝56.82万元。

方法二：(200+27.27)×25%＝56.82万元。

（2）计算居民企业来源于乙国B企业股息所得的抵免限额。

方法一：200÷(1-28%)×25%＝69.44万元。

方法二：(200+77.78)×25%＝69.44万元[计算出来的结果是69.445，小数点误差，不是错误]。

该居民企业境外所得的抵免限额＝56.82+69.44＝126.26万元

【答案】D

4. 该居民企业实际应缴纳的企业所得税为（　　）万元。

A. 300　　　　B. 302.73　　　　C. 309.55　　　　D. 321.22

解析 （1）来源于甲国A企业股息所得的可抵免税额为47.27万元，抵免限额为56.82万元。按照孰小原则，实际抵免税额为47.27万元。

（2）来源于乙国B企业股息所得的可抵免税额为97.78万元，抵免限额为69.44万元。按照孰小原则，实际抵免税额为69.44万元。

（3）计算该居民企业实际应缴纳的企业所得税。

方法一：实际应纳税额＝境内所得×税率+境外所得×税率-实际抵免税额＝2000×15%+200÷(1-12%)×25%+200÷(1-28%)×25%-47.27-69.44＝309.55万元。

方法二：实际应纳税额＝境内所得×税率+(抵免限额-实际抵免税额)＝2000×15%+(56.82-47.27)+(69.44-69.44)＝309.55万元。

【答案】C

（五）

我国某居民企业在甲国设立一家分公司，在乙国设立一家持股80%的子公司，2024年该企业申报的利润总额4000万元，相关涉税资料如下：

（1）甲国分公司按我国税法确认的销售收入300万元，销售成本500万元。

（2）收到乙国子公司已经扣缴预提所得税后的投资收益1900万元，子公司已在乙国缴纳企业所得税1000万元，子公司当年税后利润全部分配，乙国预提所得税率为5%。

（其他相关资料：该居民企业适用25%的企业所得税税率，无纳税调整金额，企业选择分国不分项抵免方式。）

要求：根据上述资料，回答下列问题。

1. 2024年该居民企业来源于子公司投资收益的可抵免税额是（　　）万元。

A. 500　　　　B. 800　　　　C. 900　　　　D. 1100

解析 直接缴纳的预提所得税税额＝1900÷(1-5%)×5%＝100万元

间接负担的所得税额＝(子公司利润税+投资预提所得税+间接税)×分配比×持股比＝(1000+0+0)×100%×80%＝800万元

可抵免税额=直接缴纳的所得税额+间接负担的所得税额+享受税收饶让抵免税额[本题不涉及饶让]=100+800=900万元

【答案】 C

2.2024年该居民企业来源于子公司的应纳税所得额是（　　）万元。

  A.1700   B.1800   C.2600   D.2800

解析 2024年该居民企业来源于子公司的应纳税所得额=境外纯税后股息+直接缴纳的预提所得税+间接负担的税额=1900+100+800=2800万元

【答案】 D

3.2024年该居民企业来源于子公司投资收益已纳境外所得税的实际抵免税额是（　　）万元。

  A.425   B.450   C.650   D.700

解析 抵免限额=2800×25%=700万元，可抵免税额为900万元，按照孰小原则，实际抵免税额为700万元。

【答案】 D

4.2024年该居民企业实际缴纳的企业所得税是（　　）万元。

  A.525   B.575   C.1000   D.1200

解析

（1）企业选择分国不分项计算其来源于境外的应纳税所得额的前提下，在汇总计算境外应纳税所得额时，企业在境外同一国家（地区）设立不具有独立纳税地位的分支机构，按照企业所得税法及实施条例的有关规定计算的亏损，不得抵减其境内或他国（地区）的应纳税所得额，但可以用同一国家（地区）其他项目或以后年度的所得按规定弥补。

本题中甲国分公司销售收入300万元，销售成本500万元，说明发生了亏损200万元，不能用境内应纳税所得额弥补，但由于已经计入利润总额，所以在计算境内应纳税所得额时应当加回来。

又由于1900万元属于境外投资收益，已经计入利润表，应在计算境内应纳税所得额时减除。

境内应纳税所得额=4000+200-1900=2300万元

（2）计算该居民企业实际应缴纳的企业所得税。

方法一：实际应纳税额=境内所得×税率+境外所得×税率-实际抵免税额=2300×25%+2800×25%-700=525万元。

方法二：实际应纳税额=境内所得×税率+（抵免限额-实际抵免税额）=2300×25%+（700-700）=525万元。

【答案】 B

（六）

我国境内某机械制造企业，适用企业所得税税率25%。2024年境内产品不含税销售收入4000万元，销售成本2000万元，税金及附加20万元，销售费用700万元（其中广告费620万元），管理费用500万元，财务费用80万元，取得境外分支机构税后经营所得9万元，分支机构所在国企业所得税税率为20%，该分支机构享受了该国减半征收所得税的优惠。

（其他相关资料：不考虑预提所得税和税收饶让的影响。）

要求：根据上述资料，回答以下问题。

1. 该企业2024年来源于境外的应纳税所得额为（　　）万元。
   A. 9.00　　　　　　B. 10.00　　　　　　C. 11.25　　　　　　D. 12.50

   解析　该企业2024年来源于境外的应纳税所得额 = 9 ÷ (1 - 20% × 50%) = 10万元
   【答案】B

2. 该企业2024年境外所得的抵免限额为（　　）万元。
   A. 1.00　　　　　　B. 2.25　　　　　　C. 2.50　　　　　　D. 9.00

   解析　该企业2024年境外所得的抵免限额 = 10 × 25% = 2.5万元
   【答案】C

3. 该企业2024年来源于境内的应纳税所得额为（　　）万元。
   A. 680　　　　　　B. 700　　　　　　C. 720　　　　　　D. 725

   解析　广告费税前扣除限额 = 4000 × 15% = 600万元

   实际发生广告费620万元，超过税前扣除限额，应调增应纳税所得额 = 620 - 600 = 20万元。

   该企业2024年来源于境内的应纳税所得额 = 4000 - 2000 - 20 - 700 - 500 - 80 + 20 = 720万元。
   【答案】C

4. 该企业2024年实际应缴纳企业所得税（　　）万元。
   A. 170.0　　　　　　B. 177.5　　　　　　C. 178.0　　　　　　D. 181.5

   解析　境外所得可抵免税额 = 10 × 20% × 50% = 1万元

   境外所得抵免限额为2.5万元。按照孰小原则，实际抵免税额为1万元。

   该企业2024年实际应缴纳企业所得税 = 境内所得 × 税率 + 境外所得 × 税率 - 实际抵免税额 = 720 × 25% + 10 × 25% - 1 = 181.5万元

   或者：

   该企业2024年实际应缴纳企业所得税 = 境内所得 × 税率 + (抵免限额 - 实际抵免税额) = 720 × 25% + (2.5 - 1) = 181.5万元。
   【答案】D

第四章 印花税

>> 知识点 · 征税范围和纳税人

【单选题】 下列行为或合同，属于印花税征收范围的是（　　）。
A. 个人与电网签订的供用电合同
B. 个人与企业签订的住房租赁合同
C. 社保基金将持有的证券在社保基金账户间划拨过户
D. 融资性售后回租业务中签订的出售租赁资产的合同

解析 选项A，发电厂与电网之间、电网与电网之间书立的购售电合同，应当按"买卖合同"税目缴纳印花税，但电网与用户之间签订的供用电合同，不征收印花税。选项B，按照"租赁合同"缴纳印花税。选项C，对社保基金持有的证券，在社保基金证券账户之间的划拨过户，不属于印花税的征税范围。选项D，在融资性售后回租业务中，对承租人、出租人因出售租赁资产及购回租赁资产所签订的合同，不征收印花税。

【答案】 B

【单选题】 我国企业在境外书立的下列凭证中，应缴纳印花税的是（　　）。
A. 与A国企业签订的在A国使用车辆的租赁合同
B. 与B国企业签订的在B国存放样品的仓储合同
C. 与C国企业签订的从C国运回货物的运输合同
D. 与D国企业签订的收购D国土地的产权转移书据

解析 在中华人民共和国境外书立在境内使用的应税凭证，应当按规定缴纳印花税。包括以下四种情形：

（1）应税凭证的标的为不动产的，该不动产在境内（选项D不动产在境外，不属于"在境内使用"）；

（2）应税凭证的标的为股权的，该股权为中国居民企业的股权；

（3）应税凭证的标的为动产或者商标专用权、著作权、专利权、专有技术使用权的，其销售方或者购买方在境内，但不包括境外单位或者个人向境内单位或者个人销售完全在境外使用的动产或者商标专用权、著作权、专利权、专有技术使用权；

（4）应税凭证的标的为服务的，其提供方或者接受方在境内（选项C服务接收方在境内，属于"在境内使用"），但不包括境外单位或者个人向境内单位或者个人提供完全在境外发生的服务（选项AB完全在境外发生，不属于"在境内使用"）。

【答案】 C

【多选题】下列合同中，不属于印花税征税范围的有（　　）。

A. 贷款合同　　　　　　　　　　B. 同业拆借合同
C. 管道运输合同　　　　　　　　D. 建设工程勘察合同
E. 个人书立的动产买卖合同

🔍 解析　选项 A，属于"借款合同"。选项 D，属于"建设工程合同"。
【答案】BCE

【单选题】甲乙双方签订融资性售后回租合同，约定甲方将其持有的一台设备以售后回租方式出售给乙方。下列关于该合同甲乙双方印花税纳税义务的说法，正确的是（　　）。

A. 不缴纳印花税
B. 按照"买卖合同"税目缴纳印花税
C. 按照"产权转移书据"税目缴纳印花税
D. 按照"融资租赁合同"税目缴纳印花税

🔍 解析　融资性售后回租合同按照"融资租赁合同"缴纳印花税。融资租赁包括"直租"和"回租"，都按"融资租赁合同"缴纳印花税。
【答案】D

【单选题】依据印花税相关规定，下列合同应缴纳印花税的是（　　）。

A. 无息贷款合同　　　　　　　　B. 未按期兑现的合同
C. 银行同业拆借合同　　　　　　D. 电网与用户之间签订的供用电合同

🔍 解析　选项 A，无息或者贴息借款合同、国际金融组织向中国提供优惠贷款书立的借款合同免征印花税。选项 B，应税合同在签订时纳税义务即已产生，应计算应纳税额并贴花，所以，不论合同是否兑现或是否按期兑现，均应贴花。选项 C，银行同业拆借合同，不征收印花税。选项 D，发电厂与电网之间、电网与电网之间书立的购售电合同，应当按"买卖合同"税目缴纳印花税。电网与用户之间签订的供用电合同，不征收印花税。
【答案】B

【多选题】下列合同，按"产权转移书据"计征印花税的有（　　）。

A. 著作权转让合同　　　　　　　B. 专利权转让合同
C. 商标专用权转让合同　　　　　D. 非专利技术转让合同
E. 专有技术使用权转让合同

🔍 解析　产权转移书据包括土地使用权出让书据，土地使用权、房屋等建筑物和构筑物所有权转让书据（不包括土地承包经营权和土地经营权转移），股权转让书据（不包括应缴纳证券交易印花税），商标专用权、著作权、专利权、专有技术使用权转让书据。选项 D，按"技术合同"缴纳印花税。

【提示】由于《印花税法》已于 2022 年 7 月 1 日实施，内容变化较大，所以早些年间的考题大都按照新法及教材收录内容做了修订，本题亦不例外，关于这一点，后续将不再重复说明。

【答案】ABCE

【单选题】下列合同，应按"买卖合同"税目缴纳印花税的是（   ）。

A. 电网与用户之间签订的供用电合同

B. 发电厂与电网之间签订的购售电合同

C. 企业之间签订的土地使用权转让合同

D. 开发商与个人之间签订的商品房销售合同

解析　选项AB，发电厂与电网之间、电网与电网之间书立的购售电合同，应当按"买卖合同"税目缴纳印花税。电网与用户之间签订的供用电合同，不征收印花税。选项CD，均按照"产权转移书据"税目缴纳印花税。

【答案】 B

【多选题】下列合同或凭证，应当计算缴纳印花税的有（   ）。

A. 再保险合同　　　　　　　　　B. 人寿保险合同

C. 商品房销售合同　　　　　　　D. 军事物资运输凭证

E. 电网与电网之间签订的购售电合同

解析　选项A，再保险合同不属于印花税的征税范围，不征收印花税。选项B，财产保险合同属于印花税的征税范围，但人寿保险合同不属于印花税的征税范围，不征收印花税。选项D，凡附有军事运输命令或使用专用的军事物资运费结算凭证，免纳印花税。选项E，发电厂与电网之间、电网与电网之间书立的购售电合同，应当按"买卖合同"税目缴纳印花税，但电网与用户之间签订的供用电合同，不征收印花税。

【答案】 CE

【单选题】下列行为主体中，属于印花税纳税人的是（   ）。

A. 拍卖交易物品的买受人　　　　B. 管道运输合同的订立人

C. 商品买卖合同的担保人　　　　D. 委托贷款合同的委托人

解析　选项B，管道运输合同不属于印花税的征税范围，不征收印花税。选项C，书立应税凭证的纳税人，为对应税凭证有直接权利义务关系的单位和个人，不包括应税合同的担保人、证人、鉴定人。选项D，委托贷款合同印花税的纳税人为受托方和借款人，不包括委托人。

【答案】 A

【多选题】根据印花税相关规定，下列说法正确的有（   ）。

A. 印刷合同按承揽合同征收印花税

B. 人民法院的生效法律文书不征收印花税

C. 纳税人以电子形式签订的合同应征收印花税

D. 电网与用户之间签订的供用电合同不征收印花税

E. 出版单位与发行单位之间订立的图书订购单不征收印花税

解析　选项A，承揽合同包括加工、定做、修缮、修理、印刷、广告、测绘、测试等合同。选项B，以下凭证不属于印花税的征税范围，不征收印花税：（1）人民法院的生效法律文书，仲裁机构的仲裁文书，监察机关的监察文书；（2）县级以上人民政府及其所属部门按照行政管理权限征收、收回或者补偿安置房地产书立的合同、协议或行政类文书；（3）总公司与分公司、分公司与分公司之间书立的作为执行计划使用的凭证。选项C，对纳税人以电子形式签订的各类应税凭证按规定征收印花税。选项D，发电厂与电网之间、电网与电网之间书立的购售电合同，应当按"买卖合同"税目缴纳印花税，但电网与用户之间签订的供用电合同，不征收印花税。选项E，各类出版单位与发行单位之间订立的图书、报纸、期刊及音像制品的征订凭证（包括订购单、订数单等），按照"买卖合同"缴纳印花税。各类发行单位之间，以及发行单位与订阅单位或个人之间书立的征订凭证，暂免征印花税。

【答案】ABCD

【单选题】下列单位或个人属于印花税纳税人的是（　　）。
A. 委托贷款合同的委托人
B. 商品购销合同的担保人
C. 与用户签订供电合同的电网
D. 在境外书立在境内使用技术合同的单位

解析 选项A，采用委托贷款方式书立的借款合同纳税人，为受托人和借款人，不包括委托人。选项B，书立应税凭证的纳税人，为对应税凭证有直接权利义务关系的单位和个人，不包括应税合同的担保人、证人、鉴定人。选项C，发电厂与电网之间、电网与电网之间书立的购售电合同，应当按"买卖合同"税目缴纳印花税，但电网与用户之间签订的供用电合同，不征收印花税。选项D，在境外书立在境内使用的应税凭证的单位和个人为印花税的纳税人。

【答案】D

知识点 · 减免税优惠

【多选题】下列关于企业改制重组有关印花税规定，表述正确的有（　　）。
A. 企业改制书立的产权转移书据，免征印花税
B. 企业债权转股权新增加的实收资本（股本）、资本公积合计金额，免征印花税
C. 企业改制重组过程中，经评估增加的实收资本（股本）、资本公积合计金额，免征印花税
D. 企业改制重组过程中成立的新企业，其新启用营业账簿记载的实收资本（股本）、资本公积合计金额，原已缴纳印花税的部分不再缴纳印花税
E. 企业改制重组前书立但尚未履行完毕的应税合同，由改制重组后的主体承继原合同权利和义务且未变更原合同计税依据的，改制重组前已缴纳印花税的，不再缴纳印花税

解析 企业改制重组及事业单位改制有关印花税政策如下：
（1）关于营业账簿的印花税。

① 企业改制重组，以及事业单位改制过程中成立的新企业，其新启用营业账簿记载的实收资本（股本）、资本公积合计金额，原已缴纳印花税的部分不再缴纳印花税，未缴纳印花税的部分和以后新增加的部分应当按规定缴纳印花税（选项D正确）。

② 企业债权转股权新增加的实收资本（股本）、资本公积合计金额，应当按规定缴纳印花税（选项B错误）。对经国务院批准实施的重组项目中发生的债权转股权，债务人因债务转为资本而增加的实收资本（股本）、资本公积合计金额，免征印花税。

③ 企业改制重组，以及事业单位改制过程中，经评估增加的实收资本（股本）、资本公积合计金额，应当按规定缴纳印花税（选项C错误）。

④ 企业其他会计科目记载的资金转为实收资本（股本）或者资本公积的，应当按规定缴纳印花税。

(2) 关于各类应税合同的印花税。

企业改制重组，以及事业单位改制前书立但尚未履行完毕的各类应税合同，由改制重组后的主体承继原合同权利和义务且未变更原合同计税依据的，改制重组前已缴纳印花税的，不再缴纳印花税（选项E正确）。

(3) 关于产权转移书据的印花税。

① 对企业改制、合并、分立、破产清算，以及事业单位改制书立的产权转移书据，免征印花税（选项A正确）。

② 对县级以上人民政府或者其所属具有国有资产管理职责的部门按规定对土地使用权、房屋等建筑物和构筑物所有权、股权进行行政性调整书立的产权转移书据，免征印花税。

③ 对同一投资主体内部划转土地使用权、房屋等建筑物和构筑物所有权、股权书立的产权转移书据，免征印花税。

【答案】ADE

【多选题】保险保障基金公司涉及的下列应税凭证中，免征印花税的有（ ）。
A. 保险保障基金公司新设立的资金账簿
B. 保险保障基金公司设立时购置自用房产签订的产权转移书据
C. 保险公司进行风险处置和破产救助过程中签订的产权转移书据
D. 保险公司进行风险处置过程中与中国人民银行签订的再贷款合同
E. 以保险保障基金自有财产和接收的受偿资产与保险公司签订的财产保险合同

解析 自2018年1月1日至2027年12月31日，对保险保障基金公司涉及的下列应税凭证免征印花税：
(1) 新设立的资金账簿（选项A）；
(2) 在对保险公司进行风险处置和破产救助过程中签订的产权转移书据（选项C）；
(3) 在对保险公司进行风险处置过程中与中国人民银行签订的再贷款合同（选项D）；
(4) 以保险保障基金自有财产和接收的受偿资产与保险公司签订的财产保险合同（选项E）。

选项B没有免税规定。
【答案】ACDE

【单选题】下列合同中,应计算缴纳印花税的是(   )。
A. 个人出租住房签订的租赁合同
B. 保险公司与农业经营者签订的农业保险合同
C. 养老服务机构采购卫生材料书立的买卖合同
D. 国际金融组织向中国提供优惠贷款书立的借款合同

解析　选项A,对个人出租、承租住房签订的租赁合同,免征印花税。选项B,农民、家庭农场、农民专业合作社、农村集体经济组织、村民委员会购买农业生产资料或者销售农产品书立的买卖合同和农业保险合同,免征印花税。选项C,非营利性医疗卫生机构采购药品或者卫生材料书立的买卖合同,免征印花税,养老服务机构采购卫生材料书立的买卖合同没有免税规定。选项D,无息或者贴息借款合同、国际金融组织向中国提供优惠贷款书立的借款合同,免征印花税。

【答案】C

【多选题】银行业开展信贷资产证券化业务的下列行为中,暂免征收印花税的有(   )。
A. 投资者买卖信贷资产支持证券
B. 受托机构发售信贷资产支持证券
C. 发起机构与受托机构签订的信托合同
D. 受托机构与资金保管机构签订的证券化交易服务合同
E. 发起机构为开展信贷资产证券化业务而专门设立的资金账簿

解析　我国银行业开展信贷资产证券化业务试点中,可享受如下税收优惠政策:
(1) 发起机构、受托机构在信贷资产证券化过程中,与资金保管机构、证券登记托管机构,以及其他为证券化交易提供服务的机构签订的其他应税合同,暂免征收发起机构、受托机构应缴纳的印花税(选项D)。
(2) 受托机构发售信贷资产支持证券,以及投资者买卖信贷资产支持证券暂免征收印花税(选项AB)。
(3) 发起机构、受托机构因开展信贷资产证券化业务而专门设立的资金账簿暂免征收印花税(选项E)。
选项C,财税〔2006〕5号《财政部国家税务总局关于信贷资产证券化有关税收政策问题的通知》中规定:"信贷资产证券化的发起机构将实施资产证券化的信贷资产信托予受托机构时,双方签订的信托合同暂不征收印花税"。但依据财政部、税务总局公告2022年第23号《财政部税务总局关于印花税法实施后有关优惠政策衔接问题的公告》,自2022年7月1日起,该项规定废止。

【答案】ABDE

【多选题】下列凭证中,免征印花税的有(   )。
A. 无息、贴息贷款合同
B. 个人购买安置住房书立的合同
C. 报纸发行单位之间书立的征订凭证

D. 财产所有人将财产赠给学校所立的书据

E. 国际金融组织向我国企业提供优惠贷款所书立的合同

解析 无息或者贴息借款合同、国际金融组织向中国提供优惠贷款书立的借款合同免征印花税，所以选项 A 免税，选项 E 不免税。选项 B，在棚户区改造过程中，对改造安置住房经营管理单位、开发商与改造安置住房有关的印花税以及购买安置住房的个人涉及的印花税予以免征。选项 C，各类出版单位与发行单位之间订立的图书、报纸、期刊，以及音像制品的征订凭证（包括订购单、订数单等），按照"买卖合同"缴纳印花税。各类发行单位之间，以及发行单位与订阅单位或个人之间书立的征订凭证，暂免征印花税。选项 D，财产所有权人将财产赠与政府、学校、社会福利机构、慈善组织书立的产权转移书据，免征印花税。

【答案】 ABCD

【多选题】 下列凭证，免征印花税的有（　　）。

A. 贴息贷款合同　　　　　　　　B. 货物运输合同

C. 已纳印花税的凭证副本　　　　D. 抢险救灾物资运输合同

E. 将自有房产捐赠给政府签订的产权转移书据

解析 选项 A，无息或者贴息借款合同、国际金融组织向中国提供优惠贷款书立的借款合同免征印花税。选项 B，货物运输合同没有免税规定。选项 C，应税凭证的副本或者抄本免征印花税。选项 D，凡附有县级以上（含县级）人民政府抢险救灾物资运输证明文件的运费结算凭证，免纳印花税。选项 E，财产所有权人将财产赠与政府、学校、社会福利机构、慈善组织书立的产权转移书据，免征印花税。

【答案】 ACDE

【多选题】 下列凭证，免征印花税的有（　　）。

A. 贴息贷款合同

B. 企业改制签订的产权转移书据

C. 与高校学生签订的高校学生公寓租赁合同

D. 国际金融组织向我国企业提供优惠贷款书立的合同

E. 证券投资者保护基金有限责任公司新设立的资金账簿

解析 无息或者贴息借款合同、国际金融组织向中国提供优惠贷款书立的借款合同免征印花税，所以选项 A 要选，选项 D 不能选。选项 B，对企业改制、合并、分立、破产清算以及事业单位改制书立的产权转移书据，免征印花税。选项 C，对与高校学生签订的高校学生公寓租赁合同，免征印花税。选项 E，对保护基金公司新设立的资金账簿免征印花税。

【答案】 ABCE

【多选题】 下列合同或凭证，应计算缴纳印花税的有（　　）。

A. 企业出租门店合同　　　　　　B. 军事物资运输凭证

C. 已缴纳印花税的凭证副本　　　D. 电网与用户之间签订的供用电合同

E. 企业与个人签订的用于生产经营的租房合同

【解析】 选项AE，按照"租赁合同"缴纳印花税。选项B，凡附有军事物资运输命令或使用专用的军事物资运费结算凭证，免纳印花税。选项C，应税凭证的副本或者抄本免征印花税。选项D，发电厂与电网之间、电网与电网之间书立的购售电合同，应当按"买卖合同"税目缴纳印花税，但电网与用户之间签订的供用电合同，不征收印花税。

【答案】 AE

知识点 · 计税依据和应纳税额的计算

【单选题】某小型微利企业2024年7月销售商品合同列明不含增值税价款100万元，向银行申请贷款获批，合同约定借款金额100万元，该企业适用"六税两费"减半优惠，该企业当月应缴纳印花税（　　）元。

A. 150　　　　B. 175　　　　C. 200　　　　D. 325

【解析】（1）销售商品合同按照万分之三的税率依"买卖合同"缴纳印花税；借款合同按照万分之零点五的税率，依"借款合同"缴纳印花税。

（2）自2023年1月1日至2027年12月31日，对增值税小规模纳税人、小型微利企业和个体工商户减半征收资源税（不含水资源税）、城市维护建设税、房产税、城镇土地使用税、印花税（不含证券交易印花税）、耕地占用税和教育费附加、地方教育附加。考生需注意，对金融机构与小型、微型企业签订的借款合同免征印花税。小型、微型企业不等同于小型微利企业。

（3）该企业当月应缴纳印花税 = (100×0.3‰ + 100×0.05‰)×50%×10000 = 175元。

【答案】 B

【单选题】甲企业2024年7月与乙企业签订运输合同一份，合同列明货物价值600万元，不含税运费5万元，保险费0.2万元，装卸费0.3万元。甲企业当月该份合同应缴纳印花税（　　）元。

A. 15　　　　B. 15.6　　　　C. 16.5　　　　D. 1800

【解析】 运输合同的计税依据为取得的运费收入，不包括所运货物的金额、装卸费和保险费等。

甲企业当月该份合同应缴纳印花税 = 5×0.3‰×10000 = 15元

【答案】 A

【单选题】下列关于印花税计税依据的说法，正确的是（　　）。

A. 证券交易的计税依据为成交金额
B. 财产保险合同的计税依据为财产金额
C. 营业账簿以账簿记载的实收资本为计税依据
D. 运输合同的计税依据为运输费用和装卸费合计金额

【解析】 选项B，财产保险合同的计税依据为支付（收取）的保险费，不包括所保财产金额。选项C，营业账簿以账簿记载的实收资本和资本公积之和为计税依据。选项D，运输合同的计税依据为取得的运费收入，不包括所运货物的金额、装卸费和保险费等。

【答案】A

【单选题】某企业受托研发一项专利技术，合同金额为1000万元，双方约定按照合同金额10%结算劳务报酬，该企业应缴纳印花税（　　）元。

A. 300　　　　　　B. 305　　　　　　C. 500　　　　　　D. 3000

解析　专利研发合同属于技术合同，计税依据为合同所载的价款、报酬或使用费。为鼓励技术研究开发，对技术开发合同，只就合同所载的报酬金额计税，研究开发经费不作为计税依据。但对合同约定按研究开发经费一定比例作为报酬的，应按一定比例的报酬金额贴花。

应缴纳的印花税 = 1000 × 10% × 0.03% × 10000 = 300元

【答案】A

【单选题】某企业以其持有的一套房产对子公司增资，该房产原值500万元。增资合同与产权转移书据注明，该房产作价1000万元，子公司于增资合同签署当天调增了账簿记录，子公司该增资事项应缴印花税（　　）万元。

A. 0.1　　　　　　B. 0.25　　　　　　C. 0.50　　　　　　D. 0.75

解析　（1）子公司增资合同应按产权转移书据缴纳印花税，应缴纳的印花税 = 1000 × 0.5‰ = 0.5万元；

（2）子公司资金账簿应缴纳印花税 = 1000 × 0.25‰ = 0.25万元；

（3）子公司该增资事项应缴印花税 = 0.5 + 0.25 = 0.75万元。

【答案】D

【单选题】甲企业向银行申办一项金额5000万元的贷款，未签订借款合同，分五次填开借据作为合同使用，五次填开借据共载借款金额8000万元，甲公司该贷款业务应缴纳印花税（　　）万元。

A. 0.25　　　　　　B. 0.4　　　　　　C. 2.5　　　　　　D. 4

解析　凡是一项信贷业务既签订借款合同，又一次或分次填开借据的，只以借款合同所载金额为计税依据计税贴花；凡是只填开借据并作为合同使用的，应以借据所载金额为计税依据计税贴花。

甲公司该贷款业务应缴纳印花税 = 8000 × 0.05‰ = 0.4万元

【答案】B

【单选题】2024年2月，甲公司与乙公司签订一份设备采购合同，价款为不含增值税2000万元；两个月后因采购合同作废，又改签为融资租赁合同，租金总额为2100万元，甲公司应缴纳印花税（　　）元。

A. 2700　　　　　　B. 7050　　　　　　C. 7500　　　　　　D. 8100

解析 未履行的应税合同、产权转移书据，已缴纳的印花税不予退还及抵缴税款，甲公司作废的采购合同应按照"买卖合同"缴纳印花税。

甲公司应缴纳印花税 = （2000×0.3‰ + 2100×0.05‰）×10000 = 7050 元

【答案】B

【单选题】甲公司进口一批货物，由境外的乙公司负责承运，双方签订的运输合同注明所运输货物价值 1000 万元、不含税运输费用 25 万元和保险费 5000 元。下列关于印花税的税务处理，正确的是（　　）。

　　A. 甲公司应缴纳印花税 75 元　　　　　　B. 乙公司应缴纳印花税 75 元
　　C. 甲公司应缴纳印花税 125 元　　　　　D. 甲公司和乙公司免征印花税

解析 （1）运输合同的计税依据为取得的运费收入，不包括所运货物的金额、装卸费和保险费等。

（2）境内货物多式联运，采用在起运地统一结算全程运费的，应以全程运费作为计税依据由起运地运费结算双方缴纳印花税；采用分程结算运费的，应以分程的运费作为计税依据分别由办理运费结算的各方缴纳印花税。

（3）对国际货运，凡由我国运输企业运输的，运输企业所持的运费结算凭证，以本程运费为计税依据；托运方所持的运费结算凭证，按全程运费为计税依据。由外国运输企业运输进出口货物的，外国运输企业所持运费结算凭证免纳印花税；托运方所持运费结算凭证，以运费金额为计税依据。国际货运运费结算凭证在国外办理的，应在凭证转回我国境内时依法缴纳印花税。

（4）甲公司应缴纳印花税 = 25×0.3‰×10000 = 75 元，乙公司免征印花税。

【答案】A

【单选题】某公司签订甲、乙两份承揽合同，甲合同约定：由委托方提供主要材料 600 万元，受托方提供辅助材料 40 万元，并收取加工费 50 万元。乙合同约定：由受托方提供主要材料 400 万元并收取加工费 20 万元。上述甲、乙两份合同应缴纳印花税（　　）元。

　　A. 1530　　　　B. 1750　　　　C. 2550　　　　D. 3330

解析 （1）承揽合同的计税依据是加工或承揽收入的金额。

（2）对于由承揽人提供原材料的加工、定做合同，凡在合同中分别记载加工费金额和原材料金额的，应分别按承揽合同、买卖合同计税，两项税额相加数，即为合同应贴印花（本题中乙合同属于这种情况）；若合同中未分别记载，则应就全部金额依照承揽合同计税贴花。

乙合同应缴纳印花税 = 400×0.3‰×10000[买卖合同] + 20×0.3‰×10000[承揽合同] = 1260 元

（3）对于由定做人提供主要材料或原料，承揽人只提供辅助材料的加工合同，无论加工费和辅助材料金额是否分别记载，均以辅助材料与加工费的合计数，依照承揽合同计税贴花。对定做人提供的主要材料或原料金额不计税贴花（本题中甲合同属于这种情况）。

甲合同应缴纳印花税 = （40 + 50）×0.3‰×10000[承揽合同] = 270 元

（4）上述甲、乙两份合同应缴纳印花税 = 270 + 1260 = 1530 元。

【答案】A

【单选题】甲公司与某物流公司签订一份运输保管合同，合同载明的金额为不含增值税 50000 元（运费和保管费未分别记载）。甲公司就该合同应缴纳印花税（　　）元。

A. 25　　　　　　　B. 37.5　　　　　　　C. 50　　　　　　　D. 100

解析　同一应税凭证载有两个以上税目事项并分别列明金额的，按照各自适用的税目税率分别计算应纳税额；未分别列明金额的，从高适用税率。保管合同税率为千分之一，高于运输合同税率万分之三。

甲公司就该合同应缴纳印花税 = 50000 × 1‰ = 50 元

【答案】C

【单选题】甲企业为增值税小规模纳税人，与乙企业签订一份技术开发合同，合同记载金额 600 万元，其中包含研究开发经费 500 万元。甲企业就该合同应缴纳印花税（　　）元。

A. 150　　　　　　B. 300　　　　　　C. 900　　　　　　D. 1800

解析　（1）技术开发合同只就合同所载的报酬金额计税，研究开发经费不作为计税依据。对合同约定按研究开发经费一定比例作为报酬的，应按一定比例的报酬金额贴花。

（2）自 2023 年 1 月 1 日至 2027 年 12 月 31 日，对增值税小规模纳税人、小型微利企业和个体工商户减半征收资源税（不含水资源税）、城市维护建设税、房产税、城镇土地使用税、印花税（不含证券交易印花税）、耕地占用税和教育费附加、地方教育附加。

（3）甲企业就该合同应缴纳印花税 = (600 - 500) × 0.3‰ × 10000 × 50% = 150 元。

【答案】A

知识点 · 征收管理

【单选题】依据印花税法相关规定，证券交易印花税扣缴义务人申报解缴税款的时间是（　　）。

A. 每周终了之日起 5 日内　　　　　　B. 每月终了之日起 5 日内

C. 每周终了之日起 15 日内　　　　　D. 每月终了之日起 15 日内

解析　证券交易印花税扣缴义务人应当自每周终了之日起 5 日内申报解缴税款及银行结算的利息。

【答案】A

【多选题】下列关于印花税征收管理的说法，正确的有（　　）。

A. 证券交易印花税按周解缴
B. 证券交易印花税扣缴义务发生时间是证券交易完成的当日
C. 单位纳税人应向其机构所在地主管税务机关申报缴纳印花税

D. 个人纳税人应向应税凭证书立地或居住地主管税务机关申报缴纳印花税

E. 未履行的应税合同、产权转移书据，已缴纳的印花税可以申请退还及抵缴税款

解析 印花税的纳税地点：纳税人为单位的，应当向其机构所在地的主管税务机关申报缴纳印花税；纳税人为个人的，应当向应税凭证书立地或者纳税人居住地的主管税务机关申报缴纳印花税。不动产产权转移的，纳税人应当向不动产所在地的主管税务机关申报缴纳印花税。纳税人为境外单位或者个人，在境内没有代理人的，由纳税人自行申报缴纳印花税。境外单位或个人可以向资产交付地、境内服务提供方或者接受方所在地（居住地）、书立应税凭证境内书立人所在地（居住地）主管税务机关申报缴纳；涉及不动产产权转移的，应当向不动产所在地主管税务机关申报缴纳。

选项E，未履行的应税合同、产权转移书据，已缴纳的印花税不予退还及抵缴税款。

【答案】ABCD

【单选题】同一类应纳税凭证需要频繁贴花的，纳税人向主管税务机关申请按期汇总缴纳印花税，按照税务机关确定的期限计算纳税，最长期限不得超过（　　）个月。

A. 1　　　　　　B. 3　　　　　　C. 5　　　　　　D. 10

解析 同一种类应纳税凭证，需频繁贴花的，可由纳税人根据实际情况自行决定是否采用按期汇总申报缴纳印花税的方式，汇总申报缴纳的期限不得超过1个月，采用按期汇总申报缴纳方式的，一年内不得改变。

【答案】A

第五章 房产税

知识点 · 征税范围、纳税人和税率

【单选题】 下列关于房产税纳税人的说法，正确的是（　　）。
A. 产权出典的，由出典人缴纳房产税
B. 租典纠纷尚未解决的，由产权所有人缴纳房产税
C. 产权属全民所有的，由经营管理单位缴纳房产税
D. 无论产权所有人是否在房屋所在地，均由产权所有人缴纳房产税

解析 选项A，房屋出典的，由承典人按照房产余值从价计征房产税。选项B，产权未确定及租典纠纷未解决的，由房产代管人或者使用人缴纳房产税。选项D，产权所有人不在房屋所在地的，由房产代管人或者使用人缴纳房产税。

【答案】 C

【单选题】 下列出租住房的行为，不分用途一律减按4%的税率征收房产税的是（　　）。
A. 个人出租在城市的住房　　　　　　B. 企业出租在农村的住房
C. 事业单位出租在县城的住房　　　　D. 社会团体出租在工矿区的住房

解析 选项A，对个人出租住房，不区分实际用途，均按4%的税率征收房产税。选项B，房产税在城市、县城、建制镇和工矿区征收，不包括农村，所以农村的住房不属于房产税的征税范围。选项CD，对企事业单位、社会团体及其他组织向个人、专业化规模化住房租赁企业出租住房的，减按4%的税率征收房产税。

【答案】 A

知识点 · 减免税优惠

【多选题】 依据房产税相关规定，下列房产可以免征房产税的有（　　）。
A. 非营利性老年机构自用的房产
B. 房管部门向居民出租的公有住房
C. 免税单位无偿使用纳税单位的房产
D. 中国铁路总公司所属铁路运输企业自用房产
E. 增值税小规模纳税人按市场价格出租给个人用于自住的房产

解析 选项A，政府部门和企事业单位、社会团体，以及个人等社会力量投资兴办的福

利性、非营利性的老年服务机构自用的房产，免征房产税。选项B，房管部门向居民出租的公有住房，暂免征收房产税。选项C，免税单位无偿使用纳税单位的房产免征房产税。选项D，中国铁路总公司所属铁路运输企业自用的房产，免征房产税。选项E，没有免税规定，可以适用"六税两费"减半优惠。

【提示】"无偿使用"他人房产或土地，由"使用人"缴纳房产税和城镇土地使用税，所以当"使用人"为免税单位时，自然应当免税，"使用人"为纳税单位时，自然应当照章征税。

【答案】ABCD

【多选题】依据房产税相关规定，下列房产可以免征房产税的有（　　）。
A. 宗教寺庙自用房产
B. 个人独资企业自用房产
C. 企业办的职业培训学校自用房产
D. 中国铁路总公司所属铁路运输企业自用房产
E. 从事空载重量大于450吨的民用客机研制项目的纳税人自用生产厂房

解析　选项A，宗教寺庙、公园、名胜古迹自用的房产免征房产税。宗教寺庙自用的房产，是指举行宗教仪式等的房屋和宗教人员使用的生活用房屋；公园、名胜古迹自用的房产，是指供公共参观游览的房屋及其管理单位的办公用房屋，附设的营业单位，如影剧院、饮食部、茶社、照相馆等所使用的房产及出租的房产，不属于免税范围，应照章纳税。选项B，没有免税优惠。选项C，企业办的各类学校、医院、托儿所、幼儿园自用的房产，免征房产税。选项D，中国铁路总公司所属铁路运输企业自用的房产，免征房产税。选项E，对纳税人及其全资子公司从事空载重量大于45吨的民用客机研制项目自用的科研、生产、办公房产，免征房产税。

【答案】ACDE

【单选题】下列房产中，免征房产税的是（　　）。
A. 继续使用的危险房产
B. 公园中的影剧院房产
C. 宗教寺庙中宗教人员的生活用房产
D. 房地产开发企业出售前已出租的房产

解析　选项A，经有关部门鉴定，对毁损不堪居住的房屋和危险房屋，在停止使用后，可免征房产税，继续使用则不能免税。选项BC，宗教寺庙、公园、名胜古迹自用的房产免征房产税。宗教寺庙自用的房产，是指举行宗教仪式等的房屋和宗教人员使用的生活用房屋；公园、名胜古迹自用的房产，是指供公共参观游览的房屋及其管理单位的办公用房屋，附设的营业单位，如影剧院、饮食部、茶社、照相馆等所使用的房产及出租的房产，不属于免税范围，应照章纳税。选项D，对房地产开发企业建造的商品房，在出售前不征收房产税；但对出售前房地产开发企业已使用或出租、出借的商品房应按规定征收房产税。

【答案】C

【多选题】依据房产税相关规定，下列房产可免征房产税的有（　　）。
A. 公园内的照相馆用房
B. 市文工团的办公用房
C. 按政府规定价格出租的公有住房
D. 施工期间为基建工地服务的临时性办公用房
E. 为支持农村饮水安全工程巩固提升，饮水工程运营管理单位自用的生产用房

解析　选项A，宗教寺庙、公园、名胜古迹自用的房产免征房产税。宗教寺庙自用的房产，是指举行宗教仪式等的房屋和宗教人员使用的生活用房屋；公园、名胜古迹自用的房产，是指供公共参观游览的房屋及其管理单位的办公用房屋，附设的营业单位，如影剧院、饮食部、茶社、照相馆等所使用的房产及出租的房产，不属于免税范围，应照章纳税。

选项B，国家财政部门拨付事业经费的单位（市文工团属于事业单位）自用的房产，免征房产税。

选项C，从2001年1月1日起，对按政府规定价格出租的公有住房，包括企业和自收自支事业单位向职工出租的单位自有住房。房管部门向居民出租的公有住房，暂免征收房产税。

选项D，凡是在基建工地为基建工地服务的各种工棚、材料棚、休息棚和办公室、食堂、茶炉房、汽车房等临时性房屋，不论是施工企业自行建造还是由基建单位出资建造交施工企业使用的，在施工期间一律免征房产税。但是，如果在基建工程结束以后，施工企业将这种临时性房屋交还或者估价转让给基建单位的，应当从基建单位接收的次月起，依照规定征收房产税。选项E，2027年12月31日前，对农村饮水工程运营管理单位自用的生产、办公用房产和土地，免征房产税和城镇土地使用税。

【答案】BCDE

【多选题】下列关于房产税减免税的说法，正确的有（　　）。
A. 高校学生公寓免征房产税
B. 外商投资企业的自用房产免征房产税
C. 非营利性老年服务机构自用房产免征房产税
D. 企业办的技术培训学校自用的房产免征房产税
E. 中国铁路总公司所属铁路运输企业自用房产免征房产税

解析　选项A，对高校学生公寓免征房产税（高校学生公寓，是指为高校学生提供住宿服务，按照国家规定的收费标准收取住宿费的学生公寓）。选项B，外商投资企业自用的房产，没有免税规定，应照章缴纳房产税。选项C，政府部门和企事业单位、社会团体以及个人等社会力量投资兴办的福利性、非营利性的老年服务机构自用的房产，免征房产税。选项D，企业办的各类学校、医院、托儿所、幼儿园自用的房产免征房产税。选项E，中国铁路总公司所属铁路运输企业自用的房产，免征房产税。

【答案】ACDE

【多选题】下列关于房产税减免税的说法中，正确的有（　　）。
A. 高校学生公寓免征房产税

B. 军队自用的房产免征房产税

C. 大修停用三个月的房产免征房产税

D. 毁损不堪居住的房屋停止使用后免征房产税

E. 非营利性老年服务机构自用的房产免征房产税

【解析】 选项A，对高校学生公寓免征房产税（高校学生公寓，是指为高校学生提供住宿服务，按照国家规定的收费标准收取住宿费的学生公寓）。选项B，国家机关、人民团体、军队自用的房产免征房产税。选项C，纳税人因房屋大修导致连续停用半年以上的，在房屋大修期间免征房产税。选项D，经有关部门鉴定，对毁损不堪居住的房屋和危险房屋，在停止使用后，可免征房产税。选项E，政府部门和企事业单位、社会团体，以及个人等社会力量投资兴办的福利性、非营利性的老年服务机构自用的房产，免征房产税。

【答案】 ABDE

知识点 · 计税依据和应纳税额的计算

【单选题】 下列关于房产税纳税人和计税依据的说法，正确的是（　　）。
A. 融资租赁的房产，由承租人按照房产余值作为计税依据缴纳房产税
B. 投资联营的房产，由投资人按照房产余值作为计税依据缴纳房产税
C. 产权出典的房产，由出典人按照房产余值作为计税依据缴纳房产税
D. 居民住宅区内业主多方共有房产，由占比高的一方按照房产余值作为计税依据缴纳房产税

【解析】 选项B，对于以房产投资联营，投资者参与投资利润分红，共担风险的，（由被投资人）按房产余值作为计税依据计征房产税。对于以房产投资，收取固定收入，不承担联营风险的，实际上是以联营名义取得房产租金，应根据《房产税暂行条例》的有关规定，由出租方按租金收入计算缴纳房产税。选项C，产权出典的房产，由承典人依照房产余值作为计税依据缴纳房产税。选项D，对居民住宅区内业主共有的经营性房产，由实际经营（包括自营和出租）的代管人或使用人缴纳房产税，自营的按照房产余值作为计税依据缴纳房产税，出租的依照租金收入作为计税依据缴纳房产税。

【答案】 A

【单选题】 某小型微利商贸企业自建仓库于2024年3月竣工并投入使用。仓库原值600万元（包括与之相连的地下储藏室100万元），当地计算房产余值的扣除比例为20%，商业用途的地下建筑计税原值为房产原值的80%。该企业适用"六税两费"减半政策，该企业2024年应缴纳房产税（　　）万元。
A. 2.09　　　　　B. 2.16　　　　　C. 2.30　　　　　D. 2.40

【解析】 （1）自2023年1月1日至2027年12月31日，对增值税小规模纳税人、小型微利企业和个体工商户减半征收资源税（不含水资源税）、城市维护建设税、房产税、城镇土地使用税、印花税（不含证券交易印花税）、耕地占用税和教育费附加、地方教育附加。

(2) 对于与地上房屋相连的地下建筑，应将地下部分与地上房屋视为一个整体，按照地上房屋建筑有关规定计算征收房产税。

(3) 纳税人自建房屋用于生产经营，自建成之日的次月起缴纳房产税。

(4) 该企业2024年应缴纳房产税 = $600 \times (1-20\%) \times 1.2\% \times 9/12 \times 50\%$ = 2.16万元

【答案】B

【单选题】某小型微利企业拥有两栋房产原值为100万元的仓库，2023年12月31日，将其中一栋仓库用于投资联营，约定不含增值税月固定收入为1.8万元；同日将另一栋仓库出租给某物流公司，约定不含增值税月租金为2万元，用等值的运输服务抵付租金。当地同类仓库不含增值税月租金为2.2万元，该企业2024年应缴纳房产税（　　）万元。

A. 2.88　　　　B. 5.47　　　　C. 6.05　　　　D. 6.34

解析　(1) 自2023年1月1日至2027年12月31日，对增值税小规模纳税人、小型微利企业和个体工商户减半征收资源税（不含水资源税）、城市维护建设税、房产税、城镇土地使用税、印花税（不含证券交易印花税）、耕地占用税和教育费附加、地方教育附加。

(2) 对于以房产投资联营，投资者参与投资利润分红，共担风险的，按房产余值作为计税依据计征房产税；对于以房产投资，收取固定收入，不承担联营风险的，实际上是以联营名义取得房产租金，应根据《房产税暂行条例》的有关规定，由出租方按租金收入计算缴纳房产税。本题用于投资联营的仓库应从租计征房产税，2024年应缴纳房产税 = $1.8 \times 12 \times 12\% \times 50\%$ = 1.30万元。

(3) 对以劳务或其他形式作为报酬抵付房租收入的，应根据当地同类房屋的租金水平[本题为2.2万元/月]，确定租金标准从租计征。出租给物流公司的仓库2024年应缴纳房产税 = $2.2 \times 12 \times 12\% \times 50\%$ = 1.58万元。

(4) 该企业2024年应缴纳房产税 = 1.30 + 1.58 = 2.88万元。

【答案】A

【单选题】某公司为增值税一般纳税人，2024年9月购买新建商品房用于办公，取得增值税专用发票注明金额2000万元，税额180万元。该商品房10月交付使用，11月取得权属证书。当地规定房产余值减除比例为30%。该公司2024年应缴纳房产税（　　）万元。

A. 1.4　　　　B. 2.8　　　　C. 4.2　　　　D. 5.6

解析　纳税人购置新建商品房，自房屋交付使用之次月起缴纳房产税。该公司应于11月份开始缴纳房产税。

该公司2024年应缴纳房产税 = $2000 \times (1-30\%) \times 1.2\% \times 2/12$ = 2.8万元

【答案】B

【单选题】甲公司为增值税一般纳税人，2023年12月底将原值3000万元的房产租赁给乙公司，租期一年，2024年1月到2月给予免租待遇，2024年实际收到不含税租金收入40万元。当地房产原值减除比例为30%，甲公司该房产2024年应缴纳房产税（　　）万元。

A. 4.2　　　　B. 4.8　　　　C. 9.0　　　　D. 25.2

【解析】 出租、出借房产，自交付出租、出借房产之次月起计征房产税；房屋租赁合同约定有免租期的，免租期内由产权所有人按照房产余值缴纳房产税。该房产2024年1~2月免租期内应由甲公司从价计征房产税，3~12月应按照不含增值税租金收入从租计征房产税。

甲公司该房产2024年应缴纳房产税＝3000×(1－30%)×1.2%×2/12＋40×12%＝9万元。

【提示】 考生需注意审题，题目中已知的是2024年实际收到的租金收入为40万元，也就是3~12月的租金为40万元。但如果题目表述为年租金标准为"每年40万元"，则计算时需要40÷12×10。

【答案】 C

【单选题】 关于房产税的计税依据，下列说法正确的是（　　）。
A. 房屋出典的，以出典人取得的出典收入为计税依据
B. 以房产投资联营共担风险的，以房产余值为计税依据
C. 对原有房屋进行扩建的，以新增的房产价值为计税依据
D. 房屋租赁合同约定有免租期的，以免租期间的租金为计税依据

【解析】 选项A，房屋出典的，由承典人按照房产余值从价计征房产税。选项B，对于以房产投资联营，投资者参与投资利润分红，共担风险的，（由被投资方）按房产余值作为计税依据从价计征房产税；对于以房产投资，收取固定收入，不承担联营风险的，实际上是以联营名义取得房产租金，应根据《房产税暂行条例》的有关规定，由出租方按租金收入从租计征房产税。选项C，纳税人对原有房屋进行改建、扩建的，要相应增加房屋的原值。选项D，房屋租赁合同约定有免租期的，免租期内由产权所有人按照房产余值从价计征房产税。

【答案】 B

【单选题】 某工业企业为增值税一般纳税人，2025年2月自建的厂房竣工并投入使用。该厂房原值为6000万元（包括与地上厂房相连的地下建筑物600万元）。当地规定房产原值的减除比例为30%，工业用途地下建筑物应税原值为房产原值的60%。该企业2025年应缴纳房产税（　　）万元。
A. 40.32　　　　B. 42.00　　　　C. 44.35　　　　D. 46.20

【解析】 对于与地上房屋相连的地下建筑，应将地下部分与地上房屋视为一个整体，按照地上房屋建筑的有关规定计算征收房产税。纳税人自建房屋用于生产经营，自建成之日的次月起缴纳房产税，故该企业应于3月开始计算缴纳房产税。

该企业2025年应缴纳房产税＝6000×(1－30%)×1.2%×10/12＝42万元

【答案】 B

【单选题】 2025年1月1日，某高校将自建的一栋住宅楼出租给教职工居住，每月取得不含税租金60万元，租期2年。该高校2025年应缴纳房产税（　　）万元。
A. 8.64　　　　B. 17.28　　　　C. 28.80　　　　D. 86.40

解析 企事业单位、社会团体及其他组织向个人、专业化规模化住房租赁企业出租住房的,减按4%的税率征收房产税。

该高校2025年应缴纳房产税 = 60 × 12 × 4% = 28.80万元

【答案】 C

【单选题】 下列关于房产税房产原值的说法,正确的是( )。
A. 计征房产税的房产原值不包括电梯、升降机
B. 计征房产税的房产原值包括电力、电讯、电缆导线
C. 改建原有房屋的支出不影响计征房产税的房产原值
D. 计征房产税的房产原值不包括会计上单独核算的中央空调

解析 房产原值应包括与房屋不可分割的各种附属设备或一般不单独计算价值的配套设施。主要有:暖气、卫生、通风、照明、煤气等设备;各种管线,如蒸汽、压缩空气、石油、给水排水等管道及电力、电讯、电缆导线(选项B);电梯、升降机(选项A)、过道、晒台等。属于房屋附属设备的水管、下水道、暖气管、煤气管等应从最近的探视井或三通管起,计算原值;电灯网、照明线从进线盒联结管起,计算原值。为了维持和增加房屋的使用功能或使房屋满足设计要求,凡以房屋为载体,不可随意移动的附属设备和配套设施,如给排水、采暖、消防、中央空调(选项D)、电气及智能化楼宇设备等,无论在会计核算中是否单独记账与核算,都应计入房产原值,计征房产税。

选项C,对原有房屋进行改建、扩建的,要相应增加房屋的原值。

【答案】 B

【单选题】 赵某2024年1月31日将自有住房出租,当月交付使用,每月取得不含税租金收入5000元,赵某2024年应缴纳房产税( )元。
A. 1100   B. 2200   C. 3300   D. 6600

解析 自2023年1月1日至2027年12月31日,对增值税小规模纳税人、小型微利企业和个体工商户减半征收资源税(不含水资源税)、城市维护建设税、房产税、城镇土地使用税、印花税(不含证券交易印花税)、耕地占用税和教育费附加、地方教育附加。赵某为小规模纳税人,适用"六税两费"减半征税政策。

对个人出租住房,不区分实际用途,均按4%的税率征收房产税。

赵某2024年应缴纳房产税 = 5000 × 11 × 4% × 50% = 1100元

【答案】 A

【单选题】 位于市区的甲公司于2024年4月30日以原值500万元、已计提折旧200万元的房产对乙公司投资,约定甲公司从2024年5月起每月收取固定利润1.5万元。甲公司所在地政府规定计算房产余值的扣除比例为20%,以上金额均不含增值税。甲公司该房产2024年应缴纳房产税( )万元。
A. 2.34   B. 2.58   C. 2.82   D. 3.04

解析 对于以房产投资联营,投资者参与投资利润分红,共担风险的,(由被投资方)

按房产余值作为计税依据计征房产税；对于以房产投资，收取固定收入，不承担联营风险的，实际上是以联营名义取得房产租金，应根据《房产税暂行条例》的有关规定，由出租方按租金收入计算缴纳房产税。

甲公司该房产 2024 年应缴纳房产税 = 500×(1-20%)×1.2%×4/12+1.5×8×12% = 3.04 万元。

【答案】D

【单选题】某公司 2023 年购进一处房产，原值 3000 万元。2024 年 5 月 1 日用于投资联营，投资期 3 年，当年取得固定收入 160 万元。当地规定房产原值的减除比例为 30%，以上金额均不含增值税。该公司 2024 年应缴纳房产税（　　）万元。

A. 21.2　　　　B. 27.6　　　　C. 29.7　　　　D. 44.4

【解析】对于以房产投资联营，投资者参与投资利润分红，共担风险的，按房产余值作为计税依据计征房产税；对于以房产投资，收取固定收入，不承担联营风险的，实际上是以联营名义取得房产租金，应根据《房产税暂行条例》的有关规定，由出租方按租金收入计算缴纳房产税。

该公司 2024 年应缴纳房产税 = 3000×(1-30%)×1.2%×4/12+160×12% = 27.6 万元。

【提示】当年取得固定收入 160 万元，相当于 8 个月租金收入 160 万元，而不是每年固定收入 160 万元，考生请注意审题，这里容易出错。

【答案】B

【单选题】某企业 2024 年 2 月委托一施工单位新建厂房，9 月对新建的厂房办理验收手续，转作固定资产 1000 万元，同时接收基建工程价值 100 万元的工棚，当地规定房产原值的减除比例为 30%，以上金额均不含增值税。该企业 2024 年应缴纳房产税（　　）万元。

A. 2.10　　　　B. 2.31　　　　C. 2.80　　　　D. 3.05

【解析】（1）凡是在基建工地为基建工地服务的各种工棚、材料棚、休息棚和办公室、食堂、茶炉房、汽车房等临时性房屋，不论是施工企业自行建造还是由基建单位出资建造交施工企业使用的，在施工期间一律免征房产税。但是，如果在基建工程结束以后，施工企业将这种临时性房屋交还或者估价转让给基建单位的，应当从基建单位接收的次月起，依照规定征收房产税。

（2）委托施工企业建设的房屋，从办理验收手续之日的次月（10 月）起，计征房产税；对于在办理验收手续前已使用或出租、出借的新建房屋，应按规定计征房产税。

该企业 2024 年应缴纳房产税 =（1000+100）×(1-30%)×1.2%×3/12=2.31 万元。

【答案】B

【单选题】王某在市区拥有两处房产，一处原值 90 万元的房产供自己及家人居住，另一处原值 40 万元的房产于 2024 年 6 月 30 日出租给他人居住，按市场价每月取得不含增值税租金收入 2400 元。王某 2024 年应缴纳房产税（　　）元。

A. 288　　　　B. 576　　　　C. 840　　　　D. 1152

解析　（1）个人拥有的非营业用的房产，免征房产税。

（2）自2023年1月1日至2027年12月31日，对增值税小规模纳税人、小型微利企业和个体工商户减半征收资源税（不含水资源税）、城市维护建设税、房产税、城镇土地使用税、印花税（不含证券交易印花税）、耕地占用税和教育费附加、地方教育附加。

王某为小规模纳税人，适用"六税两费"减半征税政策。

王某2024年应缴纳房产税＝2400×6×4%×50%＝288元

【答案】A

【单选题】某企业在市区拥有两处独立地下建筑，一处为地下仓库，原值250万元。另一处为地下商场，原值150万元。当地规定：工业用途房产，以房屋原价的60%作为应税房产原值；商业和其他用途房产，以房屋原价的70%作为应税房产原值；房产余值减除比例为30%。该企业就两处地下建筑每年应缴纳房产税（　　）元。

A. 21420　　　　　B. 22880　　　　　C. 25760　　　　　D. 28640

解析　该企业就两处地下建筑每年应缴纳房产税＝250×60%×（1－30%）×1.2%×10000＋150×70%×（1－30%）×1.2%×10000＝12600＋8820＝21420元

【答案】A

【单选题】某企业2024年3月投资1500万元取得5万平方米的土地使用权，用于建造面积为2万平方米的厂房，建筑成本和费用为2000万元，2024年底竣工验收并投入使用。对该厂房征收房产税时所确定的房产原值为（　　）万元。

A. 2900　　　　　B. 3200　　　　　C. 3500　　　　　D. 5000

解析　对按照房产原值计税的房产，无论会计上如何核算，房产原值均应包含地价，包括为取得土地使用权支付的价款、开发土地发生的成本费用等。

宗地容积率＝2÷5＝0.4＜0.5，所以该厂房征收房产税时所确定的房产原值＝2×2×（1500÷5）＋2000＝3200万元。

【答案】B

知识点·征收管理

【多选题】个人出租位于城区住房的税务处理，符合相关规定的有（　　）。

A. 签订的住房租赁合同，免征印花税
B. 自交付出租住房的当月起，计征房产税
C. 计算租赁住房的个人所得税应纳税所得额，应扣除相关税费
D. 取得的住房租金收入按4%的税率计征房产税
E. 个人按市场价格出租住房，减按10%税率计算个人所得税

解析　选项A，对个人出租、承租住房签订的租赁合同，免征印花税。选项B，出租房产，自交付出租房产之次月起计征房产税。选项C，在确定财产租赁的应纳税所得额时，纳

税人在出租财产过程中缴纳的税费，可持完税（缴款）凭证，从其财产租赁收入中扣除。选项 D，对个人出租住房，不区分实际用途，均按 4% 的税率征收房产税。选项 E，对个人出租住房取得的所得减按 10% 的税率征收个人所得税。

【答案】ACDE

【单选题】下列关于房产税纳税义务发生时间的说法，正确的是（   ）。
A. 纳税人出租房产，自交付房产之月起缴纳房产税
B. 纳税人将自建房产用于生产经营，自建成之日次月起缴纳房产税
C. 房地产开发企业自用本企业建造的商品房，自房屋使用之月起缴纳房产税
D. 纳税人委托施工企业建设的房屋用于生产经营，自建成之日次月起缴纳房产税

解析　选项 A，出租、出借房产，自交付出租、出借房产之次月起计征房产税。选项 C，房地产开发企业自用、出租、出借本企业建造的商品房，自房屋使用或交付之次月起计征房产税。选项 D，委托施工企业建设的房屋，从办理验收手续之日的次月起，计征房产税，对于在办理验收手续前已使用或出租、出借的新建房屋，应按规定计征房产税。

【答案】B

【多选题】下列关于房产税纳税义务发生时间的说法，正确的有（   ）。
A. 购置新建商品房，自房屋交付使用之次月起计征房产税
B. 出租、出借房产，自交付出租、出借房产当月起计征房产税
C. 自建的房屋用于生产经营的，自建成之日当月起计征房产税
D. 对于在办理验收手续前已使用的新建房屋，从使用当月起计征房产税
E. 房地产开发企业自用本企业建造的商品房，自房屋使用之次月起计征房产税

解析　选项 B，出租、出借房产，自交付出租、出借房产之次月起计征房产税。选项 C，自建的房屋用于生产经营的，自建成之日的次月起计征房产税。选项 D，委托施工企业建设的房屋，从办理验收手续之日的次月起，计征房产税，对于在办理验收手续前已使用或出租、出借的新建房屋，应按规定计征房产税。

【答案】ADE

【计算题】

（一）

某粮油加工企业，2024 年相关业务如下：

（1）1 月销售食用油一批，合同约定不含增值税金额为 100 万元；当月委托运输企业将该批食用油运抵客户，合同约定不含增值税运费 1 万元，不含增值税装卸费 0.5 万元。

（2）6 月 30 日，将年初账面原值 200 万元的仓库用于为其他企业存储货物，合同约定期限 1 年，每月收取不含增值税仓储费 3 万元。

（3）1 月购置新建厂房一间，合同约定不含增值税金额 300 万元，当月交付使用，4 月对厂房进行排水改造，签订施工合同，合同约定不含增值税金额 30 万元，当月完成改造并

调增厂房账面原值。10月底将其中价值100万元的部分出租并交付给承租方,合同约定租期3年,每月不含增值税租金2万元,前2个月免租金。

(其他相关资料:计算房产余值的扣除比例为20%,企业不符合"六税两费"减半优惠政策的条件,不考虑其他税费。)

要求:根据上述资料,回答下列问题。

1. 该企业业务(1)和业务(2)应缴纳印花税( )元。
   A. 363　　　　　B. 364.50　　　　　C. 663　　　　　D. 664.50

解析 该企业业务(1)应缴纳印花税 = 100 × 0.3‰ × 10000[买卖合同] + 1 × 0.3‰ × 10000[运输合同] = 303元

该企业业务(2)应缴纳印花税 = 3 × 12 × 1‰ × 10000[仓储合同] = 360元

该企业业务(1)和业务(2)应缴纳印花税 = 303 + 360 = 663元

【答案】C

2. 该企业业务(2)2024年应缴纳房产税( )元。
   A. 19200　　　　B. 24000　　　　C. 31200　　　　D. 33600

解析 该企业业务(2)2024年应缴纳房产税 = 200 × (1 - 20%) × 1.2% × 10000 = 19200元

考生需注意将仓库用于为其他企业存储货物收取仓储费,仍然属于经营自用,并不属于出租,所以应从价计征房产税。

【答案】A

3. 该企业业务(3)应缴纳印花税( )元。
   A. 1670　　　　B. 1710　　　　C. 2270　　　　D. 2310

解析 该企业10月底将其中价值100万元的部分出租并交付给承租方,合同约定租期3年,每月不含增值税租金2万元,前2个月免租金,该租赁合同金额 = (10 + 12 + 12)[收租金月份数] × 2[每月租金] = 68万元。

该企业业务(3)应缴纳印花税 = 300 × 0.5‰ × 10000[产权转移书据] + 30 × 0.3‰ × 10000[建设工程合同] + 68 × 1‰ × 10000[租赁合同] = 2270元

【答案】C

4. 该企业业务(3)2024年应缴纳房产税( )元。
   A. 28320　　　　B. 28560　　　　C. 31520　　　　D. 31760

解析 (1)购置新建商品房,自房屋交付使用之次月起计征房产税,该企业1月购置新建厂房并于当月交付使用,应从2月开始按照300万元原值一次性扣除20%比例后的余值从价计征房产税。

(2)对原有房屋进行改建、扩建,应相应增加房屋的原值。该企业4月对厂房进行排水改造并于当月完成,所以从改造完成次月起(5月)应按照330万元[300 + 30]原值一次性扣除20%比例后的余值从价计征房产税。

（3）房屋租赁合同约定有免租期的，免租期内由产权所有人按照房产余值缴纳房产税。该企业10月底将其中价值100万元的部分出租并交付给承租方，本应于交付出租房产之次月从租计征房产税，但由于前2个月为免租期，所以该部分房产11月和12月均应从价计征房产税。

（4）该企业业务（3）2024年应缴纳房产税 = 300×（1－20%）×1.2%×3/12×10000 + 330×（1－20%）×1.2%×8/12×10000 = 28320元。

【答案】A

（二）

甲公司为小型微利企业，2024年发生如下业务：

（1）7月份签订设备买卖合同，采购价格500万元。签订设备运输合同，收取运输费用18万元、装卸费用2万元。签订保险合同，收取保险费2万元。为完成设备采购与银行签订400万元的借款合同。为实现设备稳定运行，签订技术服务合同，记载技术服务价款2万元。

（2）8月份购买新建商品房用于职工住宿，签订房产销售合同，合同记载价款1000万元。签订家电等买卖合同，记载价款25万元。签订装修设计合同，记载价款5万元，商品房当月交付使用，9月份取得不动产权属证明。

（3）9月初将原值300万元的旧仓库出租，租赁合同约定9月份为免租期，以后每月收取不含税租金2万元，租期两年。当月通过证券交易账户买入证券40万元，卖出证券50万元。

（其他相关资料：以上金额均不考虑增值税，也不考虑其他税费；当地规定计算房产余值的扣除比例是30%。）

要求：根据上述资料，回答下列问题。

1. 甲公司7月应缴纳印花税（　　）元。
A. 790　　　　　　B. 890　　　　　　C. 893　　　　　　D. 910

🔍 解析　自2023年1月1日至2027年12月31日，对增值税小规模纳税人、小型微利企业和个体工商户减半征收资源税（不含水资源税）、城市维护建设税、房产税、城镇土地使用税、印花税（不含证券交易印花税）、耕地占用税和教育费附加、地方教育附加。

甲公司为小型微利企业，本题涉及的印花税和房产税均减半征收。

甲公司7月应缴纳的印花税 =（500×0.3‰×10000[买卖合同] + 18×0.3‰×10000[运输合同] + 2×1‰×10000[财产保险合同] + 400×0.05‰×10000[借款合同] + 2×0.3‰×10000[技术合同]）×50%[六税两费减半] = 890元

【答案】B

2. 甲公司8月应缴纳印花税（　　）元。
A. 1515.0　　　　B. 2515.0　　　　C. 2542.5　　　　D. 2545.0

🔍 解析　甲公司8月应缴纳印花税 =（1000×0.5‰×10000[产权转移书据] + 25×0.3‰×

10000 [买卖合同] + 5 × 0.3‰ × 10000 [建设工程合同]) × 50% [六税两费减半] = 2545 元

【答案】D

3. 甲公司 9 月应缴纳印花税（　　）元。
A. 480　　　　　　B. 490　　　　　　C. 680　　　　　　D. 730

解析　（1）9 月签订的租赁合同约定租期两年（24 个月），但 9 月份为免租期，也就是合同金额实际为 23 个月的租金，故租赁合同应缴纳印花税 = 2 × 23 × 1‰ × 10000 × 50% = 230 元。

（2）证券交易印花税对证券交易的出让方征收，不对受让方征收，故当月买入证券 40 万元不缴纳印花税，卖出证券 50 万元应缴纳印花税。自 2023 年 8 月 28 日起，证券交易印花税实施减半征收，故甲公司证券交易应缴纳印花税 = 50 × 1‰ × 10000 × 50% = 250 元。

（3）甲公司 9 月应缴纳印花税 = 230 + 250 = 480 元。

【提示】考生注意，"六税两费"减半优惠不包括证券交易印花税，但自 2023 年 8 月 28 日起，证券交易印花税实施减半征收，所以甲公司计算证券交易印花税时 × 50% 来源于该税收优惠，而不是"六税两费"减半优惠。

【答案】A

4. 甲公司新购商品房和旧仓库 2024 年应缴纳房产税（　　）元。
A. 17600　　　　　B. 23550　　　　　C. 26000　　　　　D. 27050

解析　（1）购置新建商品房，自房屋交付使用之次月起缴纳房产税。甲公司 8 月份购买新建商品房，当月交付使用，应于 9 月份开始缴纳房产税。故新购商品房 2024 年应缴纳房产税 = 1000 × (1 − 30%) × 1.2% × 4/12 × 50% × 10000 = 14000 元。

（2）房屋租赁合同约定有免租期的，免租期内由产权所有人按照房产余值从价计征房产税。甲公司 9 月初将旧仓库出租，但合同约定 9 月份为免租期，所以 9 月份同 1~8 月份一样，按照房产余值从价计征房产税；10~12 月共计 3 个月按照租金收入从租计征房产税。故甲公司旧仓库应缴纳房产税 = [300 × (1 − 30%) × 1.2% × 9/12 + 2 × 3 × 12%] × 50% × 10000 = 13050 元。

甲公司新购商品房和旧仓库 2024 年应缴纳房产税 = 14000 + 13050 = 27050 元。

【答案】D

（三）

某市甲公司为增值税一般纳税人，2024 年发生以下应税行为：

（1）5 月份与乙公司签订合同，其中货物运输保管合同注明运费 30 万元，保管费 5 万元，装卸费 2 万元；房屋租赁合同注明原值 1000 万元的房产出租给乙公司开办快捷酒店，合同约定 5 月 31 日交付使用，租期 1 年，年租金 120 万元。

（2）6 月底自建的办公楼交付使用，其入账价值为 1500 万元（不包括中央空调 80 万元）。

（3）9 月份与丙公司签订技术转让合同，取得转让收入 80 万元，其中技术咨询费 20 万元。

（4）11月份股东会决定增资1000万元，增资款当月到账。

（其他相关资料：以上金额均不含增值税，当地规定房产余值减除比例为20%。）

要求：根据上述资料，回答下列问题。

1. 甲公司自建的办公楼2024年应缴纳房产税（　　）元。
   A. 75840　　　　　B. 84000　　　　　C. 88480　　　　　D. 94800

解析　（1）为了维持和增加房屋的使用功能或使房屋满足设计要求，凡以房屋为载体，不可随意移动的附属设备和配套设施，如给排水、采暖、消防、中央空调（本题为80万元）、电气及智能化楼宇设备等，无论在会计核算中是否单独记账与核算，都应计入房产原值，计征房产税。故自建的办公楼计征房产税的原值＝1500＋80＝1580万元。

（2）自建的房屋用于生产经营的，自建成之日的次月起计征房产税。本题甲公司6月底自建的办公楼交付使用，应于7月起计算缴纳房产税，故2024年纳税义务月份数为7～12月共计6个月。

（3）甲公司自建的办公楼2024年应缴纳房产税＝1580×（1－20%）×1.2%×6/12×10000＝75840元。

【答案】A

2. 甲公司技术转让合同应缴纳印花税（　　）元。
   A. 180　　　　　B. 240　　　　　C. 280　　　　　D. 540

解析　技术转让和技术咨询都属于"技术合同"范畴，甲公司技术转让合同应缴纳印花税＝80×0.3‰×10000＝240元。

【答案】B

3. 甲公司增资应缴纳印花税（　　）元。
   A. 1350　　　　　B. 1360　　　　　C. 1375　　　　　D. 2500

解析　营业账簿按照实收资本（股本）、资本公积合计金额的万分之二点五缴纳印花税。

甲公司增资应缴纳印花税＝1000×0.25‰×10000＝2500元

【答案】D

4. 甲公司2024年出租房产应缴纳房产税（　　）元。
   A. 108000　　　　B. 124000　　　　C. 144000　　　　D. 168000

解析　出租房产5月31日交付使用，应从6月份开始从租计征房产税。故前5个月应按余值从价计征房产税，后7个月应按不含税租金收入从租计征房产税。考生还需注意题目中给定的是年租金120万元，而2024年从租计征的计税依据应是7个月的租金收入。所以，甲公司2024年出租房产应缴纳房产税＝1000×（1－20%）×1.2%×5/12×10000＋120÷12×7×12%×10000＝124000元。

【答案】B

第六章 车船税

> **知识点 · 征税范围和税目**

【多选题】下列车辆，需要缴纳车船税的有（　　）。
A. 环保专用洒水车
B. 轮式专用机械车
C. 运营货车牵引的挂车
D. 在农村使用的拖拉机
E. 排量大于 50 毫升的摩托车

解析 选项 A 属于专用作业车，它和选项 B 轮式专用机械车都属于《车船税税目税额表》中"其他车辆"，以"整备质量每吨"作为计税单位。选项 C，挂车以"整备质量每吨"作为计税单位，按照货车税额 50% 计算缴纳车船税。选项 D，拖拉机不属于车船税的征税范围，不缴纳车船税。选项 E，属于"摩托车"，以"每辆"作为计税单位。

【答案】 ABCE

【单选题】下列车船，不属于车船税征税范围的是（　　）。
A. 清障车
B. 浮桥用船
C. 船舶上装备的救生艇筏
D. 境内单位出租到境外的船舶

解析 船舶上装备的救生艇筏和长度小于 5 米的艇筏，不属于车船税征税范围。

【答案】 C

【单选题】下列关于车船税的说法，正确的是（　　）。
A. 挂车按照货车税额的 50% 计算车船税
B. 拖船按照机动船舶税额的 70% 计算车船税
C. 非机动驳船按照机动船舶税额的 60% 计算车船税
D. 车辆整备质量尾数在 0.5 吨以下的不计算车船税

解析 选项 BC，拖船、非机动驳船分别按照机动船舶税额的 50% 计算车船税。选项 D，《车船税法》及其实施条例涉及的整备质量、净吨位、艇身长度等计税单位，有尾数的一律按照含尾数的计税单位据实计算车船税应纳税额，计算得出的应纳税额小数点后超过两位的可四舍五入保留两位小数。

【答案】 A

知识点·减免税优惠

【多选题】下列车船，免征车船税的有（　　）。
A. 工程船
B. 军队专用车船
C. 燃料电池商用车
D. 排量在1.6升以下的燃料乘用车
E. 主推进动力装置为纯天然气发动机的船舶

解析 （1）免征车船税的新能源汽车是指纯电动商用车、插电式（含增程式）混合动力汽车、燃料电池商用车。纯电动乘用车和燃料电池乘用车不属于车船税征税范围，对其不征车船税。

（2）免征车船税的新能源汽车应同时符合以下标准：

① 获得许可在中国境内销售的纯电动商用车，插电式（含增程式）混合动力汽车、燃料电池商用车。

② 符合新能源汽车产品技术标准。

③ 通过新能源汽车专项检测，符合新能源汽车标准。

④ 新能源汽车生产企业或进口新能源汽车经销商在产品质量保证、产品一致性、售后服务、安全监测、动力电池回收利用等方面符合相关要求。

（3）免征车船税的新能源船舶应符合以下标准：

船舶的主推进动力装置为纯天然气发动机。发动机采用微量柴油引燃方式且引燃油热值占全部燃料总热值的比例不超过5%的，视同纯天然气发动机。

选项A，工程船没有税收优惠，应照章缴纳车船税。选项B，军队、武装警察部队专用的车船免征车船税。选项C，属于免征车船税的新能源汽车。选项D，排量在1.6升以下的燃料乘用车，如综合工况燃料消耗量符合标准，则属于减半征收车船税的节能乘用车，考生请注意；选项D，只是单纯表述"排量在1.6升以下的燃料乘用车"，不能因此认为是减半征税的节能乘用车，所以即便题干让选择减半征税的车船，选项D亦不能选入，一定注意要同时满足综合工况燃料消耗量标准才可以被认为是减半征收车船税的节能乘用车。选项E，属于免征车船税的新能源船舶。

【答案】BCE

【多选题】下列车船，不需要计算缴纳车船税的有（　　）。
A. 高空作业车
B. 捕捞养殖渔船
C. 军队专用车船
D. 经批准临时入境的外国车船
E. 境内单位出租到境外的捕捞船

解析 选项A，高空作业车属于专用作业车，它和轮式专用机械车均属于"其他车辆"，需要缴纳车船税。选项BC免征车船税。选项D，临时入境的外国车船和我国香港特别行政区、澳门特别行政区、台湾省的车船，不征收车船税。选项E，境内单位和个人将船舶出租到境外的，应依法征收车船税，但捕捞、养殖渔船免征车船税。

【提示】免税属于征税范围，但无需计算纳税，而选项D不属于车船税征税范围，也无需计算纳税,但考生需要严格区分清楚不征和免征,因为有时题干会问是否属于征税范围,由于免税属于征税范围,此时则需要选入。

【答案】BCDE

【多选题】下列车辆中,免征车船税的有（　　）。
A. 纯电动商用车　　　　　　　　B. 燃用汽油乘用车
C. 燃料电池商用车　　　　　　　D. 插电式混合动力汽车
E. 燃用柴油重型商用车

解析　纯电动商用车、插电式（含增程式）混合动力汽车、燃料电池商用车,属于免征车船税的新能源汽车。

【答案】ACD

【单选题】免征车船税的新能源船舶,应符合的标准是（　　）。
A. 船舶的主推进动力装置为燃料电池装置
B. 船舶的主推进动力装置为混合动力装置
C. 船舶的主推进动力装置为纯电力发动机
D. 船舶的主推进动力装置为纯天然气发动机

解析　免征车船税的新能源船舶应符合以下标准:船舶的主推进动力装置为纯天然气发动机。发动机采用微量柴油引燃方式且引燃油热值占全部燃料总热值的比例不超过5%的,视同纯天然气发动机。

【答案】D

【单选题】下列车辆中,可免征车船税的是（　　）。
A. 节能汽车　　　　　　　　　　B. 客货两用车
C. 半挂牵引车　　　　　　　　　D. 纯电动商用车

解析　选项A,节能汽车减半征收车船税。选项B,客货两用车依照货车的计税单位和年基准税额计征车船税,没有免税规定。选项C,半挂牵引车属于"货车",没有免税规定。选项D,免征车船税的新能源汽车是指纯电动商用车、插电式（含增程式）混合动力汽车、燃料电池商用车。

【答案】D

【多选题】下列车辆,以"整备质量每吨"作为车船税计税单位的有（　　）。
A. 挂车　　　　B. 货车　　　　C. 客车
D. 乘用车　　　E. 专用作业车

解析　半挂牵引车、三轮汽车和低速载货汽车等属于"货车",按"整备质量每吨"作为计税单位。专用作业车和轮式专用机械车属于"其他车辆",按"整备质量每吨"作为计税单位。选项CD,以"每辆"作为计税单位。

【提示】记忆小技巧:用于"拉人""载人"的车辆,计税单位通常为"每辆",其他不拉人、不载人的车辆，计税单位通常为"整备质量每吨"。

【答案】ABE

【单选题】下列车辆，应缴纳车船税的是（　　）。
A. 挂车
B. 武装警察部队专用的车辆
C. 国际组织驻华代表机构使用的车辆
D. 符合规定标准的插电式混合动力汽车

解析　选项A，挂车按照货车税额的50%计算缴纳车船税。选项BCD均免征车船税。

【答案】A

【多选题】下列关于车船税税收优惠的表述，符合规定的有（　　）。
A. 符合规定标准的燃料电池商用车免征车船税
B. 经批准临时入境的台湾省的车船不征收车船税
C. 机场、港口内部行驶或作业车船，自《车船税法》实施之日起3年内免征车船税
D. 按规定缴纳船舶吨税的机动船舶，自《车船税法》实施之日起5年内免征车船税
E. 省、自治区、直辖市人民政府可根据当地情况，对公共交通车船定期减征或免征车船税

解析　选项C，机场、港口内部行驶或作业车船，自《车船税法》实施之日起5年内免征车船税。

【答案】ABDE

【多选题】下列车船，免征车船税的有（　　）。
A. 救护车
B. 警用车辆
C. 捕捞、养殖渔船
D. 财政拨款事业单位的办公用车
E. 符合规定标准的纯电动商用车

解析　选项E，属于免征车船税的新能源汽车。选项AD，没有免税规定。

【答案】BCE

【多选题】下列关于车船税的说法，符合规定的有（　　）。
A. 境内个人租入外国籍船舶的，应依法征收车船税
B. 经批准临时入境的外国车船，应依法征收车船税
C. 境内单位租入外国籍船舶的，应依法征收车船税
D. 境内个人将船舶出租到境外的，应依法征收车船税
E. 境内单位将船舶出租到境外的，应依法征收车船税

解析　选项AC，境内单位和个人租入外国籍船舶的，不征收车船税。选项B，经批准临时入境的外国车船和我国香港特别行政区、澳门特别行政区、台湾省的车船，不征收车船税。选项DE，境内单位和个人将船舶出租到境外的，应依法征收车船税。

【答案】DE

【多选题】下列车船，免征车船税的有（ ）。
  A. 捕捞渔船
  B. 半挂牵引车
  C. 纯电动商用车
  D. 燃料电池乘用车
  E. 人民检察院领取警用牌照的车辆

解析 选项 B，半挂牵引车属于货车税目，应当缴纳车船税。选项 D，纯电动乘用车和燃料电池乘用车不属于车船税征税范围，对其不征车船税。

【答案】 ACE

【多选题】依据车船税相关规定，人民政府可根据当地实际情况，给予定期减征或免征的车船有（ ）。
  A. 捕捞渔船
  B. 公共交通车船
  C. 农村居民拥有的摩托车
  D. 机场、港口内部行驶或作业的车船
  E. 农村居民拥有并主要在农村使用的三轮汽车

解析 省、自治区、直辖市人民政府根据当地实际情况，可以对公共交通车船，农村居民拥有并主要在农村地区使用的摩托车、三轮汽车和低速载货汽车定期减征或者免征车船税。

【提示】 如果选项 C 改成"农村居民拥有并主要在农村地区使用的摩托车"则要选入。

【答案】 BE

知识点 · 应纳税额的计算

【单选题】某运输公司 2024 年 7 月 10 日购入货车 10 辆，每辆货车整备质量 8 吨，运输公司所在地货车每吨年税额 60 元，该运输公司 2024 年应缴纳车船税（ ）元。
  A. 2000   B. 2400   C. 2800   D. 4800

解析 车船税纳税义务发生时间为取得车船所有权或者管理权的当月，即购买车船的发票或者其他证明文件所载日期的当月。该运输公司 2024 年 7 月 10 日购入货车，7 月份发生纳税义务，所以该运输公司 2024 年应缴纳车船税 = 10×8×60×6/12 = 2400 元。

【提示】 考生需注意，纳税义务发生时间以购买车船的发票或者其他证明文件所载日期的当月为准，如果题干增加这样一个条件"机动车销售统一发票开具时间为 2024 年 8 月"，则纳税义务发生时间为 2024 年 8 月，2024 年实际纳税月份数则为 5 个月。

【答案】 B

【单选题】某公司 2024 年 8 月底购入挂车 3 辆，每辆整备质量 10 吨，机动车销售统一发票开具时间是 9 月 2 日，公司所在地政府规定货车年税额 100 元/吨，该公司 2024 年应缴纳车船税（ ）元。
  A. 500   B. 625   C. 1000   D. 1250

解析 车船税纳税义务发生时间为取得车船所有权或者管理权的当月，即购买车船的发票或者其他证明文件所载日期的当月。该公司 2024 年 8 月购入挂车，但机动车销售统一发票开具时间是9月2日,所以9月份发生纳税义务;挂车按照货车税额的50%计算车船税。所以,该公司2024年应缴纳车船税 = 10×100×50%×4/12×3 = 500元。

【答案】A

【单选题】某公司2024年拥有排气量为1.6升的乘用车6辆(其中纯电动车2辆),发动机功率为2000千瓦的拖船4艘,当地规定排气量为1.6升的汽车,年税额为每辆360元,机动船舶净吨位超过20吨但不超过2000吨的,年税额为每吨4元。该公司2024年应缴纳车船税( )元。

A. 12160　　　　B. 18160　　　　C. 22880　　　　D. 23600

解析　纯电动乘用车不属于车船税征税范围,不缴纳车船税;拖船按照发动机功率每1千瓦折合净吨位0.67吨且按照机动船舶税额的50%计算车船税。所以该公司2024年应缴纳车船税 = (6-2)×360 + 2000×0.67×4×50%×4 = 12160元。

【答案】A

【单选题】某运输企业2024年初拥有小轿车5辆,2024年3月外购货车12辆(整备质量为10吨),并于当月办理登记手续,货车年税额为整备质量每吨50元,小轿车年税额为每辆500元,该企业2024年应缴纳车船税( )元。

A. 2500　　　　B. 7000　　　　C. 7500　　　　D. 8500

解析　车船税纳税义务发生时间为取得车船所有权或者管理权的当月,即购买车船的发票或者其他证明文件所载日期的当月。该运输企业2024年3月外购货车,3月份发生纳税义务,所以该企业2024年应缴纳车船税 = 5×500 + 12×10×50×10/12 = 7500元。

【答案】C

【单选题】某公司2024年拥有如下车辆:货车5辆,每辆整备质量10吨;7月份购入挂车2辆,每辆整备质量5吨,公司所在地政府规定货车年税额96元/吨。该公司2024年应缴纳车船税( )元。

A. 4800　　　　B. 5040　　　　C. 5280　　　　D. 5760

解析　车船税纳税义务发生时间为取得车船所有权或者管理权的当月,即购买车船的发票或者其他证明文件所载日期的当月。该公司2024年7月购入挂车,7月份发生纳税义务;挂车按照货车税额的50%计算缴纳车船税;该公司2024年应缴纳车船税 = 5×10×96 + 2×5×96×50%×6/12 = 5040元。

【答案】B

【单选题】2024年1月某客运公司购进客车20辆,购买当月即投入使用,并取得了购货发票,缴纳了全年车船税,5月3辆客车因质量问题退回厂家,6月取得退货发票,发票记载日期为6月8日。当地政府规定该型号客车的车船税税额为每辆1200元。该客运公司可申请退还车船税( )元。

A. 2100　　　　B. 2400　　　　C. 3000　　　　D. 3300

解析 已经缴纳车船税的车船，因质量原因，车船被退回生产企业或者经销商的，纳税人可以向纳税所在地的主管税务机关申请退还自退货月份起至该纳税年度终了期间的税款，退货月份以退货发票所载日期的当月为准（本题为6月8日）。

该客运公司可申请退还车船税＝3×1200×7/12＝2100元

【答案】A

【单选题】某企业2024年1月缴纳了5辆客车车船税，其中一辆9月被盗，已办理车船税退还手续；11月由公安机关找回并出具证明，企业补缴车船税，当地该类型客车年基准税额为480元，该企业2024年实际缴纳车船税（　　）元。

A. 1920　　　　B. 2280　　　　C. 2320　　　　D. 2400

解析 在一个纳税年度内，已完税的车船被盗抢、报废、灭失的，纳税人可以凭有关管理机关出具的证明和完税证明，向纳税所在地的主管地方税务机关申请退还自被盗抢、报废、灭失月份起至该纳税年度终了期间的税款（本题为9~12月）。已办理退税的被盗抢车船，失而复得的，纳税人应当从公安机关出具相关证明的当月起计算缴纳车船税（本题为11~12月）。该企业2024年实际纳税月份数为1~8月和11~12月共10个月，该企业2024年实际缴纳车船税＝4×480+480×10/12＝2320元。

【答案】C

知识点·征收管理

【多选题】下列关于车船税征收管理的说法，正确的有（　　）。

A. 车船税按年申报，分月计算，一次性缴纳
B. 车船税的纳税地点是车船登记地或扣缴义务人所在地
C. 车船税纳税义务发生时间为取得车船所有权或管理权的次月
D. 机动车车船税的扣缴义务人为从事机动车第三者责任强制保险业务的保险机构
E. 已缴纳车船税的车船在同一纳税年度内办理转让过户的，不另纳税，也不退税

解析 选项C，车船税纳税义务发生时间为取得车船所有权或者管理权的当月，即购买车船的发票或者其他证明文件所载日期的当月。

【答案】ABDE

【多选题】下列关于车船税的说法，正确的有（　　）。

A. 拖船按照机动船舶税额的60%计算应纳税额
B. 车船因质量问题发生退货时，可申请退还车船税
C. 车船税纳税地点为车船的登记地或扣缴义务人所在地
D. 已缴纳车船税的车船在同一纳税年度内办理转让过户的，需要重新纳税
E. 经批准临时入境的我国香港特别行政区、澳门特别行政区的车船，不征收车船税

解析 选项A，拖船按照机动船舶税额的50%计算车船税。选项D，已缴纳车船税的车

船在同一纳税年度内办理转让过户的，不另纳税，也不退税。

【答案】BCE

【单选题】依法需要办理登记的应税车辆，纳税人自行申报缴纳车船税的地点是（　　）。
A. 车辆登记地
B. 车辆购置地
C. 单位的机构所在地
D. 个人的经常居住地

【解析】 车船税的纳税地点为车船的登记地或者车船税扣缴义务人所在地。依法不需要办理登记的车船，车船税的纳税地点为车船的所有人或者管理人所在地。

【答案】A

【多选题】下列关于车船税征收管理的说法，正确的有（　　）。
A. 车船税的纳税地点为车船的登记地或者车船税扣缴义务人所在地
B. 车船税按年申报，分月缴纳，纳税年度为公历 1 月 1 日至 12 月 31 日
C. 购买的船舶，纳税义务发生时间为购买发票或其他证明文件所载日期的当月
D. 依法不需要办理登记的车船，车船税的纳税地点为车船所有人或管理人的所在地
E. 已办理退税的被盗抢车船，失而复得的，纳税人应当从公安机关出具相关证明的次月起计算缴纳车船税

【解析】 选项 B，车船税按年申报，分月计算，一次性缴纳，纳税年度为公历 1 月 1 日至 12 月 31 日。选项 E，在一个纳税年度内，已完税的车船被盗抢、报废、灭失的，纳税人可以凭有关管理机关出具的证明和完税证明，向纳税所在地的主管税务机关申请退还自被盗抢、报废、灭失月份起至该纳税年度终了期间的税款。已办理退税的被盗抢车船，失而复得的，纳税人应当从公安机关出具相关证明的当月起计算缴纳车船税。

【答案】ACD

【计算题】
甲企业为增值税一般纳税人，2024 年初固定资产明细账分别记载经营用房屋原值 3000 万元，整备质量为 10 吨的载货卡车 30 辆、客车 2 辆、挂车 5 辆（整备质量 4 吨）。该企业 2024 年发生下列业务：

（1）5 月底对原值 500 万元的 A 办公楼进行停工维修，8 月底完工办理验收手续并投入使用，房产原值增加 100 万元；

（2）7 月底将其中原值为 200 万元的 B 仓库出租给乙企业，约定 8～9 月为免租期，以后每月收取不含税租金 2 万元，租期 3 年；

（3）8 月底签订融资协议，以 2 万元/年不含税价格租入 C 仓库，租赁期 20 年，该仓库原值 300 万元，账面净值 280 万元；

（4）10 月购入客货两用车 2 辆（整备质量 9 吨），插电式混合动力汽车 2 辆，当日均取得车辆购置发票。

（注：已知当地计算房产余值扣除比例为 30%，载货车车船税年税额为 60 元/吨，载客汽车车船税年税额为 360 元/辆。）

要求：根据上述资料，回答下列问题。

1. 业务（1）A 办公楼 2024 年应缴纳房产税（　　）元。

   A. 30800　　　　　B. 42000　　　　　C. 44800　　　　　D. 50400

   解析　业务（1）A 办公楼 2024 年应缴纳房产税 ＝［500×（1－30%）×1.2%×8/12 ＋ (500 ＋ 100)×(1 － 30%)×1.2%×4/12］×10000 ＝ 44800 元

   【答案】C

2. 业务（2）B 仓库 2024 年应缴纳房产税（　　）元。

   A. 16800　　　　　B. 17000　　　　　C. 19800　　　　　D. 28800

   解析　租赁双方签订的租赁合同约定有免收租金期限，免收租金期间由产权所有人按照房产余值从价计征房产税，甲企业 8～9 月为免租期，应从价计征房产税，所以从价计征月份数为 9 个月，从租计征月份数为 3 个月。

   业务（2）B 仓库 2024 年应缴纳房产税 ＝［200×（1－30%）×1.2%×9/12 ＋ 2×3×12%］×10000 ＝ 19800 元

   【答案】C

3. 甲企业 C 仓库 2024 年应缴纳房产税（　　）元。

   A. 5880　　　　　B. 6300　　　　　C. 7840　　　　　D. 8400

   解析　融资租赁的房产，由承租人自融资租赁合同约定开始日的次月起依照房产余值缴纳房产税，合同未约定开始日的，由承租人自合同签订的次月起依照房产余值缴纳房产税。本题未告知合同约定，则自合同签订的次月起（8 月底签订协议，9 月份开始计算纳税），依照房产余值缴纳房产税。

   甲企业 C 仓库 2024 年应缴纳房产税 ＝ 300×（1－30%）×1.2%×4/12×10000 ＝ 8400 元

   【答案】D

4. 甲企业 2024 年应缴纳车船税（　　）元。

   A. 19590　　　　　B. 20220　　　　　C. 20400　　　　　D. 20580

   解析　（1）车船税纳税义务发生时间为取得车船所有权或者管理权的当月，即购买车船的发票或者其他证明文件所载日期的当月。甲企业 2024 年 10 月购入客货两用车应于当月发生纳税义务，2024 年实际履行纳税义务月份数为 3 个月。

   （2）插电式混合动力汽车免征车船税。

   （3）挂车按照货车税额的 50% 计算缴纳车船税。

   （4）甲企业 2024 年应缴纳车船税 ＝ 10×30×60 ＋ 2×360 ＋ 5×4×60×50% ＋ 9×2×60×3/12 ＝ 19590 元。

   【答案】A

第七章 契 税

知识点 · 征税范围、纳税人和税率

【多选题】下列取得土地房屋权属的情形，应缴纳契税的有（　　）。
A. 受让土地经营权的
B. 竞得土地使用权的
C. 受让土地承包经营权的
D. 承受偿还债务方式转移房屋的
E. 取得任职单位年终奖励房屋的

【解析】 契税的征税对象为发生土地使用权和房屋所有权权属转移的土地和房屋。具体征税范围包括：(1) 国有土地使用权出让；(2) 土地使用权转让（可以使用出售、交换、赠与的方式，不包括土地承包经营权和土地经营权的转移（选项AC）；(3) 房屋买卖、赠与、互换。

【答案】 BDE

【多选题】下列行为中，应当缴纳契税的有（　　）。
A. 因抵债获取房屋
B. 买房拆料或翻建新房
C. 因获奖取得房屋产权
D. 因出让取得国有土地使用权
E. 土地承包经营权和土地经营权的转移

【解析】 选项E，土地使用权转让属于契税征税范围，可以使用出售、交换、赠与的方式，不包括土地承包经营权和土地经营权的转移。

【答案】 ABCD

【多选题】下列行为中，应当征收契税的有（　　）。
A. 受让国有土地使用权
B. 为拆房取料而购买房屋
C. 以获奖方式取得房屋产权
D. 以抵债方式取得房屋产权
E. 将自有房产作股投入本人经营的企业

【解析】 选项E，同一投资主体内部所属企业之间土地、房屋权属的划转，包括母公司与其全资子公司之间，同一公司所属全资子公司之间，同一自然人与其设立的个人独资企业、一人有限公司之间土地、房屋权属的划转，免征契税。

【答案】 ABCD

【单选题】单位和个人发生下列行为，应该缴纳契税的是（　　）。
A. 转让土地使用权
B. 承受不动产所有权
C. 赠与不动产所有权
D. 转让不动产所有权

【解析】 契税是以所有权发生转移的不动产为征税对象，向产权承受人征收的一种财产税。

【答案】 B

>> 知识点 · 减免税优惠

【单选题】甲企业以划拨方式取得土地使用权，建设办公楼后经批准转让给乙企业，划拨土地性质改为出让，下列缴纳契税的说法，正确的是（　　）。
A. 乙企业应以房地产权属转移合同确定的成交价格为计税依据缴纳契税
B. 甲企业应以房地产权属转移合同确定的成交价格为计税依据缴纳契税
C. 乙企业应分别以补缴的土地出让价款和房地产权属转移合同确定的成交价格为计税依据缴纳契税
D. 甲企业应分别以补缴的土地出让价款和房地产权属转移合同确定的成交价格为计税依据缴纳契税

【解析】 先以划拨方式取得土地使用权，后经批准转让房地产，划拨土地性质改为出让的，承受方（乙企业）应分别以补缴的土地出让价款和房地产权属转移合同确定的成交价格为计税依据缴纳契税。

【答案】 C

【单选题】单位或个人的下列经济行为，免征契税的是（　　）。
A. 个人承受经济适用住房房屋权属
B. 因共有人减少导致承受方增加房屋权属
C. 国有企业承受国有资产管理部门划转的国有房屋权属
D. 金融租赁公司在售后回租业务中承受承租人房屋权属

【解析】 选项A，对个人购买经济适用住房，在法定税率基础上减半征收契税。选项B，承受方应依法缴纳契税。选项C，对承受县级以上人民政府或国有资产管理部门按规定进行行政性调整、划转国有土地、房屋权属的单位，免征契税。选项D，对金融租赁公司开展售后回租业务，承受承租人房屋、土地权属的，照章征税。对售后回租合同期满，承租人回购原房屋、土地权属的，免征契税。

【答案】 C

【多选题】下列企业或个人承受土地房屋权属，免征契税的有（　　）。
A. 个人以翻建新房为目的承受房屋权属
B. 子公司承受持股90%的母公司划转土地
C. 婚姻关系存续期间夫妻间变更房屋权属
D. 个人承受首次购买90平方米以下的改造安置住房权属
E. 金融租赁公司售后回租合同期满后，承租人回购原房屋权属

【解析】 选项A，以翻建新房为目的承受房屋权属应照章缴纳契税。选项B，同一投资主体内部所属企业之间土地、房屋权属的划转，包括母公司与其全资子公司之间，同一公司所属全资子公司之间，同一自然人与其设立的个人独资企业、一人有限公司之间土地、房屋权属的划转，免征契税。但选项B，母公司持股子公司90%股份，并非全资子公司，所以不能免征契税。选项C，婚姻关系存续期间夫妻之间变更土地、房屋权属，免征契税。选项D，个人首次购买90平方米以下改造安置住房，按1%的税率计征契税，购买超过90平方米，但符合普通住房标准的改造安置住房，按法定税率减半计征契税。选项E，对金融租赁公司开展售后回租业务，承受承租人房屋、土地权属的，照章征税。对售后回租合同期满，承租人回购原房屋、土地权属的，免征契税。

【答案】 CE

【多选题】 下列不动产权属承受行为中，免征契税的有（　　）。

A. 承受荒山土地使用权用于营业生产
B. 公租房经营单位购买住房用于公租房
C. 婚姻关系存续期间夫妻之间变更房屋权属
D. 非营利性医疗机构承受房屋权属用于医疗服务
E. 金融租赁公司开展售后回租业务承受承租人房产权属

【解析】 选项A，承受荒山、荒地、荒滩土地使用权用于农、林、牧、渔业生产，免征契税，用于营业生产不免税。选项E，对金融租赁公司开展售后回租业务，承受承租人房屋、土地权属的，照章征税，对售后回租合同期满，承租人回购原房屋、土地权属的，免征契税。

【答案】 BCD

【单选题】 下列权属转移行为中，可以免征契税的是（　　）。

A. 互联网企业承受房屋权属用于办公
B. 外资企业承受房屋权属用于生产经营
C. 旅游企业承受荒山使用权用于度假开发
D. 非营利性社会福利机构承受房屋权属用于老年人养护服务

【解析】 选项AB，没有免税优惠。选项C，承受荒山、荒地、荒滩土地使用权用于农、林、牧、渔业生产，免征契税，但用于度假开发没有免税优惠。选项D，非营利性的学校、医疗机构、社会福利机构承受土地、房屋权属用于办公、教学、医疗、科研、养老、救助，免征契税。

【答案】 D

【单选题】 下列行为中，应缴纳契税的是（　　）。

A. 夫妻将其共有房产变更为一方所有
B. 承受荒滩土地使用权用于房地产开发
C. 以自有房产作股投入本人经营的合伙企业
D. 法定继承人通过继承承受土地、房屋权属

解析 选项 A，婚姻关系存续期间夫妻之间变更土地、房屋权属，免征契税。选项 B，承受荒山、荒沟、荒丘、荒滩土地使用权，并用于农、林、牧、渔业生产的，免征契税，用于房地产开发，应按规定缴纳契税。选项 C，合伙企业的合伙人将其名下的房屋、土地权属转移至合伙企业名下，或合伙企业将其名下的房屋、土地权属转回原合伙人名下，免征契税。选项 D，法定继承人通过继承承受土地、房屋权属，免征契税。

【答案】 B

【单选题】 下列行为中，应缴纳契税的是（　　）。
A. 国家机关购买办公用房
B. 法定继承人继承房屋权属
C. 事业单位购置的用于科学研究的科研楼
D. 王先生接受其叔父赠与的价值60万元的房产

解析 选项 AC，国家机关、事业单位、社会团体、军事单位承受土地、房屋用于办公、教学、医疗、科研和军事设施的，免征契税。选项 B，法定继承人通过继承承受土地、房屋权属，免征契税。选项 D 接受赠与，没有免税规定。

【答案】 D

【多选题】 下列情形中，免征契税的有（　　）。
A. 企业承受土地、房屋用于办公
B. 国家机关承受土地、房屋用于办公
C. 军事单位承受土地、房屋用于军事设施
D. 法定继承人通过继承承受土地、房屋权属
E. 承受荒山、荒地、荒滩土地使用权用于农、林、牧、渔业生产

解析 选项 A，应当征收契税。选项 BC，国家机关、事业单位、社会团体、军事单位承受土地、房屋用于办公、教学、医疗、科研和军事设施的，免征契税。选项 D，法定继承人通过继承承受土地、房屋权属，免征契税。选项 E，承受荒山、荒地、荒滩土地使用权用于农、林、牧、渔业生产免征契税。

【答案】 BCDE

【单选题】 事业单位按照国家有关规定改制为企业，原投资主体存续并在改制后企业中出资（股权、股份）超过一定比例，对改制后企业承受原事业单位土地、房屋权属，免征契税，这一比例是（　　）。
A. 50%　　　　B. 75%　　　　C. 85%　　　　D. 90%

解析 事业单位按照国家有关规定改制为企业，原投资主体存续并在改制后企业中出资（股权、股份）比例超过50%的，对改制后企业承受原事业单位土地、房屋权属，免征契税。

【答案】 A

【单选题】下列关于契税减免税优惠的说法，正确的是（　　）。
A. 营利性的学校承受土地，免征契税
B. 国家机关承受土地用于办公，照章征收契税
C. 军事单位承受土地、房屋对外经营的，免征契税
D. 外国驻华使馆承受土地、房屋权属的，免征契税

解析　选项 A，非营利性的学校、医疗机构、社会福利机构承受土地、房屋权属用于办公、教学、医疗、科研、养老、救助，免征契税，而营利性的学校承受土地不能免税。国家机关、事业单位、社会团体、军事单位承受土地、房屋用于办公、教学、医疗、科研和军事设施的，免征契税。所以选项 B 免税，选项 C 军事单位承受土地、房屋对外经营，应照章征税。选项 D，依照法律规定应当予以免税的外国驻华使馆、领事馆和国际组织驻华代表机构承受土地、房屋权属，免征契税。

【答案】D

知识点·计税依据和应纳税额的计算

【单选题】某房地产开发企业以招标方式取得一宗土地使用权，支付土地出让金 12000 万元，土地补偿费 500 万元，征收补偿费 300 万元，收到财政返还土地出让金 2000 万元，契税税率4%，该企业应缴纳契税（　　）万元。
A. 400　　　　B. 432　　　　C. 500　　　　D. 512

解析　土地使用权出让的，计税依据包括土地出让金、土地补偿费、安置补助费、地上附着物和青苗补偿费、征收补偿费、城市基础设施配套费、实物配建房屋等应交付的货币，以及实物、其他经济利益对应的价款。不得因减免土地出让金，而减免契税。

该企业应缴纳契税 =（12000 + 500 + 300）× 4% = 512 万元

【答案】D

【单选题】王某 2024 年 7 月购入一套办公用房，取得增值税普通发票注明金额 400 万元，税额 36 万元。同时将自有的一套住宅与李某互换，另外支付李某 50 万元，已知当地契税税率为 4%，王某当月应缴纳契税（　　）万元。
A. 16　　　　B. 17.44　　　　C. 18　　　　D. 19.44

解析　（1）契税的计税依据不包括增值税，所以购入办公用房应缴纳契税 = 400 × 4% = 16 万元。

（2）土地使用权互换、房屋互换，互换价格相等的，互换双方计税依据为零；互换价格不相等的，以其差额为计税依据，由支付差额的一方缴纳契税。所以与李某互换住宅应缴纳契税 = 50 × 4% = 2 万元。

（3）王某当月应缴纳契税 = 16 + 2 = 18 万元。

【答案】C

【单选题】下列关于契税计税依据的表述,错误的是(   )。
A. 契税的计税依据不包含增值税
B. 土地使用权出让的,计税依据包括安置补助费
C. 房屋互换的,互换价格不相等的,以其差额为计税依据
D. 承受已装修房屋的,契税的计税依据不包括单独计价的装修费用

【解析】 选项B,土地使用权出让的,计税依据包括土地出让金、土地补偿费、安置补助费、地上附着物和青苗补偿费、征收补偿费、城市基础设施配套费、实物配建房屋等应交付的货币以及实物、其他经济利益对应的价款。对承受国有土地使用权应支付的土地出让金,应计征契税。不得因减免土地出让金而减免契税。选项C,土地使用权互换、房屋互换,互换价格相等的,互换双方计税依据为零。互换价格不相等的,以其差额为计税依据,由支付差额的一方缴纳契税。选项D,承受已装修房屋的,应将包括装修费用在内的费用计入承受方应交付的总价款计征契税。

【答案】 D

【单选题】某公司2025年1月以1200万元购入一幢旧写字楼作为办公用房,该写字楼原值2000万元,已计提折旧800万元。当地适用契税税率3%,以上金额均不含增值税。该公司购入写字楼应缴纳契税(   )万元。
A. 24   B. 30   C. 36   D. 60

【解析】 土地使用权出售、房屋买卖,契税的计税依据为土地、房屋权属转移合同确定的成交价格,包括应交付的货币,以及实物、其他经济利益对应的价款。
该公司购入写字楼应缴纳契税=1200×3%=36万元

【答案】 C

【单选题】下列关于契税计税依据的说法,正确的是(   )。
A. 契税的计税依据不含增值税
B. 买卖装修的房屋,契税计税依据不包括装修费用
C. 承受国有土地,契税计税依据可以扣减政府减免的土地出让金
D. 先以划拨方式取得土地使用权,后经批准转让房地产,划拨土地性质改为出让的,契税的计税依据为房地产权属转移合同确定的成交价格

【解析】 选项B,承受已装修房屋的,应将包括装修费用在内的费用计入承受方应交付的总价款计征契税。选项C,土地使用权出让的,计税依据包括土地出让金、土地补偿费、安置补助费、地上附着物和青苗补偿费、征收补偿费、城市基础设施配套费、实物配建房屋等应交付的货币以及实物、其他经济利益对应的价款。不得因减免土地出让金,而减免契税。选项D,先以划拨方式取得土地使用权,后经批准转让房地产,划拨土地性质改为出让的,承受方应分别以补缴的土地出让价款和房地产权属转移合同确定的成交价格为计税依据缴纳契税。

【答案】 A

知识点 · 征收管理

【多选题】下列关于契税征收管理的说法,正确的有(   )。
A. 契税需在土地、房屋所在地缴纳
B. 契税应当在依法办理土地、房屋权属登记手续前申报缴纳
C. 因人民法院文书生效发生土地、房屋权属转移的,纳税义务发生时间为法律文书生效当日
D. 纳税人缴纳契税后因新建商品房实际交付面积小于合同约定面积需要退还房价款的,可以依照有关规定申请退税
E. 因房地产开发企业被税务机关列为非正常户,购买新建商品房的纳税人不能取得销售不动产发票的,将无法办理契税纳税申报

解析 选项E,购买新建商品房的纳税人在办理契税纳税申报时,由于销售新建商品房的房地产开发企业已办理注销税务登记或者被税务机关列为非正常户等原因,致使纳税人不能取得销售不动产发票的,税务机关在核实有关情况后应予受理。

【答案】ABCD

【单选题】下列关于契税纳税义务发生时间的说法,符合规定的是(   )。
A. 纳税人接收土地、房屋的当日
B. 纳税人支付土地、房屋款项的当日
C. 纳税人办理土地、房屋权属证书的当日
D. 纳税人签订土地、房屋权属转移合同的当日

解析 契税的纳税义务发生时间,为纳税人签订土地、房屋权属转移合同的当日,或者纳税人取得其他具有土地、房屋权属转移合同性质凭证的当日。

【答案】D

第八章 城镇土地使用税

知识点 · 纳税人和适用税额

【单选题】 依据城镇土地使用税相关规定，贫困地区可以适当降低适用税额标准。降低标准时需要经过的批准机关是（　　）。

A. 国务院
B. 财政部
C. 国家税务总局
D. 省、自治区、直辖市的人民政府

解析 经省、自治区、直辖市人民政府批准，经济落后地区的城镇土地使用税适用税额标准可以适当降低，但降低额不得超过规定的最低税额的30%。经济发达地区城镇土地使用税的适用税额标准可以适当提高，但须报经财政部批准。

【提示】 考生需注意，提高报批的部门是财政部，同样需要掌握。

【答案】 D

【多选题】 关于城镇土地使用税的纳税人，下列说法正确的有（　　）。

A. 土地使用权权属未确定的，实际使用人为纳税人
B. 土地使用权权属共有的，共有各方分别为纳税人
C. 土地使用权权属纠纷未解决的，纠纷双方均为纳税人
D. 城镇土地使用税以拥有土地使用权的单位和个人为纳税人
E. 拥有土地使用权的单位不在土地所在地的，代管人或实际使用人为纳税人

解析 选项C，土地使用权未确定或权属纠纷未解决的，由实际使用人纳税。

【答案】 ABDE

【多选题】 依据城镇土地使用税相关规定，下列关于纳税人的说法，正确的有（　　）。

A. 土地使用权出租的，以承租人为纳税人
B. 个人拥有土地使用权的，以个人为纳税人
C. 土地使用权属共有的，以共有各方为纳税人
D. 单位拥有土地使用权的，以单位为纳税人
E. 土地使用权属未确定的，以实际使用人为纳税人

解析 凡在城市、县城、建制镇、工矿区范围内使用土地的单位和个人，为城镇土地使用税的纳税义务人。具体规定如下：

(1) 城镇土地使用税由拥有土地使用权的单位或个人缴纳（选项BD）；

(2) 拥有土地使用权的单位和个人不在土地所在地的，由代管人或实际使用人纳税；

(3) 土地使用权未确定或权属纠纷未解决的，由实际使用人纳税（选项E）；

(4) 土地使用权共有的，由共有各方分别纳税（选项C）。

选项A，通常情况下由拥有土地使用权的单位或个人（通常为出租人）纳税。

【答案】BCDE

知识点 · 减免税优惠

【多选题】民航机场的下列用地，免征城镇土地使用税的有（　　）。

A. 停机坪用地
B. 滑行道用地
C. 候机楼用地
D. 场外道路用地
E. 场内通信导航设施用地

解析　机场飞行区，包括跑道、滑行道（选项B）、停机坪（选项A）、安全带、夜航灯光区用地，场内外通信导航设施用地（选项E）和飞行区四周排水防洪设施用地，免征城镇土地使用税。机场工作区，包括办公、生产和维修用地、候机楼（选项C）、停车场用地、生活区用地、绿化用地，均须依照规定征收城镇土地使用税。在机场道路中，场外道路用地（选项D）免征城镇土地使用税，场内道路用地依照规定征收城镇土地使用税。

【提示】考生需注意，飞机场跑道、停机坪占用耕地，减按每平方米2元的税额征收耕地占用税，这一点两税出现交叉，易结合考核计算题。

【答案】ABDE

【单选题】下列土地，免征城镇土地使用税的是（　　）。

A. 城市公交站场用地
B. 水产养殖户的办公用地
C. 危险品仓库的库区用地
D. 农产品加工企业的办公用地

解析　选项BD，直接用于农、林、牧、渔业的生产用地免征城镇土地使用税，直接用于农、林、牧、渔业的生产用地，是指直接从事于种植、养殖、饲养的专业用地，不包括农副产品加工厂占地和从事农、林、牧、渔业生产单位的生活、办公用地。选项C，对于各类危险品仓库、厂房所需的防火、防爆、防毒等安全防范用地，可由各省、自治区、直辖市税务局确定，暂免征收城镇土地使用税，对仓库库区、厂房本身用地，应依法征收城镇土地使用税。

【答案】A

【单选题】下列情形所占用的土地，免征城镇土地使用税的是（　　）。

A. 海关无偿使用机场的土地
B. 农副产品加工厂占用的土地
C. 景区实景演出舞台占用的土地
D. 自收自支事业单位自用的土地

解析　选项A，对免税单位无偿使用纳税单位的土地（如公安、海关等单位使用铁路、民航等单位的土地），免征城镇土地使用税，对纳税单位无偿使用免税单位的土地，纳税单位应照章缴纳城镇土地使用税。选项B，直接用于农、林、牧、渔业的生产用地免征城镇土地使用税，直接用于农、林、牧、渔业的生产用地，是指直接从事于种植、养殖、饲养的专业用地，不包括农副产品加工厂占地和从事农、林、牧、渔业生产单位的生活、办公用地。选项 C 没有免税规定。选项 D，由国家财政部门拨付事业经费的单位自用的土地，免征城镇土地使用税。由国家财政部门拨付事业经费的单位，是指由国家财政部门拨付经费、实行全额预算管理或差额预算管理的事业单位，不包括实行自收自支、自负盈亏的事业单位。

【答案】A

【多选题】下列用地行为，免征城镇土地使用税的有（　　）。
A. 机场候机楼用地　　　　　　　　　B. 水电站的发电厂房用地
C. 福利性老年人康复中心用地　　　　D. 火电厂厂区围墙外的输油管道用地
E. 向农村居民供水的自来水公司自用的办公用地

解析　机场飞行区（包括跑道、滑行道、停机坪、安全带、夜航灯光区）用地，场内外通信导航设施用地和飞行区四周排水防洪设施用地，免征城镇土地使用税。机场工作区，包括办公、生产和维修用地，候机楼（选项 A）、停车场用地、生活区用地、绿化用地，均须依照规定征收城镇土地使用税。在机场道路中，场外道路用地免征城镇土地使用税，场内道路用地依照规定征收城镇土地使用税。

选项 B，水电站的发电厂房用地（包括坝内、坝外式厂房），生产、办公、生活用地，应征收城镇土地使用税，对其他用地给予免税照顾。

选项 C，对政府部门和企事业单位、社会团体及个人等社会力量投资兴办的福利性、非营利性的老年服务机构自用的土地，暂免征收城镇土地使用税。

选项 D，火电厂厂区围墙内的用地，均应征收城镇土地使用税。对厂区围墙外的灰场、输灰管、输油（气）管道、铁路专用线用地，免征城镇土地使用税。厂区围墙外的其他用地，应照章征税。

选项 E，对饮水工程运营管理单位自用的生产、办公用土地，免征城镇土地使用税。

【答案】CDE

【多选题】下列占地行为，应缴纳城镇土地使用税的有（　　）。
A. 水电站的发电厂房用地　　　　　　B. 企业厂区内部的绿化用地
C. 房地产开发公司建造商品房的用地　D. 免税单位无偿使用纳税单位的土地
E. 纳税单位无偿使用免税单位的用地

解析　选项 A，水电站的发电厂房用地（包括坝内、坝外式厂房），生产、办公、生活用地，应征收城镇土地使用税，对其他用地给予免税照顾。选项 B，对企业厂区（包括生产、办公及生活区）以内的绿化用地，应照章征收城镇土地使用税，厂区以外的公共绿化用地和向社会开放的公园用地，暂免征收城镇土地使用税。选项 C，房地产开发公司建造商品房的用地，除经批准开发建设经济适用房的用地外，对各类房地产开发用地一律不得减免城镇土地使用税。选项 DE，对免税单位无偿使用纳税单位的土地（如公安、海关等单位使用铁路、民航等单位的土地），免征城镇土地使用税。对纳税单位无偿使用免税单位的土地，纳税单位应照章缴纳城镇土地使用税。

【答案】ABCE

【多选题】下列用地，免征城镇土地使用税的有（　　）。
A. 盐矿的矿井用地
B. 矿山炸药库的安全用地
C. 供电部门的输电线路用地
D. 核电站基建期的办公用地
E. 城市轨道交通系统运营用地

解析 选项 A，盐场的盐滩、盐矿的矿井用地，暂免征收城镇土地使用税，对盐场、盐矿的生产厂房，办公、生活区用地，应照章征税。选项 B，矿山的采矿场、排土场、尾矿库、炸药库的安全区，采区运矿及运岩公路、尾矿输送管道及回水系统用地，免征城镇土地使用税。选项 C，对供电部门的输电线路用地、变电站用地，免征城镇土地使用税。选项 D，对核电站的核岛、常规岛、辅助厂房和通信设施用地（不包括地下线路用地），生活、办公用地按规定征收城镇土地使用税，其他用地免税；对核电站应税土地在基建期内减半征收城镇土地使用税。选项 E，2027 年 12 月 31 日前，对城市公交站场、道路客运站场、城市轨道交通系统运营用地，免征城镇土地使用税。

答案 ABCE

【单选题】下列关于城镇土地使用税减免税的说法，正确的是（　　）。
A. 农副产品加工的专业用地，免征城镇土地使用税
B. 免税单位无偿使用纳税单位的土地，免征城镇土地使用税
C. 营利性老年服务机构自用土地，暂免征收城镇土地使用税
D. 矿山企业采掘地下矿造成的塌陷地，暂免征收城镇土地使用税

解析 选项 A，直接用于农、林、牧、渔业的生产用地免征城镇土地使用税，直接用于农、林、牧、渔业的生产用地，是指直接从事于种植、养殖、饲养的专业用地，不包括农副产品加工厂占地和从事农、林、牧、渔业生产单位的生活、办公用地。选项 B，对免税单位无偿使用纳税单位的土地（如公安、海关等单位使用铁路、民航等单位的土地），免征城镇土地使用税；对纳税单位无偿使用免税单位的土地，纳税单位应照章缴纳城镇土地使用税。选项 C，对政府部门和企事业单位、社会团体，以及个人等社会力量投资兴办的福利性、非营利性的老年服务机构自用的土地，暂免征收城镇土地使用税，营利性老年服务机构自用土地不免税。选项 D，对矿山企业采掘地下矿造成的塌陷地及荒山占地，在未利用之前，暂免征收城镇土地使用税。

答案 B

【多选题】下列关于城镇土地使用税减免税的说法，正确的有（　　）。
A. 改造安置住房建设用地免征城镇土地使用税
B. 供电部门的输电线路用地免征城镇土地使用税
C. 民航机场的场外道路用地免征城镇土地使用税
D. 核电站基建期内的应税土地免征城镇土地使用税
E. 水利设施的水库库区和泵站用地，减半征收城镇土地使用税

解析 选项 A，对改造安置住房建设用地免征城镇土地使用税。选项 B，对供电部门的输电线路用地、变电站用地，免征城镇土地使用税。选项 C，机场飞行区（包括跑道、滑行

道、停机坪、安全带、夜航灯光区）用地，场内外通信导航设施用地和飞行区四周排水防洪设施用地，免征城镇土地使用税。机场工作区（包括办公、生产和维修用地及候机楼、停车场）用地、生活区用地、绿化用地，均须依照规定征收城镇土地使用税。在机场道路中，场外道路用地免征城镇土地使用税，场内道路用地依照规定征收城镇土地使用税。选项D，对核电站的核岛、常规岛、辅助厂房和通信设施用地（不包括地下线路用地），生活、办公用地按规定征收城镇土地使用税，其他用地免税，对核电站应税土地在基建期内减半征收城镇土地使用税。选项E，水利设施及其管护用地（如水库库区、大坝、堤防、灌渠、泵站等用地），免征城镇土地使用税，其他用地，如生产、办公、生活用地，应照章征收城镇土地使用税。

【答案】 ABC

【单选题】下列用地行为，应缴纳城镇土地使用税的是（　　）。
A. 宗教寺庙自用土地　　　　　　　　B. 市政休闲广场用地
C. 农副产品加工厂用地　　　　　　　D. 直接用于农业生产的土地

解析　选项A，宗教寺庙、公园、名胜古迹自用的土地免征城镇土地使用税。宗教寺庙自用的土地，是指举行宗教仪式等的用地和寺庙内的宗教人员生活用地。公园、名胜古迹自用的土地，是指供公共参观游览的用地及其管理单位的办公用地。公园、名胜古迹中附设的营业场所，如影剧院、饮食部、茶社、照相馆等用地，应征收城镇土地使用税。选项B，市政街道、广场、绿化地带等公共用地免征城镇土地使用税，但非社会性的公共用地，如企业内的广场、道路、绿化等占用的土地不能免税。选项CD，直接用于农、林、牧、渔业的生产用地免征城镇土地使用税，直接用于农、林、牧、渔业的生产用地，是指直接从事于种植、养殖、饲养的专业用地，不包括农副产品加工厂占地和从事农、林、牧、渔业生产单位的生活、办公用地。

【答案】 C

【单选题】下列用地，可免征城镇土地使用税的是（　　）。
A. 军队家属的院落用地　　　　　　　B. 国家机关的办公用地
C. 企业的内部道路绿化用地　　　　　D. 房地产公司开发写字楼用地

解析　国家机关、人民团体、军队自用的土地免征城镇土地使用税，免税的土地是指这些单位本身的业务用地，所以选项A不选，选项B要选。选项C，市政街道、广场、绿化地带等公共用地免征城镇土地使用税，但非社会性的公共用地，如企业内的广场、道路、绿化等占用的土地不能免税。选项D，房地产开发公司建造商品房的用地，除经批准开发建设经济适用房的用地外，对各类房地产开发用地一律不得减免城镇土地使用税。

【答案】 B

【单选题】下列用地，可免征城镇土地使用税的是（　　）。
A. 军队的家属院落用地　　　　　　　B. 人民法院的办公楼用地
C. 公园的照相馆经营用地　　　　　　D. 企业内道路占用的土地

【解析】 国家机关、人民团体、军队自用的土地免征城镇土地使用税，免税的土地是指这些单位本身的业务用地，所以选项 A 不选，选项 B（国家机关）要选。选项 C，宗教寺庙、公园、名胜古迹自用的土地免征城镇土地使用税。公园、名胜古迹自用的土地，是指供公共参观游览的用地及其管理单位的办公用地；公园、名胜古迹中附设的营业场所，如影剧院、饮食部、茶社、照相馆等用地，应征收城镇土地使用税。选项 D，市政街道、广场、绿化地带等公共用地免征城镇土地使用税，但非社会性的公共用地，如企业内的广场、道路、绿化等占用的土地不能免税。

【答案】 B

【多选题】 下列用地，可免征城镇土地使用税的有（　　）。
A. 从事水产养殖的用地
B. 供电部门的变电站用地
C. 盐场、盐矿的生产厂房用地
D. 核电站基建期内的应税土地
E. 国家天然林保护工程自用的土地

【解析】 选项 AE，直接用于农、林、牧、渔业的生产用地免征城镇土地使用税，直接用于农、林、牧、渔业的生产用地，是指直接从事于种植、养殖、饲养的专业用地，不包括农副产品加工厂占地和从事农、林、牧、渔业生产单位的生活、办公用地。选项 B，对供电部门的输电线路用地、变电站用地，免征城镇土地使用税。选项 C，盐场的盐滩、盐矿的矿井用地，暂免征收城镇土地使用税，对盐场、盐矿的生产厂房、办公、生活区用地，应照章征税。选项 D，对核电站的核岛、常规岛、辅助厂房和通信设施用地（不包括地下线路用地），生活、办公用地按规定征收城镇土地使用税，其他用地免税，对核电站应税土地在基建期内减半征收城镇土地使用税。

【答案】 ABE

【单选题】 下列关于城镇土地使用税减免税优惠的说法，正确的是（　　）。
A. 企业的绿化用地免征城镇土地使用税
B. 事业单位的经营用地免征城镇土地使用税
C. 农业生产单位的办公用地免征城镇土地使用税
D. 对交通部门的港口的码头用地免征城镇土地使用税

【解析】 选项 A，对企业厂区（包括生产、办公及生活区）以内的绿化用地，应照章征收城镇土地使用税，厂区以外的公共绿化用地和向社会开放的公园用地，暂免征收城镇土地使用税。选项 B，由国家财政部门拨付事业经费的单位自用的土地，免征城镇土地使用税，事业单位的经营用地不免税。选项 C，直接用于农、林、牧、渔业的生产用地免征城镇土地使用税，直接用于农、林、牧、渔业的生产用地是指直接从事于种植、养殖、饲养的专业用地，不包括农副产品加工厂占地和从事农、林、牧、渔业生产单位的生活、办公用地。选项 D，对港口的码头（即泊位，包括岸边码头、伸入水中的浮码头、堤岸、堤坝、栈桥等）用地，免征城镇土地使用税，港口的其他用地，应按规定征收城镇土地使用税。

【答案】 D

知识点· 应纳税额的计算

【单选题】 某"三北"地区供热企业为一般纳税人，占用土地20000平方米，其中自办学校占用2000平方米，其余为供热厂房和办公用地。2024年向居民供热取得采暖费收入占全部采暖费收入的比例是70%，当地城镇土地使用税税额为4元/平方米，该企业2024年应缴纳城镇土地使用税（　　）元。

　　A. 21600　　　　　B. 56000　　　　　C. 72000　　　　　D. 80000

解析 企业办的学校、医院、托儿所、幼儿园，其自用的土地免征城镇土地使用税。所以该企业自办学校占用2000平方米免征城镇土地使用税。

至2027年供暖期结束，对向居民供热收取采暖费的"三北"地区供热企业，为居民供热所使用的厂房及土地免征城镇土地使用税，对供热企业其他厂房及土地，应当按照规定征收城镇土地使用税。对专业供热企业，按其向居民供热取得的采暖费收入占全部采暖费收入的比例（本题为70%），计算免征城镇土地使用税。

该企业2024年应缴纳城镇土地使用税=（20000－2000）×（1－70%）×4=21600元

【答案】 A

【单选题】 某大型制造企业土地使用权证书载明占地面积100万平方米，其中幼儿园占地2万平方米，道路和绿化占地5万平方米，其余为生产办公用地。已知当地城镇土地使用税年税额为10元/平方米，该企业2024年应缴纳城镇土地使用税（　　）万元。

　　A. 930　　　　　B. 950　　　　　C. 980　　　　　D. 1000

解析 企业办的学校、医院、托儿所、幼儿园（本题为2万平方米），其自用的土地免征城镇土地使用税。市政街道、广场、绿化地带等公共用地免征城镇土地使用税，但非社会性的公共用地，如企业内的广场、道路、绿化等占用的土地不能免税。

该企业2024年应缴纳城镇土地使用税=（100－2）×10=980万元

【答案】 C

【单选题】 某公司为增值税小规模纳税人，2024年3月通过挂牌取得一宗土地，土地出让合同约定2024年4月交付，土地使用证记载占地面积为6000平方米。当地城镇土地使用税年税额为4元/平方米，该公司2024年应缴纳城镇土地使用税（　　）元。

　　A. 8000　　　　　B. 12000　　　　　C. 16000　　　　　D. 24000

解析 通过招、拍、挂方式取得的建设用地，不属于新征用的耕地，纳税人应按照规定，从合同约定交付土地时间的次月起缴纳城镇土地使用税，合同未约定交付土地时间的，从合同签订的次月起缴纳城镇土地使用税。

自2023年1月1日至2027年12月31日，对增值税小规模纳税人、小型微利企业和个体工商户减半征收资源税（不含水资源税）、城市维护建设税、房产税、城镇土地使用税、印花税（不含证券交易印花税）、耕地占用税和教育费附加、地方教育附加。

该公司2024年应缴纳城镇土地使用税=6000×4×8/12×50%=8000元

【答案】 A

【单选题】某实行自收自支自负盈亏的事业单位位于市区，占地 80000 平方米。其中：业务办公用地占地 10000 平方米，兴办的非营利性老年公寓占地 20000 平方米，对外开放的公园占地 40000 平方米，其余土地对外出租。该地段年税额为 2 元/平方米。该事业单位 2024 年应缴纳城镇土地使用税（   ）元。

  A. 20000　　　　　B. 40000　　　　　C. 80000　　　　　D. 100000

解析　（1）由国家财政部门拨付事业经费的单位自用的土地，免征城镇土地使用税。由国家财政部门拨付事业经费的单位，是指由国家财政部门拨付经费、实行全额预算管理或差额预算管理的事业单位，不包括实行自收自支、自负盈亏的事业单位。所以该事业单位业务办公用地占地 10000 平方米不免税。

（2）对政府部门和企事业单位、社会团体，以及个人等社会力量投资兴办的福利性、非营利性的老年服务机构自用的土地，暂免征收城镇土地使用税，所以非营利性老年公寓占地 20000 平方米免税。

（3）厂区以外的公共绿化用地和向社会开放的公园用地，暂免征收城镇土地使用税，所以对外开放的公园占地 40000 平方米免税。

（4）该事业单位 2024 年应缴纳城镇土地使用税 =（80000 − 20000 − 40000）× 2 = 40000 元。

【答案】 B

【单选题】2024 年某民用机场占地 100 万平方米，其中飞行区用地 90 万平方米，场外道路用地 7 万平方米，场内道路用地 0.5 万平方米，工作区用地 2.5 万平方米，城镇土地使用税税率为 5 元/平方米。该机场 2024 年应缴纳城镇土地使用税（   ）元。

  A. 125000　　　　B. 150000　　　　C. 475000　　　　D. 500000

解析　机场飞行区（包括跑道、滑行道、停机坪、安全带、夜航灯光区）用地（90 万平方米）、场内外通信导航设施用地和飞行区四周排水防洪设施用地，免征城镇土地使用税。机场工作区（包括办公、生产和维修用地及候机楼、停车场）用地（2.5 万平方米）、生活区用地、绿化用地，均须依照规定征收城镇土地使用税。在机场道路中，场外道路用地（7 万平方米）免征城镇土地使用税，场内道路用地（0.5 万平方米）依照规定征收城镇土地使用税。

该机场 2024 年应缴纳城镇土地使用税 =（2.5 + 0.5）× 5 × 10000 = 150000 元

【答案】 B

知识点 · 征收管理

【单选题】下列关于城镇土地使用税征收管理的说法，正确的是（   ）。

A. 纳税单位无偿使用免税单位的土地，纳税单位应照章缴纳城镇土地使用税

B. 通过拍卖方式取得的建设用地，自取得土地使用权的当月缴纳城镇土地使用税

C. 尚未核发土地使用证书的土地，按主管税务机关核定的土地面积缴纳城镇土地使用税

D. 在商品房项目中配套建设公租房，按公租房实际占用的土地面积缴纳城镇土地使用税

【解析】 选项 B，通过招、拍、挂方式取得的建设用地，不属于新征用的耕地，纳税人应按照规定，从合同约定交付土地时间的次月起缴纳城镇土地使用税，合同未约定交付土地时间的，从合同签订的次月起缴纳城镇土地使用税。选项 C，尚未核发土地使用证书的，应由纳税人据实申报土地面积。选项 D，对公租房建设期间用地及公租房建成后占地，免征城镇土地使用税。在其他住房项目中配套建设公租房，按公租房建筑面积占总建筑面积的比例免征建设、管理公租房涉及的城镇土地使用税。

【答案】 A

【单选题】 根据城镇土地使用税征收管理办法，下列关于城镇土地使用税的说法，不符合规定的是（　　）。

A. 纳税期限由省、自治区、直辖市人民政府确定
B. 纳税人新征用的土地，自批准征收之日起满 6 个月时缴纳城镇土地使用税
C. 购置存量房，纳税义务发生时间为房地产权属登记机关签发房屋权属证书之次月
D. 纳税人使用的土地不在一地的，由纳税人分别向土地所在地的税务机关申报缴纳

【解析】 选项 B，纳税人新征用的土地，自批准征收之日起满 1 年时缴纳城镇土地使用税。

【提示】 考生注意城镇土地使用税按年计算、分期缴纳，缴纳期限由省、自治区、直辖市人民政府确定，这一结论非常重要，和房产税规定一致，但与车船税规定不同（按年申报，分月计算，一次性缴纳）。

【答案】 B

【单选题】 某公司 2023 年 5 月 15 日，签订新建商品房销售合同，房产交付使用时间是 2024 年 5 月 31 日。该公司于 2024 年 7 月 15 日办理房屋权属证书。该商品房城镇土地使用税纳税义务发生时间是（　　）。

A. 2023 年 6 月
B. 2024 年 6 月
C. 2024 年 7 月
D. 2024 年 8 月

【解析】 购置新建商品房，自房屋交付使用之次月起计征城镇土地使用税。

【答案】 B

【单选题】 纳税人购置新建商品房，其城镇土地使用税纳税义务发生时间是（　　）。

A. 房屋交付使用之次月
B. 房屋竣工备案之次月
C. 办理预售许可证之次月
D. 办理不动产权属证书之次日

【解析】 购置新建商品房，自房屋交付使用之次月起缴纳城镇土地使用税。

【答案】 A

【单选题】 关于城镇土地使用税的征收管理，下列说法正确的是（　　）。

A. 纳税人征收的耕地，自批准征收次月起缴纳城镇土地使用税
B. 纳税人新征用的非耕地，自批准征用之月起缴纳城镇土地使用税
C. 城镇土地使用税按年计算，分期缴纳，纳税期限由市级人民政府确定

D. 纳税人使用的土地不在一地的，由纳税人分别向土地所在地的税务机关申报缴纳城镇土地使用税

解析 选项 A，纳税人征收的耕地，自批准征收之日起满 1 年时缴纳城镇土地使用税。选项 B，纳税人新征用的非耕地，自批准征用次月起缴纳城镇土地使用税。选项 C，城镇土地使用税按年计算，分期缴纳，缴纳期限由省、自治区、直辖市人民政府确定。

【答案】 D

【多选题】下列关于城镇土地使用税纳税义务发生时间的说法中，正确的有（　　）。
A. 购置新建商品房，自签订房屋销售合同的次月起缴纳城镇土地使用税
B. 纳税人新征用的耕地，自批准征用之日起满 1 年时开始缴纳城镇土地使用税
C. 购置存量房，自办理房屋权属转移、变更登记手续，房地产权属登记机关签发房屋权属证书之次月起缴纳城镇土地使用税
D. 以出让方式取得土地使用权，应由受让方从合同约定的交付土地时间的次月起缴纳城镇土地使用税，合同未约定交付土地时间的，由受让方从合同签订的次月起缴纳城镇土地使用税
E. 通过拍卖方式取得建设用地（不属于新征用耕地），应从合同约定的交付土地时间的次月起缴纳城镇土地使用税，合同未约定交付土地时间的，从合同签订的次月起缴纳城镇土地使用税

解析 选项 A，购置新建商品房，自房屋交付使用之次月起，缴纳城镇土地使用税。

【答案】 BCDE

【计算题】

(一)

某物流公司是小型微利企业，股东王某占股 85%，该公司年初办公用房占地 2000 平方米，拥有货车 8 辆（每辆整备质量 12 吨）、挂车 8 辆（每辆整备质量 14 吨），2024 年发生以下业务：

（1）为开展大宗商品仓储业务，6 月从某合作社租入有产权纠纷的土地 40000 平方米（该土地未缴纳城镇土地使用税），从邻近企业租入工业用地 30000 平方米。

（2）7 月转让挂车 4 辆，8 月进口客货两用车 10 辆（每辆整备质量 10 吨），海关专用缴款书注明日期为 9 月 4 日。

（3）9 月股东王某以价值 600 万元的自有房产和银行存款 1400 万元为对价换购某企业占地面积 30000 平方米的厂房，当月王某将换购的厂房无偿划入物流公司。公司将其中占地面积 20000 平方米的厂房用于办公，10000 平方米的厂房用作大宗商品的仓储。

（其他相关资料：车船税年基准税额，货车整备质量每吨 90 元，大客车每辆税额 1200 元。城镇土地使用年税额 4 元/平方米，契税税率 4%。上述价格均不含增值税。）

要求：根据上述资料，回答下列问题。

1. 上述业务中，物流公司和股东王某合计应缴纳契税（　　）万元。
A. 28　　　　　　　B. 56　　　　　　　C. 96　　　　　　　D. 136

解析 土地使用权互换、房屋互换,互换价格相等的,互换双方计税依据为零;互换价格不相等的,以其差额为计税依据,由支付差额的一方缴纳契税。所以股东王某以价值600万元的自有房产和银行存款1400万元为对价换购某企业的厂房,应由股东王某按照支付的差额1400万元作为计税依据缴纳契税。股东王某应缴纳契税 = 1400×4% = 56万元。

土地使用权赠与、房屋赠与及其他没有价格的转移土地、房屋权属行为,为税务机关参照土地使用权出售、房屋买卖的市场价格依法核定的价格。王某将换购的厂房无偿划入物流公司,相当于是无偿赠与,物流公司作为承受人应按照市场价格缴纳契税。

物流公司应缴纳契税 = 2000×4% = 80万元

物流公司和股东王某合计应缴纳契税 = 56 + 80 = 136万元

这里提示考生注意,同一投资主体内部所属企业之间土地、房屋权属的划转,包括母公司与其全资子公司之间,同一公司所属全资子公司之间,同一自然人与其设立的个人独资企业、一人有限公司之间土地、房屋权属的划转,免征契税。本题中如果股东王某占股是100%(一人有限公司)而不是85%,那么物流公司承受厂房可以免征契税。

【答案】D

2. 物流公司接受股东王某划入的厂房应缴纳城镇土地使用税( )万元。
   A. 1.00   B. 1.25   C. 1.50   D. 2.50

解析 (1) 2027年12月31日前,对物流企业自有(包括自有和出租)或承租的大宗商品仓储设施用地,减按所属土地等级适用税额标准的50%计征城镇土地使用税。

(2) 自2023年1月1日至2027年12月31日,对增值税小规模纳税人、小型微利企业和个体工商户减半征收资源税(不含水资源税)、城市维护建设税、房产税、城镇土地使用税、印花税(不含证券交易印花税)、耕地占用税和教育费附加、地方教育附加。

(3) 所以物流公司接受股东王某划入的厂房应缴纳城镇土地使用税 = (20000×4×3/12 + 10000×4×3/12×50%[大宗商品仓储设施])×50%[小型微利企业六税两费减半]÷10000 = 1.25万元。

【答案】B

3. 物流公司当年应缴纳城镇土地使用税( )万元。
   A. 3.65   B. 6.90   C. 5.65   D. 10.30

解析 (1) 年初办公用房占地应缴纳城镇土地使用税 = 2000×4×50%÷10000 = 0.4万元。

(2) 土地使用权未确定或权属纠纷未解决,由实际使用人缴纳城镇土地使用税。

2027年12月31日前,对物流企业自有(包括自有和出租)或承租的大宗商品仓储设施用地,减按所属土地等级适用税额标准的50%计征城镇土地使用税。

所以,从某合作社租入有产权纠纷的土地应缴纳城镇土地使用税 = 40000×4×6/12×50%[大宗商品仓储设施]×50%[小型微利企业六税两费减半]÷10000 = 2万元。

(3) 物流公司接受股东王某划入的厂房应缴纳城镇土地使用税 = 1.25万元。

(4) 物流公司当年应缴纳城镇土地使用税 = 0.4 + 2 + 1.25 = 3.65万元。

【答案】A

4. 物流公司当年应缴纳车船税（　　）元。

A. 16680　　　　　　B. 18680　　　　　　C. 21720　　　　　　D. 17430

解析　物流公司当年应缴纳车船税 = 8×12×90[货车] + 8×14×90×50%[挂车] + 10×10×90×4/12[客货两用车] = 16680元

【答案】A

（二）

甲企业为一般纳税人，2024年初土地使用证书记载的占地面积5000平方米，房产原值6000万元，其中自办幼儿园占地300平方米、房产原值500万元；职工宿舍占地面积600平方米、房产原值1000万元。消防部门无偿占用200平方米。拥有乘用车10辆，货车30辆，每辆整备质量10吨。客货两用车5辆，每辆整备质量5.6吨。2024年发生相关业务如下：

（1）2月份通过拍卖方式取得建设用地500平方米，成交价格6000万元，协议约定6月份交付使用，8月份取得不动产产权证书。

（2）6月份购买一栋占地面积200平方米的旧厂房用于存储，当月取得的增值税专用发票注明金额600万元，税额54万元，8月份取得不动产产权证书。

（3）9月份购买挂车10辆，每辆整备质量9.8吨，当月取得的增值税专用发票，10月份投入使用。

（其他相关资料：企业所在地规定货车年税额120元/吨、乘用车年税额360元/辆；计算房产余值的扣除比例为30%；城镇土地使用税年税额10元/平方米；契税税率3%。）

要求：根据上述资料，回答下列问题。

1. 甲企业2024年应缴纳契税（　　）万元。

A. 62　　　　　　B. 188　　　　　　C. 198　　　　　　D. 199.62

解析　契税的计税依据不包括增值税。土地使用权出让、出售，房屋买卖，契税的计税依据为土地、房屋权属转移合同确定的成交价格，包括应交付的货币，以及实物、其他经济利益对应的价款。

甲企业2024年应缴纳契税 = (6000 + 600)×3% = 198万元

【答案】C

2. 甲企业2024年应缴纳房产税（　　）万元。

A. 47.88　　　　　　B. 47.93　　　　　　C. 48.31　　　　　　D. 48.36

解析　（1）企业办的各类学校、医院、托儿所、幼儿园自用的房产，免征房产税和城镇土地使用税，所以甲企业自办幼儿园（房产原值500万元、占地300平方米）免征房产税和城镇土地使用税。

（2）计征房产税的房产原值包括购买房产时缴纳的契税，不包括可抵扣的增值税进项税额，所以购买的旧厂房2024年计征房产税的应税房产原值 = 600 + 600×3% = 618万元。

（3）纳税人购置存量房，自办理房屋权属转移、变更登记手续，房地产权属登记机关签发房屋权属证书之次月起缴纳房产税，甲企业6月份购买的旧厂房8月份取得不动产产权证书,应从9月份开始缴纳房产税。所以甲企业购买的旧厂房2024年应缴纳房产税 = 618 × (1 – 30%) × 1.2% × 4/12 = 1.73万元。

(4) 甲企业2024年初拥有的房产应缴纳房产税 = (6000 – 500) × (1 – 30%) × 1.2% = 46.2万元。

(5) 甲企业2024年应缴纳房产税 = 46.2 + 1.73 = 47.93万元。

【答案】 B

3. 甲企业2024年应缴纳城镇土地使用税(　　)元。

A. 47916.66　　　　B. 47333.34　　　　C. 48166.67　　　　D. 48333.34

解析　(1) 通过招、拍、挂方式取得的建设用地,不属于新征用的耕地,纳税人应按照规定,从合同约定交付土地时间的次月起缴纳城镇土地使用税,合同未约定交付土地时间的,从合同签订的次月起缴纳城镇土地使用税。甲企业2月份通过拍卖方式取得建设用地500平方米,协议约定6月份交付使用,应从7月份开始缴纳城镇土地使用税。

应缴纳城镇土地使用税 = 500 × 10 × 6/12 = 2500元

(2) 购置存量房,自办理房屋权属转移、变更登记手续,房地产权属登记机关签发房屋权属证书之次月起,缴纳城镇土地使用税。甲企业6月份购买的旧厂房8月份取得不动产产权证书,应从9月份开始缴城镇土地使用税。

应缴纳城镇土地使用税 = 200 × 10 × 4/12 = 666.67元

(3) 对免税单位无偿使用纳税单位的土地,免征城镇土地使用税,所以消防部门无偿占用200平方米土地,免征城镇土地使用税。考生需要注意一个事实,"无偿使用",实际上最终纳税人为"使用人",即使这里考生无法判定消防部门是否为免税单位,亦不影响此题作答,因为这部分土地的最终纳税人是消防部门,而不是甲企业。

所以,甲企业年初拥有土地应缴纳城镇土地使用税 = (5000 – 300 – 200) × 10 = 45000元。

(4) 甲企业2024年应缴纳城镇土地使用税 = 45000 + 2500 + 666.67 = 48166.67元。

【答案】 C

4. 甲企业2024年应缴纳车船税(　　)元。

A. 42870　　　　B. 43360　　　　C. 44430　　　　D. 44920

解析　(1) 客货两用车依照货车的计税单位和年基准税额计征车船税,所以客货两用车应缴纳车船税 = 5 × 5.6 × 120 = 3360元。

(2) 车船税纳税义务发生时间为取得车船所有权或者管理权的当月,即为购买车船的发票或者其他证明文件所载日期的当月。甲企业9月份购买挂车并于当月取得的增值税专用发票,9月份发生纳税义务。挂车按照货车税额的50%计算车船税,所以甲企业9月份购买挂车应缴纳车船税 = 10 × 9.8 × 120 × 50% × 4/12 = 1960元。

(3) 甲企业2024年应缴纳车船税 = 10 × 360[乘用车] + 30 × 10 × 120[货车] + 3360[客货两用车] + 1960[挂车] = 44920元。

【答案】 D

（三）

某新建农产品批发企业2024年发生下列业务：

（1）3月份受让一宗土地，土地出让合同记载土地出让金15000万元、征收补偿费3000万元、城市基础设施配套费2000万元。该宗土地面积20万平方米，其中18万平方米用于农产品批发用房建设、2万平方米用于办公用房建设。

（2）3月份与某建筑企业签订批发市场建设工程总承包合同，记载金额40000万元；该项目9月份竣工备案。

（3）9月底将农产品批发用房转入"固定资产"账户，原值56160万元；办公用房转入"固定资产"账户，原值8320万元。

（4）9月30日签订农产品批发用房租赁合同，合同记载自10月1日起交付使用，租期1年，一次性收取1年租金4000万元。

（其他相关资料：该项目所在地契税税率4%，城镇土地使用税税率8元/平方米，计算房产税余值减除比例30%；印花税税率，产权转移书据0.5‰、建设工程合同0.3‰、租赁合同1‰。）

要求：根据上述资料，回答下列问题。

1. 该企业受让土地使用权应缴纳契税（　　）万元。
A. 600　　　　B. 680　　　　C. 720　　　　D. 800

解析　土地使用权出让的，计税依据包括土地出让金、土地补偿费、安置补助费、地上附着物和青苗补偿费、征收补偿费、城市基础设施配套费、实物配建房屋等应交付的货币以及实物、其他经济利益对应的价款。

该企业受让土地使用权应缴纳契税 =（15000 + 3000 + 2000）× 4% = 800万元

【答案】D

2. 该企业2024年签订的各项合同应缴纳印花税（　　）万元。
A. 14　　　　B. 16　　　　C. 22　　　　D. 26

解析　（1）土地出让合同应按照"产权转移书据"万分之五税率缴纳印花税，应缴纳印花税 =（15000 + 3000 + 2000）× 0.5‰ = 10万元。

（2）批发市场建设工程总承包合同按照"建设工程合同"万分之三税率缴纳印花税，应缴纳印花税 = 40000 × 0.3‰ = 12万元。

（3）农产品批发用房租赁合同按照"租赁合同"千分之一税率缴纳印花税，应缴纳印花税 = 4000 × 1‰ = 4万元。

（4）该企业2024年签订的各项合同应缴纳印花税 = 10 + 12 + 4 = 26万元。

【答案】D

3. 该企业2024年应缴纳城镇土地使用税（　　）万元。
A. 10.67　　　　B. 12.00　　　　C. 13.33　　　　D. 16.00

解析　（1）至2027年12月31日，对农产品批发市场、农贸市场（包括自有和承租）

专门用于经营农产品的房产和土地，暂免征收房产税和城镇土地使用税。对同时经营其他产品的农产品批发市场和农贸市场使用的房产和土地，按其他产品与农产品交易场地面积的比例确定征免房产税和城镇土地使用税。享受上述税收优惠的房产和土地，是指农产品批发市场、农贸市场直接为农产品交易提供服务的房产和土地。农产品批发市场、农贸市场的行政办公区、生活区，以及商业餐饮娱乐等非直接为农产品交易提供服务的房产和土地，不属于优惠范围，应按规定征收房产税和城镇土地使用税。

该企业受让土地面积20万平方米，其中18万平方米用于农产品批发用房建设，免征城镇土地使用税，2万平方米用于办公用房建设，应按规定缴纳城镇土地使用税。

（2）以出让或转让方式有偿取得土地使用权的，应由受让方从合同约定交付土地时间的次月起缴纳城镇土地使用税；合同未约定交付土地时间的，由受让方从合同签订的次月起缴纳城镇土地使用税。

该企业3月份受让土地，合同未约定交付时间，应从合同签订的次月起也就是4月缴纳城镇土地使用税，2024年纳税义务月份数为9个月。

（3）该企业2024年应缴纳城镇土地使用税 = 2×8×9/12 = 12万元

【答案】 B

4. 该企业2024年应缴纳房产税（　　）万元。
   A. 11.65   B. 17.47   C. 23.30   D. 69.89

解析 9月底将农产品批发用房转入"固定资产"账户，原值56160万元，这部分房产免征房产税；办公用房转入"固定资产"账户，原值8320万元，这部分房产照章缴纳房产税。法条参考上述（3）解析。

该企业2024年应缴纳房产税 = 8320×（1 – 30%）×1.2%×3/12 = 17.47万元

【答案】 B

第九章 耕地占用税

> **知识点** · 征税对象和减免税优惠

【多选题】下列耕地占用行为,免征耕地占用税的有(   )。
A. 铁路专用线占用耕地
B. 三甲医院住院部占用耕地
C. 公立大学的教学楼占用耕地
D. 社区养老服务机构占用耕地
E. 残疾军人在规定用地标准内新建自用住宅占用耕地

解析 选项A,铁路专用线占用耕地的,按照当地适用税额缴纳耕地占用税。学校(选项C)、幼儿园、社会福利机构(选项D)、医疗机构(选项B)占用耕地,免征耕地占用税。农村烈士遗属、因公牺牲军人遗属、残疾军人(选项E),以及符合农村最低生活保障条件的农村居民,在规定用地标准以内新建自用住宅免征耕地占用税。

【答案】BCDE

【单选题】下列耕地占用行为,免征耕地占用税的是(   )。
A. 滩涂治理工程占用耕地
B. 海防管控设施占用耕地
C. 医疗机构内职工住房占用耕地
D. 铁路线路防火隔离带占用耕地

解析 (1)铁路线路、公路线路、飞机场跑道、停机坪、港口、航道、水利工程占用耕地,减按每平方米2元的税额征收耕地占用税。

① 减税的水利工程,具体范围限于经县级以上人民政府水行政主管部门批准建设的防洪、排涝、灌溉、引(供)水、滩涂治理(选项A)、水土保持、水资源保护等各类工程及其配套和附属工程的建筑物、构筑物占压地和经批准的管理范围用地。

② 减税的铁路线路,具体范围限于铁路路基、桥梁、涵洞、隧道及其按照规定两侧留地、防火隔离带(选项D)。

(2)军事设施占用耕地免征耕地占用税。免税的军事设施,是指《中华人民共和国军事设施保护法》规定的军事设施。具体包括国家直接用于军事目的的下列建筑物、场地和设备:

① 指挥机关,地面和地下的指挥工程、作战工程。
② 军用机场、港口、码头。
③ 营区、训练场、试验场。
④ 军用洞库、仓库。
⑤ 军用通信、侦察、导航、观测台站,测量、导航、助航标志。
⑥ 军用公路、铁路专用线,军用通信、输电线路,军用输油、输水管道。
⑦ 边防、海防管控设施(选项B)。

⑧ 国务院和中央军事委员会规定的其他军事设施。

选项 C，医疗机构内职工住房占用耕地的，按照当地适用税额缴纳耕地占用税。

【提示】耕地占用税的税收优惠，是考试的重点，各种细节均不能忽视，需考生做重点关注，后续与本题目相同考点解析将不再详细阐述。

【答案】B

【多选题】下列占用耕地行为，应缴纳耕地占用税的有（　　）。
A. 采矿塌陷毁损耕地　　　　　　　　B. 建设农田水利设施
C. 建设茶叶批发市场　　　　　　　　D. 医院修建职工住房
E. 地方政府修建铁路专用线

解析　（1）下列占地行为不缴纳耕地占用税：
① 占用耕地建设农田水利设施（选项 B）。
② 建设直接为农业生产服务的生产设施所占用园地、林地、草地、农田水利用地、养殖水面、渔业水域滩涂，以及其他农用地。
（2）医疗机构内职工住房占用耕地的，按照当地适用税额缴纳耕地占用税（选项 D）。
（3）专用铁路和铁路专用线占用耕地的，按照当地适用税额缴纳耕地占用税（选项 E）。

【答案】ACDE

【单选题】下列行为中，应缴纳耕地占用税的是（　　）。
A. 采矿压占耕地　　　　　　　　　　B. 军用机场占用耕地
C. 建设农田水利占用耕地　　　　　　D. 县级政府批准的幼儿园占用耕地

解析　选项 B，属于军事设施，占用耕地免征耕地占用税。选项 C，建设农田水利设施占用耕地的，不征收耕地占用税。选项 D，学校、幼儿园、社会福利机构、医疗机构占用耕地免征耕地占用税。

【答案】A

【单选题】下列工程占用耕地，可减征耕地占用税的是（　　）。
A. 军用机场占用耕地　　　　　　　　B. 水利工程占用耕地
C. 边防管控设施占用耕地　　　　　　D. 军用输水管道占用耕地

解析　选项 ACD 均属于军事设施，军事设施占用耕地，免征耕地占用税。选项 B，铁路线路、公路线路、飞机场跑道、停机坪、港口、航道、水利工程占用耕地，减按每平方米 2 元的税额征收耕地占用税。

【答案】B

【单选题】下列占用耕地的行为，不征收耕地占用税的是（　　）。
A. 农田水利设施占用耕地　　　　　　B. 医院内职工住房占用耕地
C. 城区内机动车道占用耕地　　　　　D. 专用铁路和铁路专用线占用耕地

解析　下列占地行为不缴纳耕地占用税：

（1）占用耕地建设农田水利设施（选项A）。

（2）建设直接为农业生产服务的生产设施所占用园地、林地、草地、农田水利用地、养殖水面、渔业水域滩涂，以及其他农用地。

选项B，医疗机构内职工住房占用耕地的，按照当地适用税额缴纳耕地占用税。选项C，专用公路和城区内机动车道占用耕地的，按照当地适用税额缴纳耕地占用税。选项D，专用铁路和铁路专用线占用耕地的，按照当地适用税额缴纳耕地占用税。

【答案】A

【单选题】下列占用耕地行为，减按每平方米2元的税额征收耕地占用税的是（　　）。
A. 学校占用耕地　　　　　　　　　　B. 军事设施占用耕地
C. 农村居民新建住宅占用耕地　　　　D. 铁路线路、港口、航道占用耕地

【解析】选项AB，均免征耕地占用税。选项C，农村居民在规定用地标准以内占用耕地新建自用住宅，按照当地适用税额减半征收耕地占用税。选项D，铁路线路、公路线路、飞机场跑道、停机坪、港口、航道、水利工程占用耕地，减按每平方米2元的税额征收耕地占用税。

【答案】D

【多选题】下列占用耕地行为，应征收耕地占用税的有（　　）。
A. 农田水利设施占用耕地　　　　　　B. 飞机场跑道占用耕地
C. 企业新建厂房占用耕地　　　　　　D. 修建专用公路占用耕地
E. 新建住宅和办公楼占用林地

【解析】选项A，建设农田水利设施占用耕地不缴纳耕地占用税。选项B，飞机场跑道占用耕地，减按每平方米2元的税额征收耕地占用税。选项CE，照章缴纳耕地占用税。选项D，专用公路和城区内机动车道占用耕地的，按照当地适用税额缴纳耕地占用税。

【答案】BCDE

【单选题】下列关于耕地占用税的说法，正确的是（　　）。
A. 铁路线路占用耕地的，免征耕地占用税
B. 公路线路占用耕地的，减半征收耕地占用税
C. 农村居民搬迁新建住宅占用耕地的，免征耕地占用税
D. 建设直接为农业生产服务的生产设施占用林地的，不征收耕地占用税

【解析】选项AB，铁路线路、公路线路、飞机场跑道、停机坪、港口、航道、水利工程占用耕地，减按每平方米2元的税额征收耕地占用税。选项C，农村居民经批准搬迁，新建自用住宅占用耕地不超过原宅基地面积的部分，免征耕地占用税。

【答案】D

【单选题】农村烈士遗属李某占用100平方米耕地，在规定用地标准以内建造自用住宅，该地区耕地占用税税额为每平方米30元。李某应缴纳耕地占用税（　　）元。
A. 0　　　　　　　　B. 750　　　　　　　　C. 1500　　　　　　　　D. 3000

解析 农村烈士遗属、因公牺牲军人遗属、残疾军人，以及符合农村最低生活保障条件的农村居民，在规定用地标准以内新建自用住宅，免征耕地占用税。

【答案】 A

>> 知识点 · 应纳税额的计算

【单选题】 某经济开发区新建一家科技公司，技术研发楼占用耕地3000平方米，管理办公楼占用耕地1000平方米，露天停车场占用耕地800平方米，开发区所在地耕地占用税税额为12元/平方米，该公司不适用"六税两费"减半优惠，则该公司应缴纳耕地占用税（　　）元。

A. 36000　　　　B. 45600　　　　C. 48000　　　　D. 57600

解析 该公司应缴纳耕地占用税=(3000+1000+800)×12=57600元

【答案】 D

【单选题】 农村居民张某2025年1月经批准，在户口所在地占用耕地2500平方米，其中2000平方米用于种植中药材，500平方米用于新建自用住宅（在规定用地标准以内）。该地区耕地占用税税额为每平方米30元。张某应缴纳耕地占用税（　　）元。

A. 3750　　　　B. 7500　　　　C. 18750　　　　D. 37500

解析 （1）占用2000平方米耕地种植中药材，仍然属于从事农业建设，不征收耕地占用税。

（2）农村居民在规定用地标准以内占用耕地新建自用住宅，按照当地适用税额减半征收耕地占用税。

（3）自2023年1月1日至2027年12月31日，对增值税小规模纳税人、小型微利企业和个体工商户减半征收资源税（不含水资源税）、城市维护建设税、房产税、城镇土地使用税、印花税（不含证券交易印花税）、耕地占用税和教育费附加、地方教育附加，张某属于其他个人，属于增值税小规模纳税人，所以需在优惠基础上再减半征收耕地占用税。

张某应缴纳耕地占用税=500×30×50%×50%=3750元

【答案】 A

【单选题】 农村居民王某，2024年10月经批准占用耕地2000平方米，其中1500平方米用于种植大棚蔬菜，500平方米用于新建自用住宅（在规定用地标准以内）。当地耕地占用税税额为20元/平方米，王某应缴纳耕地占用税（　　）元。

A. 2500　　　　B. 5000　　　　C. 10000　　　　D. 20000

解析 （1）占用1500平方米耕地用于种植大棚蔬菜，仍然属于从事农业建设，不征收耕地占用税。

（2）农村居民在规定用地标准以内占用耕地新建自用住宅，按照当地适用税额减半征收耕地占用税。

（3）自2023年1月1日至2027年12月31日，对增值税小规模纳税人、小型微利企业和个体工商户减半征收资源税（不含水资源税）、城市维护建设税、房产税、城镇土地使用税、印花税（不含证券交易印花税）、耕地占用税和教育费附加、地方教育附加，王某属于其他个人，属于增值税小规模纳税人，所以需在优惠基础上再减半征收耕地占用税。

王某应缴纳耕地占用税 = 500 × 20 × 50% × 50% = 2500 元

【答案】A

【多选题】某县直属中心医院，2024年10月6日收到自然资源主管部门办理占用耕地手续的书面通知，占用耕地9万平方米。其中，医院内职工住房占用果树园地1.5万平方米、占用养殖水面1万平方米，所占耕地适用的耕地占用税税额为20元/平方米。下列关于耕地占用税的说法，正确的有（　　）。

A. 该医院应缴纳耕地占用税50万元
B. 该医院耕地占用税的计税依据是2.5万平方米
C. 耕地占用税在纳税人获准占用耕地环节一次性课征
D. 养殖水面属于其他农用地，不属于耕地占用税征税范围
E. 该医院占用耕地的纳税义务发生时间为2024年10月6日

【解析】医疗机构占用耕地免征耕地占用税（9万平方米免税），医疗机构内职工住房占用耕地的，按照当地适用税额缴纳耕地占用税（1.5万平方米征税）。占用园地、林地、草地、农田水利用地、养殖水面、渔业水域滩涂，以及其他农用地建设建筑物、构筑物或者从事非农业建设的，应按规定缴纳耕地占用税（1万平方米征税）。

该医院耕地占用税的计税依据 = 1.5 + 1 = 2.5 万平方米

该医院应缴纳耕地占用税 = 2.5 × 20 = 50 万元

所以选项AB正确，选项D错误。耕地占用税在纳税人获准占用耕地环节一次性课征，选项C正确。经批准占用耕地的，耕地占用税纳税义务发生时间为纳税人收到自然资源主管部门办理占用耕地手续的书面通知的当日，选项E正确。

【答案】ABCE

知识点 · 征收管理

【多选题】下列关于耕地占用税征收管理的说法，符合耕地占用税相关规定的有（　　）。

A. 耕地占用税由自然资源主管部门负责征收
B. 纳税人应自纳税义务发生之日起30日内申报缴税
C. 建设用地人使用耕地建幼儿园，由用地申请人申请退还耕地占用税
D. 企业压占损毁耕地，自认定损毁之日起2年内复垦恢复种植条件的，可申请退税
E. 未经批准占用的耕地，纳税义务发生时间为自然资源主管部门认定的纳税人实际占用耕地的当日

【解析】选项A，耕地占用税由税务机关负责征收。选项C，在供地环节，建设用地人使

用耕地用途符合"军事设施、学校、幼儿园、社会福利机构、医疗机构占用耕地免税"情形的,由用地申请人和建设用地人共同申请,按退税管理的规定退还用地申请人已经缴纳的耕地占用税。选项 D,纳税人因挖损、采矿塌陷、压占、污染等损毁耕地,依法缴纳耕地占用税后,自然资源、农业农村等相关部门认定损毁耕地之日起 3 年内依法复垦或修复,恢复种植条件的,可以依法申请退税。

【答案】BE

【多选题】下列关于耕地占用税税收优惠和征收管理的说法,正确的有(   )。
A. 水利工程占用耕地免征耕地占用税
B. 纳税人因建设项目施工或者地质勘察,临时占用耕地应当缴纳耕地占用税
C. 农村烈士遗属在规定用地标准以内占用耕地新建自用住宅,免征耕地占用税
D. 压占、污染等损毁耕地之日起 3 年内依法复垦或修复,恢复种植条件的,可以依法申请退税
E. 临时占用耕地期满之日起 1 年内依法复垦,恢复种植条件的,全部退还已缴耕地占用税

解析 选项 A,水利工程占用耕地,减按每平方米 2 元的税额征收耕地占用税。
选项 C,农村烈士遗属、因公牺牲军人遗属、残疾军人,以及符合农村最低生活保障条件的农村居民(记忆技巧:两军两农),在规定用地标准以内新建自用住宅,免征耕地占用税。

【答案】BCDE

【多选题】下列关于耕地占用税征收管理的说法,正确的有(   )。
A. 耕地占用税由税务机关负责征收
B. 占用基本农田的,应当按照当地适用税额加按200%征收
C. 耕地占用税的应税土地面积包括经批准占用面积和未经批准占用面积
D. 纳税人因建设项目施工或者地质勘察临时占用耕地,应当缴纳耕地占用税
E. 农村烈士遗属,在规定用地标准以内新建自用住宅,减半征收耕地占用税

解析 选项 B,占用基本农田的,应当按照当地适用税额加按150%征收。选项 E,农村烈士遗属、因公牺牲军人遗属、残疾军人,以及符合农村最低生活保障条件的农村居民(记忆技巧:两军两农),在规定用地标准以内新建自用住宅,免征耕地占用税。

【答案】ACD

【单选题】纳税义务人申报缴纳耕地占用税,其时限应当自缴纳义务发生之日起(   )。
A. 15 天内   B. 30 天内   C. 60 天内   D. 1 个月内

解析 纳税人应当自纳税义务发生之日起 30 日内申报缴纳耕地占用税。

【答案】B

【多选题】下列关于耕地占用税纳税义务发生时间的表述,正确的有(   )。
A. 因挖损、污染毁损耕地的,为相关部门认定毁损之日

B. 经批准占用耕地的，为收到相关部门建设用地批准书之日
C. 军事设施经批准改变用途的，为收到相关部门批准文件之日
D. 医疗机构未经批准改变用途的，为相关部门认定用途改变之日
E. 企业未经批准占用耕地的，为相关部门认定纳税人实际占用之日

解析 耕地占用税纳税义务发生时间总结如下：

经批准占用耕地		收到自然资源主管部门办理占用耕地手续的书面通知的当日
未经批准占用耕地		自然资源主管部门认定的纳税人实际占用耕地的当日
因挖损、采矿塌陷、压占、污染等损毁耕地		自然资源、农业农村等相关部门认定损毁耕地的当日
纳税人改变原占地用途，需要补缴耕地占用税	改变用途当日	经批准改变用途	纳税人收到批准文件的当日
		未经批准改变用途	自然资源主管部门认定纳税人改变原占地用途的当日

选项 B，经批准占用耕地，耕地占用税的纳税义务发生时间为纳税人收到自然资源主管部门办理占用耕地手续的书面通知的当日。

【答案】 ACDE

【多选题】 关于耕地占用税的征收管理，下列说法正确的有（   ）。
A. 自纳税义务发生之日起 10 日内申报纳税
B. 占用基本农田的，按照确定的当地适用税额加按 150% 征收
C. 免税学校内的经营性场所占用耕地，按当地适用税额缴纳耕地占用税
D. 耕地占用税的征收管理，依照耕地占用税法和税收征收管理法的规定执行
E. 纳税义务发生时间为纳税人收到自然资源主管部门办理占用耕地手续书面通知当日

解析 选项 A，纳税人应当自纳税义务发生之日起 30 日内申报缴纳耕地占用税。

【答案】 BCDE

【多选题】 下列关于耕地占用税征收管理的说法，正确的有（   ）。
A. 耕地占用税由税务机关负责征收
B. 纳税人应当自纳税义务发生之日起 20 日内申报缴纳耕地占用税
C. 耕地占用税的纳税义务发生时间为纳税人收到自然资源主管部门办理占用耕地手续书面通知的当日
D. 纳税人在批准临时占用耕地期满之日起一年内依法复垦，恢复种植条件的，全额退还已经缴纳的耕地占用税
E. 税务机关发现纳税人的纳税申报数据资料异常或者纳税人未按照规定期限申报纳税的，可以提请相关部门进行复核，相关部门应当自收到税务机关复核申请之日起 30 日内向税务机关出具复核意见

解析 选项 B，纳税人应当自纳税义务发生之日起 30 日内申报缴纳耕地占用税。

【答案】 ACDE

【计算题】

（一）

位于某市郊区的物流公司占地面积共计20000平方米，其中，办公区占地18000平方米，职工医院占地600平方米，幼儿园占地400平方米，内部绿化区占地1000平方米，2024年发生以下占地情形：

（1）经有关部门批准，3月份征用耕地20000平方米用于建设大宗商品仓储设施，当月收到办理占用耕地手续的书面通知并签订土地使用权出让合同，政府减免土地出让金1950万元后，公司实际缴纳出让金1200万元，另支付土地补偿费、青苗补偿费和土地附着物补偿费共500万元。

（2）4月底无偿使用某免税单位占地面积为6000平方米的房产，用于存储大宗商品，使用期一年。

（其他相关资料：当地城镇土地使用税税额6元/平方米，耕地占用税税额20元/平方米，契税税率3%。）

要求：根据上述资料，回答下列问题。

1. 该物流公司2024年征用耕地应缴纳耕地占用税（　　）万元。
A. 20.00　　　　　B. 30.00　　　　　C. 33.33　　　　　D. 40.00

解析　耕地占用税以纳税人实际占用的应税土地面积为计税依据。

该物流公司2024年征用耕地应缴纳耕地占用税＝20000×20÷10000＝40万元

【答案】 D

2. 该物流公司2024年取得耕地的土地使用权应缴纳契税（　　）万元。
A. 36.00　　　　　B. 51.00　　　　　C. 105.00　　　　　D. 109.50

解析　土地使用权出让的，计税依据包括土地出让金、土地补偿费、安置补助费、地上附着物和青苗补偿费、征收补偿费、城市基础设施配套费、实物配建房屋等应交付的货币，以及实物、其他经济利益对应的价款。对承受国有土地使用权应支付的土地出让金，应计征契税。不得因减免土地出让金而减免契税。

该物流公司2024年取得耕地的土地使用权应缴纳契税＝（1950＋1200＋500）×3%＝109.5万元

【答案】 D

3. 该物流公司无偿使用免税单位房产2024年应缴纳城镇土地使用税（　　）万元。
A. 0.45　　　　　B. 0.80　　　　　C. 0.90　　　　　D. 1.20

解析　对免税单位无偿使用纳税单位的土地（如公安、海关等单位使用铁路、民航等单位的土地），免征城镇土地使用税；对纳税单位无偿使用免税单位的土地，纳税单位应照章缴纳城镇土地使用税。

2027年12月31日前，对物流企业自有（包括自有和出租）或承租的大宗商品仓储设施用地，减按所属土地等级适用税额标准的50%计征城镇土地使用税。

该物流公司无偿使用免税单位房产2024年应缴纳城镇土地使用税 = 6000×6×8/12×50%÷10000 = 1.2万元。

【答案】 D

4. 该物流公司除无偿使用免税单位的房产外，2024年还应缴纳城镇土地使用税（　　）万元。
   A. 5.7　　　　　B. 10.8　　　　　C. 11.4　　　　　D. 12.0

解析　（1）企业办的学校、医院、托儿所、幼儿园，其自用的土地免征城镇土地使用税。故该物流公司职工医院占地600平方米和幼儿园占地400平方米均免征城镇土地使用税。

（2）厂区以外的公共绿化用地和向社会开放的公园用地，暂免征收城镇土地使用税，对企业厂区以内的绿化用地，应照章征收城镇土地使用税。故该物流公司内部绿化区占地1000平方米应照章征收城镇土地使用税。

（3）纳税人新征用的土地，自批准征收之日起满1年时缴纳城镇土地使用税，故该物流公司3月份征用耕地20000平方米在2024年无需缴纳城镇土地使用税。

（4）该物流公司除无偿使用免税单位的房产外2024年还应缴纳城镇土地使用税 =（20000－600－400）×6÷10000 = 11.4万元。

【答案】 C

（二）

市区某航空公司经批准占用耕地500000平方米，于2023年5月31日办妥占用耕地手续，其中用于建设飞机场跑道、停机坪占地320000平方米，候机厅占地100000平方米，宾馆和办公楼占地80000平方米。2024年10月1日，航空公司就该耕地与当地政府签订土地出让合同，支付土地补偿费4200万元、安置补助费800万元。

（其他相关资料：当地耕地占用税税额12元/平方米、城镇土地使用税年税额4元/平方米、契税税率4%。）

要求：根据上述资料，回答下列问题。

1. 航空公司应缴纳耕地占用税（　　）万元。
   A. 216　　　　　B. 280　　　　　C. 384　　　　　D. 448

解析　铁路线路、公路线路、飞机场跑道、停机坪、港口、航道、水利工程占用耕地，减按每平方米2元的税额征收耕地占用税。

航空公司应缴纳耕地占用税 = 320000×2÷10000＋(100000＋80000)×12÷10000 = 280万元

【答案】 B

2. 航空公司应缴纳契税（　　）万元。
   A. 168　　　　　B. 180　　　　　C. 188　　　　　D. 200

解析　土地使用权出让的，计税依据包括土地出让金、土地补偿费（4200万元）、安置补助费（800万元）、地上附着物和青苗补偿费、征收补偿费、城市基础设施配套费、实物配建房屋等应交付的货币,以及实物、其他经济利益对应的价款。

航空公司应缴纳契税 = (4200 + 800) × 4% = 200 万元

【答案】D

3. 航空公司与政府签订的土地出让合同应缴纳印花税（　　）万元。
A. 2.10　　　　B. 2.25　　　　C. 2.35　　　　D. 2.50

解析　航空公司与政府签订的土地出让合同按照"产权转移书据"万分之五的税率缴纳印花税。

航空公司与政府签订的土地出让合同应缴纳印花税 = (4200 + 800) × 0.5‰ = 2.5 万元

【答案】D

4. 航空公司2024年应缴纳城镇土地使用税（　　）万元。
A. 36.00　　　　B. 42.00　　　　C. 55.98　　　　D. 65.32

解析　（1）机场飞行区（包括跑道、滑行道、停机坪、安全带、夜航灯光区）用地、场内外通信导航设施用地和飞行区四周排水防洪设施用地,免征城镇土地使用税。机场工作区（包括办公、生产和维修用地及候机楼、停车场）用地、生活区用地、绿化用地,均须依照规定征收城镇土地使用税。在机场道路中,场外道路用地免征城镇土地使用税,场内道路用地依照规定征收城镇土地使用税。

该航空公司飞机场跑道、停机坪占地320000平方米免征城镇土地使用税。候机厅占地100000平方米、宾馆和办公楼占地80000平方米,应按照规定缴纳城镇土地使用税。

（2）纳税人新征用的耕地,自批准征用之日起满1年时开始缴纳城镇土地使用税。

（3）航空公司2024年应缴纳城镇土地使用税 = (100000 + 80000) × 4 × 7/12 ÷ 10000 = 42 万元。

【答案】B

第十章 船舶吨税

> **知识点** · 船舶吨税

【多选题】下列船舶，免征船舶吨税的有（　　）。
A. 军队、武装警察部队征用的船舶
B. 应纳税额在人民币 50 元以下的船舶
C. 进入港口避难，并不上下客货的船舶
D. 船舶吨税执照期满后 48 小时内不上下客货的船舶
E. 自境外购买取得船舶所有权初次进口到港的空载船舶

解析 下列船舶免征船舶吨税：
（1）应纳税额在人民币 50 元以下的船舶（选项 B 要选）。
（2）自境外以购买、受赠、继承等方式取得船舶所有权的初次进口到港的空载船舶（选项 E 要选）。
（3）吨税执照期满后 24 小时内不上下客货的船舶（选项 D 不选）。
（4）非机动船舶（不包括非机动驳船）。
（5）捕捞、养殖渔船。
（6）避难、防疫隔离、修理、改造、终止运营或者拆解，并不上下客货的船舶（选项 C 要选）。
（7）军队、武装警察部队专用或者征用的船舶（选项 A 要选）。
（8）警用船舶。
（9）依照法律规定应当予以免税的外国驻华使领馆、国际组织驻华代表机构及其有关人员的船舶。
（10）国务院规定的其他船舶。

在吨税执照期限内，应税船舶发生下列情形之一的，海关按照实际发生的天数批注延长吨税执照期限：
（1）避难、防疫隔离、修理、改造，并不上下客货。
（2）军队、武装警察部队征用。

【答案】ABCE

【多选题】下列船舶，免征船舶吨税的有（　　）。
A. 终止运营进行修理维护的油轮
B. 防疫隔离且不上下客货的船舶
C. 应纳税额在人民币 50 元以下的船舶

D. 船舶吨税执照期满后24小时内不上下客货的船舶

E. 自境外以继承方式取得船舶所有权的初次进口到港的空载船舶

解析 选项A，避难、防疫隔离、修理、改造、终止运营或者拆解，并不上下客货的船舶，免征船舶吨税。

【答案】 BCDE

【多选题】下列船舶，免征船舶吨税的有（　　）。
A. 警用船舶　　　　B. 养殖渔船　　　　C. 捕捞渔船
D. 非机动驳船　　　E. 军队征用船舶

解析 选项D，非机动船舶（不包括非机动驳船）免征船舶吨税，非机动驳船按相同净吨位船舶税率的50%计征税款。

【答案】 ABCE

【多选题】下列船舶，免征船舶吨税的有（　　）。
A. 警用船舶　　　　　　　　　　　B. 非机动驳船
C. 军队征用船舶　　　　　　　　　D. 应纳税额在人民币50元以下的船舶
E. 船舶吨税执照期满后24小时内不上下客货的船舶

解析 选项B，非机动船舶（不包括非机动驳船）免征船舶吨税，非机动驳船按相同净吨位船舶税率的50%计征税款。

【答案】 ACDE

【多选题】下列船舶，免征船舶吨税的有（　　）。
A. 警用船舶
B. 非机动驳船
C. 应纳税额在人民币50元以下的船舶
D. 船舶吨税执照期满后24小时内不上下客货的船舶
E. 自境外购买取得船舶所有权的初次进口到港的空载船舶

解析 选项B，非机动船舶（不包括非机动驳船）免征船舶吨税，非机动驳船按相同净吨位船舶税率的50%计征税款。

【答案】 ACDE

【单选题】某国已与我国签订有相互给予船舶吨税最惠国待遇条款。某国的A公司有3艘货船驶入我国某港口，其净吨位分别为1000吨、5000吨、20000吨，在港口停留期限为30天，其普通税率分别为每净吨位2.1元、4.0元、4.6元，优惠税率分别为每净吨位1.5元、2.9元、3.3元。A公司应缴纳船舶吨税（　　）元。
A. 16000　　　　B. 69000　　　　C. 80500　　　　D. 82000

解析 适用优惠税率的两种情形：（1）中华人民共和国国籍的应税船舶；（2）船籍国（地区）与中华人民共和国签订含有相互给予船舶税费最惠国待遇条款的条约或者协定的应

税船舶。本题中 A 公司所在国已与我国签订有相互给予船舶吨税最惠国待遇条款，所以应当适用优惠税率。

A 公司应缴纳船舶吨税 = 1000×1.5 + 5000×2.9 + 20000×3.3 = 82000 元

【答案】D

【单选题】甲国一艘游艇 2025 年 4 月 20 日驶入我国某港口，游艇负责人无法提供净吨位证明文件，领取了停留期限为 30 日的吨税执照。已知游艇配置两台发动机，每台功率为 1680 千瓦。甲国与我国签订了相互给予船舶税费最惠国待遇条款，船舶净吨位不超过 2000 吨，执照期限 30 日的优惠税率为 1.5 元/吨。该游艇负责人应缴纳船舶吨税（　　）元。

A. 252　　　　　B. 1688.4　　　　　C. 3376.8　　　　　D. 12600

解析　无法提供净吨位证明文件的游艇，按照发动机功率每千瓦折合净吨位 0.05 吨。

该游艇负责人应缴纳船舶吨税 = 1680×0.05×2×1.5 = 252 元

【答案】A

【单选题】驶入我国港口的某外国拖船，该拖船发动机功率为 15000 千瓦，该拖船负责人申领 30 天期限吨税执照，超过 2000 净吨位但小于 10000 净吨位对应税率是 2.9 元/净吨；超过 1 万净吨位但不超过 5 万净吨位，对应税率为 3.3 元/净吨，该负责人应缴纳船舶吨税（　　）万元。

A. 1.57　　　　　B. 1.66　　　　　C. 2.50　　　　　D. 2.88

解析　拖船按照发动机功率每 1 千瓦折合净吨位 0.67 吨且按相同净吨位船舶税率的 50% 计征税款。

该负责人应缴纳船舶吨税 = 15000×0.67×3.3×50%÷10000 = 1.66 万元

【答案】B

【单选题】国外净吨位为 3000 吨的非机动驳船，在我国港口停留 30 天，普通税率 4 元/净吨，优惠税率 3 元/净吨，船舶所在国已与我国签订相互给予船舶税费最惠国条款，该非机动驳船应缴纳船舶吨税（　　）元。

A. 4500　　　　　B. 6000　　　　　C. 9000　　　　　D. 12000

解析　适用优惠税率的两种情形：（1）中华人民共和国国籍的应税船舶；（2）船籍国（地区）与中华人民共和国签订含有相互给予船舶税费最惠国待遇条款的条约或者协定的应税船舶。本题中船舶所在国已与我国签订相互给予船舶税费最惠国条款，所以应当适用优惠税率。非机动驳船按相同净吨位船舶税率的 50% 计征税款。

该非机动驳船应缴纳船舶吨税 = 3000×50%×3 = 4500 元

【答案】A

【单选题】2025 年 3 月 1 日，某外国籍拖船驶入我国某港口，该拖船发动机功率 10000 千瓦，申领 30 日的"吨税执照"，30 日吨税执照对应的超过 2000 净吨，但不超过 10000 净吨的普通税率为 4 元/净吨。该拖船应缴纳船舶吨税（　　）元。

A. 1000　　　　　B. 2000　　　　　C. 13400　　　　　D. 26800

【解析】 拖船按照发动机功率每1千瓦折合净吨位0.67吨,且按相同净吨位船舶税率的50%计征税款。

该拖船应缴纳船舶吨税 = 10000 × 0.67 × 4 × 50% = 13400 元

【答案】 C

【多选题】下列关于船舶吨税征收管理的说法,正确的有（   ）。
A. 纳税义务发生时间为应税船舶进入港口的当日
B. 应税船舶到港前,可以先行申办出入境手续,需提供纳税担保
C. 应税船舶负责人应自税务机关填发缴款凭证之日起7日内缴清税款
D. 船舶吨税执照在期满前毁损的,应当向原发照海关书面申请核发吨税执照副本,不再补税
E. 应税船舶在吨税执照期满后尚未离开港口的,应重新申领吨税执照并自上一次执照期满的次日起续缴船舶吨税

【解析】 选项C,应税船舶负责人应当自海关填发船舶吨税缴款凭证之日起15日内缴清税款,未按期缴清税款的,自滞纳税款之日起至缴清税款之日止,按日加收滞纳税款0.5‰的滞纳金。此外考生需要注意选项E的"次日",容易设置陷阱,如改为"当日",则表述错误。

【答案】 ABDE

【多选题】依据船舶吨税征收管理的相关规定,下列说法正确的有（   ）。
A. 应税船舶在吨税执照期满后尚未离开港口的,应申领新的吨税执照
B. 船舶吨税执照在期满前毁损的,应向原发照海关书面申请核发吨税执照副本
C. 在每次申报纳税时,可按《吨税税目税率表》选择申领一种期限的吨税执照
D. 纳税人发现多缴税款的,可自缴纳税款之日起3年后要求海关退还多缴的税款
E. 海关发现多征税款的,应在24小时内通知办理退还手续并加算银行同期活期存款利息

【解析】 选项B,船舶吨税执照在期满前毁损或者遗失的,应当向原发照海关书面申请核发船舶吨税执照副本,不再补税。考生请注意这里容易设置陷阱,如表述为"需要补税"就是错误的,而本题并未做是否需要补税的表述,没有错误,要选。选项D,纳税人发现多缴税款的,可以自缴纳税款之日起3年内以书面形式要求海关退还多缴的税款并计算银行同期活期存款利息。

【答案】 ABCE

【单选题】船舶吨税的纳税人未按期缴清税款的,自滞纳税款之日起至缴清税款之日止,按日加收滞纳金的比率是滞纳税款的（   ）。
A. 0.2%　　　　　　B. 0.5‰　　　　　　C. 2%　　　　　　D. 5%

【解析】 应税船舶负责人应当自海关填发船舶吨税缴款凭证之日起15日内缴清税款,未按期缴清税款的,自滞纳税款之日起至缴清税款之日止,按日加收滞纳税款0.5‰的滞纳金。

【答案】 B